Wolfgang Eßbach

Die Gesellschaft der Dinge, Menschen, Götter

Wolfgang Eßbach

Die Gesellschaft der Dinge, Menschen, Götter

VS VERLAG

Bibliografische Information der Deutschen Nationalbibliothek
Die Deutsche Nationalbibliothek verzeichnet diese Publikation in der
Deutschen Nationalbibliografie; detaillierte bibliografische Daten sind im Internet über
<http://dnb.d-nb.de> abrufbar.

1. Auflage 2011

Alle Rechte vorbehalten
© VS Verlag für Sozialwissenschaften | Springer Fachmedien Wiesbaden GmbH 2011

Lektorat: Frank Engelhardt | Cori Mackrodt

VS Verlag für Sozialwissenschaften ist eine Marke von Springer Fachmedien.
Springer Fachmedien ist Teil der Fachverlagsgruppe Springer Science+Business Media.
www.vs-verlag.de

Umschlaggestaltung: KünkelLopka Medienentwicklung, Heidelberg
Satz: text plus form, Dresden
Gedruckt auf säurefreiem und chlorfrei gebleichtem Papier
Printed in Germany

ISBN 978-3-531-17986-5

Inhalt

Einleitung

Ein junges Fach wie die Soziologie, in Deutschland gerade einmal 100 Jahre alt, wenn man den ersten Kongreß der „Deutschen Gesellschaft für Soziologie" 1910 als Datum nimmt, ist mehr als die zum Teil weitaus älteren Geschwister wie Philosophie, Geschichtswissenschaft oder Jurisprudenz darauf angewiesen, seine kurze Vergangenheit kritisch zu sichten. Denn gerade in ungefestigten, jungen Zuständen steigt der Bedarf einerseits an Grenzbefestigung und Routine, andererseits an Moden, Turns und sensationellen Paradigmenwechseln. Junge Fächer haben eben noch offene Fragen, und das macht sie attraktiv für ihre älteren Geschwister.

Theorien, Methoden, Themen der Soziologie sind immer schon in andere Disziplinen eingewandert. Gerade die Kultursoziologie – so bemerkte es ein Kollege kürzlich auf einer Tagung – habe sich, was ihr Verhältnis zu den Kulturwissenschaften angeht, gleichsam zu Tode gesiegt. Und man erinnert sich, wie in den 70er Jahren die soziologische Analyse von Sozialstruktur weite Teile der Geschichtswissenschaft inspiriert hat, nach sozialen Klassen auch in den entlegensten Gebieten zu suchen. Es ist aber nicht nur das junge Alter der Soziologie, das uns nötigt, Fachidentität und Interdisziplinarität neu auszubalancieren. Es gilt, die Entwicklung genauer in den Blick zu nehmen.

In seiner *Ortsbestimmung der deutschen Soziologie* hat Helmut Schelsky 1959 dargelegt, daß die Ausgangslage der Soziologie als eines Faches zwischen Philosophie und Ökonomie sich verändert hat, da Philosophie und Ökonomie eigene Wege gegangen waren: die Ökonomie in Richtung der immer feineren Messung von Güter- und Geldströmen, die Philosophie in Richtung rein formaler Probleme von Logik und Symboltheorie einerseits sowie der Interpretation von innerer Erfahrung der Existenz oder des Seins andererseits. Die so freigelassene Soziologie sei „als ein Spalt- oder Abspaltprodukt der Fachentwicklung der Philosophie einerseits, der Ökonomie andererseits zu begreifen."[1] Ein Anschluß an die deutsche Soziologie der Weimarer Republik schien Schelsky damals wenig sinnvoll. Die sei schon vor 1933 am Ende gewesen, „die Melodien waren durchgespielt, die Fronten im Erstarren und die Wissenschaft hatte kaum noch neue Entwicklungskräfte in sich selbst; in dieser Lage entsprach sie übrigens eben der deutschen sozialen und politischen Situation, die

---

[1] Helmut Schelsky, *Ortsbestimmung der deutschen Soziologie*, Düsseldorf/Köln 1959, S. 14.

den Nationalsozialismus zum Zuge kommen ließ."[2] So sicher sich Schelsky war, daß die empirische Sozialforschung als Daueraufgabe der Disziplin ein relativ sicheres Format geben kann, so fragil waren seine Überlegungen zu theoretischen Fragen, nachdem er sich jeden produktiven Anschluß an die deutsche Soziologie der Zwanziger Jahre verstellt hatte. Dem Versuch, Talcott Parsons Strukturfunktionalismus, der nach 1945 als „soziologische Theorie" in viele Länder Einzug gehalten hatte, durch eine theoretische Soziologie, eine „transzendentale Theorie der Gesellschaft" zu überbauen, war wenig Erfolg beschieden.[3] Die Protestbewegung der 60er Jahre hielt sich auch nicht an seine Diagnose einer nachideologischen Epoche der deutschen Soziologie.

Hierzulande machten sich Soziologen „1968" an die postfaschistische Wiederaneignung altlinker Theoriebestände, aufgefrischt durch anarchistische Impulse. Diejenigen, denen der Positivismus empirischer Sozialforschung theoretisch zu schwach erschien, der linken Soziologie Einhalt zu bieten, fanden in Max Weber ein bürgerliches Bollwerk gegen die Wiederkehr einer kritischen Theorie. Obwohl die Soziologie am Ende der 70er Jahre ein beliebtes Modefach geworden war und die Daueraufgabe des Monitorings der Gegenwartsgesellschaft mit Fleiß und methodischer Innovation erfüllt wurde, war in der Theoriediskussion die Ermattung nach den Schlachten der wilden Jahre deutlich zu spüren.

Niklas Luhmann diagnostizierte eine Theoriekrise: „Eine im ganzen recht erfolgreiche empirische Forschung hat unser Wissen vermehrt, hat aber nicht zur Bildung einer facheinheitlichen Theorie geführt. Als empirische Wissenschaft kann die Soziologie den Anspruch nicht aufgeben, ihre Aussagen anhand von Daten zu überprüfen, die der Realität abgewonnen sind, wie immer alt oder neu die Schläuche sein mögen, in die man das Gewonnene abfüllt. Sie kann gerade mit diesem Prinzip jedoch die Besonderheit ihres Gegenstandsbereichs und ihre eigene Einheit als wissenschaftliche Disziplin nicht begründen. Die Resignation geht soweit, daß man dies gar nicht mehr versucht."[4] Luhmanns eigene facheinheitliche Theorie, so sehr sie dann auch bis in die Geschichtswissenschaft und Theologie hinein befruchtend gewirkt hat, blieb ein solitäres Unternehmen; nicht minder beeindruckend als der Gegenentwurf der Theorie des kommunikativen Handelns von Jürgen Habermas. Während Luhmann außerhalb Deutschlands nur mäßig rezipiert wurde, gewann Habermas internationalen Ruhm, aber mehr als Philosoph denn als Soziologe. Diese Lage gilt es sich vor Augen zu halten, wenn man die nachfolgenden Kapitel liest.

---

[2] Ebd., S. 37.
[3] Ebd., S. 86 ff.
[4] Niklas Luhmann, *Soziale Systeme. Grundriß einer allgemeinen Theorie,* Frankfurt a. M. 1984, S. 7.

Michel Foucault und Helmuth Plessner spielten in der Soziologie der 70er und 80er Jahre kaum eine nennenswerte Rolle (Kapitel 1 und 2). Der neomarxistischen Linken war Foucault zu anarchistisch, sein poststrukturalistischer Umgang mit der Geschichte eigenartig, sein Bild der Moderne allzu düster. Es hat Jahrzehnte gedauert, bis Michel Foucault in der deutschen Soziologie Anerkennung gefunden hat. Kapitel 1 will die intellektuellen Habitualisierungen kenntlich machen, die der nur sehr langsam aufzulösenden Rezeptionsblockade zugrunde liegen. Das neue Interesse an Helmuth Plessner ist mit dem epochalen Bruch von 1989 verbunden. Entdeckt wurde hier jemand, der die Idee einer liberalen, rechtsstaatlich verfaßten Gesellschaft nicht so sehr aus angelsächsischen oder französischen Quellen begründete, sondern der aus der Erfahrung des „Schicksals des deutschen Geistes" eine Anthropologie entworfen hatte, die als Grundlage für Sozial- und Kulturwissenschaften dienen konnte. Was Michel Foucault und Helmuth Plessner verband, war, daß sie keine Angst vor dem Biologischen hatten. Im Gegenteil: Foucaults Konzept moderner Biopolitik und Plessners Formel von der exzentrischen Positionalität des Menschen sind geeignet, das zumal in Deutschland verkrampfte Verhältnis zwischen Biologie und Soziologie zu überwinden.

Seit die Soziologie die Bindung an die Ökonomie verloren hatte, schwand auch ihr Sinn für die Dinge, die Menschen tauschten und erbauten sowie ihr Sinn für die artifizielle Umwelt, die aber dennoch Jahr für Jahr an Umfang zunahm. Um dem gerecht zu werden, hat man seit einiger Zeit begonnen, von der Beschränkung der Soziologie auf die reine Sozialwelt Abschied zu nehmen. Nicht-menschliche Wesen, nützliche und schöne Dinge – sie sind Teil der Gesellschaft. Diese Öffnung der soziologischen Perspektive hat einen biosophisch-anthropologischen und einen sozio-politischen Horizont. Einmal geht es darum, ausgehend von der Differenz zwischen tierischem Umweltverhalten und der zusätzlichen menschlichen Möglichkeit, einen Weltbegriff zu denken, sich die Frage vorzulegen, welche Konsequenzen die umfassende Artifizierung der Umwelt, in der wir heute leben, das Anwachsen bio-artifizieller Symbiosen, für die Weltauffassung haben könnte. Und dies berührt andererseits die sehr alte sozio-politische Frage der Gütergemeinschaft, die motivierende Imagination all der Bewegungen, die man kommunistisch genannt hat. Kapitel 3 und 4 behandeln diesen Themenkomplex.

Daran schließen sich zwei Fragen an, die einerseits die Konzeptionen der Menge und andererseits die der Institutionen betreffen, die Elite ausbilden sollen. Wie kann es gelingen, Mengenbezeichnungen für menschliche Aggregate so zu wählen, daß sie ein hinreichendes Maß an politischer Korrektheit erreichen? Das gilt insbesondere für die historio-politisch geladenen Termini „Rasse", „Klasse", „Masse". Die Umbesetzungen, Übergänge, Verwicklungen und Konkurrenzen innerhalb dieser drei möglichen Mengenbezeichnungen lassen sich am Beispiel Marx aufklären, der die Lehre vom Kampf der Rassen und gewisse Diskurse über die Massen aufgegriffen und mit ihnen den Klassenbegriff der Kritik der politischen Ökonomie folgenreich aufgeladen hat. Die Vielen galten aber auch seit der Antike als eine Bedrohung für intellektuelle Tätigkeit. Intellektualität reimt sich nicht auf Menge. Einsamkeit ist seit Petrarca eine Hauptbedingung für jedes Studium der Welt. Die Humanisten haben das Geschenk des Mittelalters, die Universität, als einen Ort neu definiert, an dem sich die Wenigen sammeln, die ihr Leben nicht hauptsächlich mit Geld oder Macht, sondern mit Geist und Wissenschaft verknüpfen wollen. Aber was wird aus Humboldts neuhumanistischer Einsamkeit und Freiheit, wenn die Universitäten ihren Charakter als Eliteeinrichtungen verlieren? Den Themenkomplex von Menge und Elite behandeln die Kapitel 5 und 6.

Ob es sich nun um die Einbeziehung der Dinge und Artefakte, die Fassung von Kollektiven oder die institutionelle Fiktion von Universität handelt, den Rahmen, in dem diese Probleme angesiedelt werden, benennen wir üblicherweise mit „Moderne". Dabei sind sich die Beobachterinnen und Beobachter nicht ganz sicher, ob Moderne schon aus einer postmodernen Perspektive in den Blick genommen werden kann, ob sie unser unübersteigbarer Horizont bleiben wird, oder ob wir sie numerisch nach erster, zweiter, vielleicht bald dritter Moderne auffädeln sollen. Die Verknotungen lösen sich, wenn man ein Modell der Zeitschichten der Moderne zugrundelegt, das sich an den Schlüsselbegriffen Vernunft, Entwicklung und Leben orientiert. Diese Flughöhe der Modernedebatte gilt es dann zu verlassen, wenn man sich konkreter mit dem Feld der radikalen Modernitätskritiken auseinandersetzt, die von rechts und links in der ersten Hälfte des 20. Jahrhunderts entwickelt wurden und die bis heute in den mentalen und politischen Familien der Rechten und der Linken unübergehbare Referenzen darstellen. Kapitel 7 und 8 sind diesem Komplex gewidmet.

Postmoderne ist nun leichter gesagt als getan, wenn man den Terminus nicht als Modevokabel für einen datierbaren Zeitabschnitt nutzt, sondern den Themen nachgeht, die alt genug sind, um Verlagerungen zu erkennen. Dazu gehört das Thema der Freiheit und das Verhältnis von Theorie und Praxis. Das Denken der Freiheit ist zutiefst gespalten zwischen denen, die sich durch andere behindert sehen, und denen, die sich selbst als eine Gefahr für andere empfinden. Das Streben nach Autonomie und das Streben nach Souveränität begründen zwei Versionen widerständiger Subjektivität, die sich kaum vereinheitlichen lassen. Was den Übergang zur Praxis betrifft, der heute lautstark angemahnt wird, so bleiben für den, der nicht praxisorientiert theoretisiert, sondern theorieorientiert Praxisformen thematisiert, vielleicht nur drei Theorietraditionen des 20. Jahrhunderts als Bezugspunkte. Ihre gegenseitige

Verfeindung hätte im Lichte eines postmodernen Pluralismus von Wahrheit längst beendet werden können: „Postrukturalismus", „Kritische Theorie", „Philosophische Anthropologie". Diese drei Denkschulen haben vor dem Erfahrungshintergrund der Neutralisierung des Wissens in Wissenssystemen, der politischen Religionen und der Vereinseitigung von Naturalismus und Kulturalismus verschiedene Theorie-Praxis-Modelle ausgebildet, deren Chancen heute neu zu prüfen sind: Subversion, Kritik und Korrektur. In Kapitel 9 und 10 werden diese Probleme diskutiert.

Den Abschluß bilden Vorschläge zu einer Neujustierung der Soziologie der Religion. Das Thema der Wiederkehr von Religion kommt aus verschiedenen Quellen. Zunächst gab es seit den Sixties einen erneuten Schub der Rezeption esoterischer, zum Teil nicht-europäischer Techniken der Subjektheilung durch Transzendenzerfahrung. Dann erlebten die europäischen Gesellschaften mit der Morddrohung gegen den Schriftsteller Salman Rushdie einen Vorgeschmack fundamentalistischer Bedrohungen. Lauter wurden die Stimmen, die für westliche Staaten eine Zivilreligion forderten. Schließlich stürzte der forcierte bio-medizinische Fortschritt technischer Machbarkeit von Leben und Tod die Gesellschaft in moralische Dilemmata, denen zu entkommen Vertreter religiöser Gruppen versprachen. In dieser Situation gilt es, das Erbe der Religionskritik neu zu sichten und zu bewerten und an einer Typologie von Religionen zu arbeiten, die auch das breite Zwischenfeld zwischen Konfessionalismus und Säkularismus in den Blick nimmt.

Die zwölf Kapitel dieses Buches entstanden zu unterschiedlichen Zeitpunkten und aus verschiedenen Anlässen. Die Durchsicht ergab, daß an ihnen nur geringfügige Veränderungen, jedoch keine Überarbeitungen notwendig wurden. Daß das Buch in dieser Form erscheint, ist Joachim Fischer zu verdanken, der in Beratungen mit Ulrich Bröckling, Heike Delitz, Stefan Kaufmann, Axel T. Paul und Dominik Schrage mich ermutigt hat, diese Vorstöße für eine der Ideengeschichte und der Intellektuellensoziologie verpflichtete Kultursoziologie im Zusammenhang zu publizieren.

1. Deutsche Fragen an Foucault

Wer sich mit der Foucault-Rezeption in Deutschland befaßt, wird rasch feststellen, daß die deutsche Intelligenz mit diesem Autor besondere Probleme hat. Im Frühjahr 1985 konstatiert der amerikanische Literaturwissenschaftler Robert Holub, Foucault habe in der englischsprachigen Welt eine Popularität wie kein anderer zeitgenössischer Theoretiker erreicht. Anders in der Bundesrepublik, hier werde er weitgehend ignoriert oder sein Werk werde trivialisiert, verworfen, lächerlich gemacht. Es existierten lediglich wenige Dissertationen, nur eine umfangreichere Studie in einem Kleinverlag, keine Monographie, die in das Gesamtwerk einführt. Es gebe nur eine Handvoll Aufsätze, die meisten davon wenig mehr als weitschweifige Buchrezensionen. „Kein bedeutenderer deutscher Intellektueller hat mehr als ein kursorisches Interesse an Foucaults Schriften gezeigt. Sein Einfluß ist auf kleine Zirkel von Postmodernisten oder unorthodoxen Linken beschränkt." Zum Urteil von Konrad Adam im FAZ-Nachruf (Juni 1984): „die anhaltenden Debatten über Wissenschaftstheorie und Wissenschaftsgeschichte hat Foucault nicht gelenkt und kaum beeinflußt", schreibt Holub: „Für einen amerikanischen oder französischen Beobachter muß solch eine Bewertung Foucaults unbegreiflich scheinen; nur ein deutscher Intellektueller konnte solch eine Bemerkung im Sommer 1984 wagen."[1]

Nun stehen wir, was die Optik angeht, die Statistik der publizierten Texte zu Foucault, besser da als vor wenigen Jahren, als Holub die hiesige Foucault-Rezeption als internationales Kuriosum einstufte. „Spät" wäre ein sich anbietendes Wort. „Die deutsche Foucault-Rezeption kommt spät." Dieser Satz ist für einen Kultursoziologen, der sich mit kulturellen Zwängen, d. h. Nötigungen befaßt, die sich in einem spezifischen Denkhabitus darbieten, nicht gerade harmlos.

In der deutschen Wissenskultur sind Sätze, in denen das Wort „spät" in Verbindung mit der eigenen Gruppe vorkommt, voller Tücken. Es gibt eine Vielzahl von Sätzen von der Art: „die Deutschen kommen spät". Vor dem Spätkommen sind einige Dinge passiert, für die sich typischerweise Metaphern aus dem Bereich organisch-chemischer Vorstellungen anbieten: z. B. „unausgegoren" oder „noch nicht gereift", „unreif". Es gibt also auch eine Vielzahl von

---

[1] Robert C. Holub, *Trends in Literary Criticism. Remembering Foucault*, in: *The German Quarterly* 58(2) (1985), S. 239f.

Sätzen, in denen sich der Zweifel ausdrückt, ob in Deutschland schon etwas „reif" ist. Die Phase des Unausgegorenen, hier die Phase der unausgegorenen Foucault-Rezeption, die mich besonders interessiert, hat einen spezifischen Rhythmus. Am Anfang steht ein „Anstoß". Der Anstoß kommt aus Frankreich. „Anstoß aus Frankreich", diese Aussage findet sich in einer Vielzahl deutscher Sätze seit 1789, in der Version „Anstoß" oder in der Version „anstößig". Nach dem Anstoß „gärt" es, oder um die Tiefenstrukturen kenntlich zu machen, könnte ich auch sagen: Nach dem mechanischen Anstoß aus Frankreich folgen organisch-chemische Gärungsprozesse in Deutschland.

Es gärt also, und zwar in verschiedenen Behältern. Soziale Räume der Intelligenz in Deutschland haben immer eine gewisse Form, die an Behälter erinnert. Es sind Innenräume. Wer da hinein will, ist – wie im Märchen – ein böser Wolf, der Kreide gefressen hat, um seine Stimme täuschend zu verstellen. Und Foucault hat alles Zeug dazu gehabt, als so eine Gestalt mit verstellter Stimme identifiziert zu werden. Im wesentlichen sind es drei Behälter, drei Innenräume der deutschen Intelligenz, an die wir denken müssen:

1. ein Verteidigungsraum, in dem Gefährdungen gesichtet und zügig identifiziert werden;
2. eine Anzahl verstreuter Räume, in denen Aufnahmen und Anerkennungen möglich sind, aber charakteristischerweise als stille Aufnahme und stille Anerkennung;
3. eine Reihe von marginalen Nebengelassen, in denen es enthusiastisch hergeht. Das sind die Enthusiasten, die die Türen weit aufreißen, um den bösen Wolf hereinzulassen, dann selbst Kreide fressen und mit verstellter Stimme sprechen.

Zwischen den Innenräumen gibt es natürlich komplexe Austauschprozesse, ein gegenseitiges Achtungsverhältnis und Beobachtungen, die den Grad der Immunität der Räume betreffen, in denen es gärt. Wichtig für die Dauer des Gärungsprozesses und für das Spätkommen sind die Regeln der Dringlichkeit, die in den Innenräumen sehr verschieden sind. Im Nebengelaß wird der Anstoß – wie man sagt – „begierig" aufgenommen. Im Innenraum möglicher stiller Anerkennung regieren die selbstgestellten Aufgaben. Rezeption erfolgt nach Passungsverhältnissen. Im Verteidigungsraum muß reagiert werden, wenn die roten Lampen aufglühen.

Ich will mich im folgenden recht einseitig auf den Verteidigungsraum konzentrieren. Hier findet Gefahrenidentifizierung zügig statt. Hier wird Wichtiges gehütet. Hier stellen sich redundante Fragen, die ich nach ihrer Herkunft ein Stück weit erhellen möchte. Also: *deutsche Fragen an Foucault* – oder: Welche

spezifischen Nötigungen sprechen sich in redundanten Fragen im Verteidigungsraum aus.[2]

Ich habe keine neuen Fragen anzubieten, sondern möchte den wohlbekann-
ten, wiederkehrenden Fragen nachgehen. Dieses Verfahren halte ich gerade
bei der Foucault-Rezeption für unerläßlich, weil dieser Autor in einer noch zu
entdeckenden Weise mit deutschen Theorietraditionen dialogisiert hat. Aber
dies ist nicht mein Thema. Bemerkt sei nur: Diesen Dialog zu entdecken, ist
mühselig, weil Foucault ein Meister im Gebrauch des Radiergummis war. Wer
klare Zeichnungen produziert, braucht natürlich einen Radiergummi. In der
deutschen Wissenskultur ist der allzu häufige Gebrauch des Radiergummis
anstößig, vor allem wenn die Quellen dem Radiergummi anheimfallen. (Für
Gärungsprozesse, in denen etwas quellt oder qualmt, damit reife Qualität entsteht, ist ein Radiergummi nicht zu gebrauchen.)

Ich konzentriere mich im wesentlichen auf drei redundante Fragen:

1. Ist es sinnvoll, Geschichte so zu analysieren und zu behandeln, daß kon-
    tingente Formationen auftauchen und verschwinden?
2. Ist es vertretbar, politisches Handeln ohne strengen und erkennbaren
    Bezug auf moralische Normen zu denken?
3. Wo bleibt das Subjekt, und wird es nicht in einer akzeptablen Weise in
    den Schriften der achtziger Jahre eingeführt?

Ich will mich nicht damit beruhigen, daß diese Fragen auch in anderen Ländern
gestellt werden, und ich will mich auch nichts damit beruhigen zu sagen, daß
diese Fragen vielleicht falsch gestellt sind. Ich gehe von der Tatsache aus, daß
diese Fragen gestellt worden sind, und ich versuche abzuschätzen, was an
ihnen deutscher Herkunft ist.

Was soll das Auftauchen und Verschwinden kontingenter Formationen in der Geschichte?

Das Denken einer „Geschichte an und für sich", einer „Geschichte überhaupt" – es ist oft festgestellt worden – taucht im okzidentalen Raum grob
gesagt um die Wende zum 19. Jahrhundert auf. „Geschichte überhaupt" meint,
daß alle Geschichten *von* Personen, Kollektiven oder Erzählungen *von* Objek-

---

ten in eine Immanenz eingeschrieben werden können, in das prozessuale Zugleich der Interdependenz der Ereignisse und der Intersubjektivität der Handlungsabläufe. „Die Zeit selbst, diese sublime Erfindung des Menschen, hat ihren Lauf begonnen; nichts konnte an ihre Stelle treten, um die Phasen der Erdentwicklung zu ordnen", kaum ein Deutscher, der diese Sätze Balzacs im 19. Jahrhundert nicht auch unterschrieben hätte.[3]

Der okzidentale Vorgang der Verzeitlichung der Phänomene trifft freilich in Frankreich und Deutschland auf unterschiedliche Gegebenheiten. In Frankreich trifft die Verzeitlichung auf ein konstituiertes Feld klassischer Rationalität, die Verzeitlichung folgt der Klassik. In Deutschland konstituiert sich die klassische Vernunft im Zugleich mit der Historisierung der Phänomene. Es macht einen gewichtigen Unterschied, ob die Verzeitlichung sich einer verkörperten Rationalität, einem rationalen Habitus zugesellt oder ob die Verzeitlichung sich in die Gewinnung eines rationalen Habitus einschreibt.

1843 kommt ein Berliner Intellektueller bei der Frage, ob „la flânerie" in Berlin möglich ist, zu dem Schluß: „Der Deutsche kann nur in Gedanken gehen, der Franzose aber im Gehen denken. (…) Ein Deutscher geht, was er denkt, ein Franzose denkt, was er geht. Ein Franzose denkt sein Laufen ab, ein Deutscher läuft sein Denken ab."[4] Geschichtlichkeit, das Laufen, der Fortschritt und Vernunft, das Denken sind different konstelliert.

Die ersten wesentlichen deutschen Beiträge zum Selbstverständnis okzidentaler Rationalität stammen aus der Zeit von der Wende zum 19. Jahrhundert bis zu seinem Ausklang. Das heißt, sie stammen aus einer Periode, in der die Frage nach der Verzeitlichung der Phänomene in Deutschland im Zugleich mit der Konstituierung von Vernunft beantwortet werden mußte. Diese Prägung hat Plessner 1935 auf die pointierte Formel gebracht: „Deutsches Wesen und 19. Jahrhundert gehören zusammen."[5] In Deutschland besteht habituell eine Nötigung, Geschichte und Vernunft aufeinander zu beziehen. Das Anstößige bei Foucault sind in der Regel die präsentierten Diskontinuitäten gewesen, seine Rehabilitation des Ereignisses.

Diskontinuität zu denken, ist hierzulande blockiert, weil in der deutschen Verklebung von Rationalität und Verzeitlichung Diskontinuität unausweichlich einen Rationalitätsabfall nach sich zieht. Wer sich der Geschichte rational zuwenden will, muß die Diskontinuitäten, die Ereignisse, zum Epiphänomen

---

[3] Honoré de Balzac, *Falthurne*, zit. n. Wolf Lepenies, *Das Ende der Naturgeschichte*, München 1976, S. 16.
[4] Feodor Wehl, *Flânerie*, in: *Berliner Wespen* 5 (1843), S. 36f.
[5] Helmuth Plessner, *Die verspätete Nation. Über die Verführbarkeit bürgerlichen Geistes*, in: ders., *Gesammelte Schriften*, Bd. 6, Frankfurt a. M. 1982, S. 92.

einer fundamentalen Kontinuität machen. Es ist dies ein gewaltiges Muß; wer ihm nicht folgt, fällt ins Bodenlose. Bei Foucault, so Habermas, „wird der Raum der Geschichte (...) fugenlos ausgefüllt von dem schlechthin kontingenten Geschehen des ungeordneten Aufblitzens und Vergehens neuer Diskursformationen; in dieser chaotischen Mannigfaltigkeit vergänglicher Diskursuniversen bleibt für irgendeinen *übergreifenden* Sinn kein Platz mehr".[6] Das ist furchtbar und undenkbar in einem historischen Feld, das bei Lichte besehen so sehr mit Diskontinuitäten ausgefüllt ist wie das deutsche historische Feld. Wir hätten alles Zeug dazu gehabt, Spezialisten in Sachen Diskontinuität zu werden.

Dieser Weg ist jedoch verstellt gewesen. Die habituell gewordene Nötigung, Geschichte und Vernunft aufeinander zu beziehen, die deutsche Verklebung von Rationalität und Verzeitlichung erfolgte ohne Konzepte einer Mechanik des Geschehens. Um die Wende zum 19. Jahrhundert stößt die Verzeitlichung nicht auf ausgebildete mechanistische Weltauffassungen, sondern hier schließt sich die Verzeitlichung umstandslos mit virulenten heilsgeschichtlichen Konzepten zusammen. In den dramatischen Transformationen von Heilsgeschichte zur innerweltlichen Geschichte rückt die Frage nach dem Subjekt der Geschichte ins Zentrum, deutscher gesagt: in den „Mittelpunkt". Geschichte ist vermittelt durch Subjekte.

Hier hat Foucault an alten Narben gekratzt und die Intelligenz im Verteidigungsraum rasch auf den Plan gerufen. Heute freilich mehren sich die Anzeichen dafür, daß die deutsche geschichtsphilosophische Lokomotive mit ihrer junghegelianischen Besatzung erneut in den Kantschen Bahnhof zurückbeordert wird. Die neuen Abfahrtszeiten stehen 1988 noch nicht fest.

Ist es vertretbar, politisches Handeln ohne strengen und erkennbaren Bezug auf moralische Normen zu denken?

Diese Frage an Foucault taucht seit „Überwachen und Strafen", Mitte der siebziger Jahre in Deutschland auf. Es sei daran erinnert, daß Foucault in dieser Zeit in den aktuellen politischen Debatten, mehr als zuvor präsent war. So hatte er aus seiner Bewunderung für den wegen staatsfeindlicher Einstellungen suspendierten Sozialpsychologen Peter Brückner keinen Hehl gemacht. Marginale Gruppen der undogmatischen Linken borgten sich Werkzeug aus seinen Werkzeugkisten. Es zirkulierte die Anekdote, zu einer Begegnung zwischen Foucault und jenem Mescalero, der die Republik mit einem marginalen, aber dennoch höchst distanzierungswürdigen Mikrodiskurs erschüttert hatte, sei es gekom-

---

[6] Jürgen Habermas, *Der philosophische Diskurs der Moderne*, Frankfurt a. M. 1985, S. 297.

men, als sich beide gleichermaßen gelangweilt aus einer nervenaufreibenden Polit-Diskussion in ein Nebenzimmer flüchteten. Über seine Erlebnisse mit deutscher Polizei in West und Ost hat Foucault 1978 dem Magazin *Der Spiegel* berichtet: „wir fühlen uns als schmutzige Spezies". Hat diese Konstellation die deutschen Fragen an Foucault nach der Moralität der Politik getrübt? Oder lassen sie sich gerade in jenen Regionen aufhellen, in denen es um den Schrecken und die Tugend, die politische Gewalt und die Intelligenz geht?

Wenn man sich die Frage vorlegt, woher jene Dringlichkeit stammt, mit der im deutschen Kontext nach einer Verbindung von Politik und Moral gesucht wird, so tut man gut daran, an jene Situation zu erinnern, in der die Ideen der Französischen Revolution in Deutschland auf eine Intelligenz stießen, die die Entfaltung wahrer Moralität sich vorrangig und zuerst im unpolitischen Innenraum der menschlichen Seele vorstellen konnte. Auf die Frage, warum in Deutschland keine Revolution wie 1789, gibt Hegel die bezeichnende Antwort: Deutschland braucht sie nicht, und zwar weil in der Lutherischen Reformation bereits das Wesentliche dieser Entwicklungsphase erreicht worden sei. „In Deutschland war in Ansehung der Weltlichkeit schon Alles durch die Reformation gebessert worden."[7] Anders gesagt: Die religiöse Reformation hat die politische Revolution überflüssig gemacht. Wo immer in Deutschland über politische Gewalt diskutiert wird, geht es um das Überflüssige darin. Und zwar um das Überflüssige in der ungeklärten Doppelung von: überflüssig – unnötig und überflüssig – schrankenlos. Im Finale der modernen Gesellschaft ist politische Gewalt entweder total, oder der Staat stirbt ab. Die religiöse Reformation hat die politische Revolution überflüssig gemacht. Das heißt auch: Die deutsche Moralität weiß sich schon unterm Absolutismus grundlegend gebessert.

Dies impliziert für das Verhältnis von Politik und Moral Nötigungen, die habituell geworden sind. Zunächst ist das sichere Wissen gegeben: Weil moralische Fragen in ihrem tiefsten Wesen nicht formalisierbar oder regelbar sind, ist in diesem Bereich auch keine Initiative erfolgversprechend. Dieser antirömische Affekt bezieht sich auf die Latinität in ihrer politisch-juridischen und katholischen Tradition. Politische Institutionen und die statuarische Kirche sind keine wahrhaft moralischen Einrichtungen.

Institutionen sind verdächtig, im Banne des Bösen zu stehen. Schon der Vertrag ist mit dem notorischen Verdacht belastet, ein Teufelspakt zu sein. (Auch die Leser Foucaults gehen einen Teufelspakt ein. „Suggestion" heißt der Vorwurf.) Moralität ohne Herbeizitierung des Teufels, des schlimmsten Falls, bleibt ungesichert. Weil in jede Institutionalisierung die Verkehrung (Teu-

---

[7] Georg Wilhelm Friedrich Hegel, *Vorlesungen über die Philosophie der Geschichte*, Theorie-Werkausgabe, Bd. 12, Frankfurt a. M. 1970, S. 526.

felslist) einprogrammiert ist, muß sich das moralische Widerstandspotential doppelt und dreifach seiner Lauterkeit versichern, am besten universal. Politik reicht nie für sich, sie bedarf auf allen Seiten stets der Glaubensprüfung oder Gesinnungsüberprüfung. Mit Weber gesagt: *„Wie* die Sache auszusehen hat, in deren Dienst der Politiker Macht erstrebt und Macht verwendet, ist Glaubenssache (...) – immer muß irgendein Glaube *da* sein, sonst lastet in der Tat (...) der Fluch kreatürlicher Nichtigkeit auch auf den äußerlich stärksten politischen Erfolgen."[8]

Richten wir auf dieses deutsche Muß unseren Blick, so erhalten die deutschen Fragen an Foucault im Komplex Moralität der Politik ihre Farbe. Stellvertretend für viele andere, Manfred Clemenz in der *TAZ* vom 07. 09. 1979: „Theorie als ‚Werkzeugkiste‘ vermag nicht mehr zu unterscheiden zwischen faschistischer Propaganda und kritischer Theorie, zwischen Nietzsches Wille zur Macht, dem Wissen zu dienen hat, und einer Theorie der Befreiung von Ausbeutung und Unterdrückung."

Ich denke, dies war nie Foucaults Problem. Politik und Moral war für Foucault ein unzertrennbares Molekül. Es gibt nicht die Frage nach dem Überflüssigen in der politischen Gewalt, sondern Fragen, die die deutschen Reformatoren der Moral nur schwer erreichen. 1976 erinnert Foucault in einer Vorlesung an die Frage Petrarcas: „Was gibt es denn in der Geschichte, was nicht zum Ruhme Roms ist?" Und Foucault fährt fort: „Unser historisches Bewußtsein, das vom Auftauchen der Gegengeschichte geprägt ist, läßt uns fragen: Was gibt es in der Geschichte, was nicht der Ruf zur Revolution oder die Angst vor ihr ist? Und ich füge einfach diese Frage an: Und wenn Rom von neuem die Revolution eroberte?"[9] Foucault hatte in den siebziger Jahren die Absicht, eine französisch-italienisch-deutsche Reihe zu Fragen des „Gouvernements", der „Regierung", ins Leben zu rufen. Dies scheiterte. Heraus kam die deutsche Zeitschrift *Tumulte*.

Wo bleibt das Subjekt, und wird es in einer akzeptablen Weise in den Schriften der achtziger Jahre eingeführt?

Zunächst muß man sagen, daß allein die Tatsache, daß sich Foucault in seinen letzten Arbeiten dem Thema Subjektivität zugewandt hat, im Verteidigungsraum deutscher Intelligenz mit einer gewissen Erleichterung aufgenommen wurde. Diese Erleichterung war nötig. Seit den frühen siebziger Jahren waren

---

[8] Max Weber, *Der Beruf zur Politik*, in: ders., *Soziologie, Universalgeschichtliche Analysen, Politik*, Stuttgart 1973, S. 170.
[9] Michel Foucault, *Vom Licht des Krieges zur Geburt der Geschichte*, Berlin 1986, S. 54.

die deutschen Leser nicht nur um den diskursiven „Tod des Individuums", sondern auch um die Unversehrtheit des Autors selbst besorgt. „Welche Versagungen, Verdrängungen da stattgefunden haben und nach außen projiziert worden sind, auf die ganze menschliche Gattung, das wagt man kaum zu denken."[10] Foucault wendet „den bösen Blick der beginnenden Schizophrenie ins Diskursive".[11] Foucaults Vorgehen hat „zwangsneurotischen Charakter".[12] Kaum ein Text, in dem nicht der Zynismusverdacht sich ausspricht. Die Bände 2 und 3 von „Sexualität und Wahrheit" gewährten erst mal Erleichterung. Und dann noch die Übersetzung einer Vorlesung von 1982 mit dem Titel „Hermeneutik des Subjekts"[13] – man konnte das Aufatmen spüren.

Es ist für den Kultursoziologen nicht einfach, die Herkunft des seltsamen Eigenwerts ausfindig zu machen, den das Thema „Subjekt" in Deutschland hat. Eigenwert, damit meine ich: Das Thema hat einen impliziten Status. In jedem Fall fühlen wir uns bei diesem Thema wohl. Fehlt das Thema, wird uns unwohl. Der Gedanke liegt nahe, mit diesem Thema hat man schon eine Garantie in der Tasche. Aber welche?

Hegel nennt diese Garantie: Gemüt. Die „eigentlichen Deutschen" haben Gemüt. „Gemüt ist diese eingehüllte, unbestimmte Totalität des Geistes, in Beziehung auf den Willen, worin der Mensch auf ebenso allgemeine und unbestimmte Weise die Befriedigung in sich hat." Die Gemütlichkeit „hat keinen bestimmten Zweck, des Reichtums, der Ehre und dergleichen, betrifft überhaupt nicht einen objektiven Zustand, sondern den ganzen Zustand als der allgemeine Genuß seiner selbst. Es ist darin also nur der Wille überhaupt als formeller Wille und die subjektive Freiheit als Eigensinn."[14] Zu diesem Eigensinn tritt zwanglos als soziale Dimension die Treue. „Die Individuen schließen sich mit freier Willkür einem Subjekt an und machen dieses Verhältnis aus sich zu einem unverbrüchlichen." Und Hegel vermerkt sorgsam: „Dies finden wir weder bei den Griechen noch bei den Römern."[15] Eigensinn und Treue sind bei Hegel so konzipiert, daß sie mit der Christianisierung historisch gebrochen werden, um in der Reformation als Geistesfreiheit und zwangloser Gehorsam wiedergeboren zu werden.

---

[10] Wolfgang Hädecke, *Strukturalismus – Ideologie des Status quo?*, in: *Neue Rundschau* 82 (1971), S. 53.
[11] Martin Puder, *Der böse Blick des Michel Foucault*, in: *Neue Rundschau* 83 (1972), S. 320.
[12] Wilfried Gottschalch, *Foucaults Denken – eine Politisierung des Urschreis?*, in: *Literaturmagazin* 9 (1978): Der neue Irrationalismus, S. 71.
[13] Michel Foucault, *Hermeneutik des Subjekts*, in: ders., *Freiheit und Selbstsorge*, Frankfurt a. M. 1985, S. 32–60.
[14] Hegel 1970, a. a. O., S. 423.
[15] Ebd., S. 425.

Es geht diesen Subjekten vor allem darum, heil aus der Sache herauszukommen. Die Gebundenheit an den Eigensinn läßt normale Niederlagen zu verstellten und durchgehaltenen Pathologien werden. Denn in Fragen der Subjektivität kann sich die selbsttätige Alchemie von Gemüt und Unverbrüchlichkeit von keiner sozialen Physik täuschen lassen.

Zu den wenigen zeitgenössischen Autoren, die intensiv über die Genese dieses Habitus nachgedacht haben, gehören Oskar Negt und Alexander Kluge. Bei ihnen findet sich der bemerkenswerte Passus: „Der Einzelne und sein Monstrum, das sog. Ganze, das Land, wird die Wiedergutmachung sämtlicher über 800 Jahre produzierter Trennungen niemals aufgeben, ehe nicht für das Gefühl, das sich darin nicht täuscht, die Einlösung der Geschichte wirklich erfolgt ist, also *mein* Boden, *mein* Gemeinwesen und *meine* Selbstbestimmung über die Bedingungen *meiner* Arbeit *gemeinsam* hergestellt werden."[16] Dies ist eine treffende Beschreibung des deutschen Subjektkomplexes.

„Der Einzelne und sein Monstrum" – damit wird projektiv auf jenen Verfemten des 19. Jahrhunderts Bezug genommen, der den deutschen Eigenwert des Themas Subjekt skandalös verspielte. „*Der* Mensch ist der letzte böse Geist oder Spuk, der täuschendste oder vertrauteste, der schlaueste Lügner mit ehrlicher Miene, der Vater der Lügen."[17] Hier, bei Max Stirner, lautet die Frage: „nicht wie man das wahre Ich in sich herzustellen, sondern wie man sich aufzulösen" habe.[18] Marx und Engels nannten dieses Subjekt einen „bankerutten Egoisten".[19]

Negt und Kluge sprechen von der „Wiedergutmachung" und von dem „Gefühl, das sich darin nicht täuscht". Dies ist Hegelsche Garantie des Gemüts. Das Thema Subjekt garantiert eine bestimmte Bewegung: 1. Homogener Start (Bei-sich-sein), 2. Brechung von außen (Angst, das Beben im Innern) und 3. Wiedergeburt als eigentlicher Träger eines Prinzips. Man könnte dies die Urszene deutschen Subjektdenkens nennen. Wir verstehen nun besser, welchem Schema sich die deutsche Foucaultlektüre beim Thema Subjektivität verdankt: „Bei-uns-sein" in der garantierten Homogenität und der Verdacht einer fremdartigen Pathologie bei Foucault. Wie heißt es bei Habermas? Foucaults „historische Auslöschung des Subjekts (…) endet in heillosem Subjektivismus".[20] Heil-los! Brechung von außen: Wo bleibt bei Foucault die Angst? fragt Fink-Eitel, und

---

[16] Oskar Negt u. Alexander Kluge, *Geschichte und Eigensinn*, Frankfurt a. M. 1981, S. 361 f.
[17] Max Stirner, *Der Einzige und sein Eigentum*, Stuttgart 1972, S. 202. Meine Neubewertung Max Stirners, die nicht zuletzt durch Foucaults Schriften inspiriert wurde, findet sich in Wolfgang Eßbach, *Gegenzüge. Der Materialismus des Selbst und seine Ausgrenzung aus dem Marxismus – Eine Studie über die Kontroverse zwischen Max Stirner und Karl Marx*, Frankfurt a. M. 1982.
[18] Stirner 1972, a. a. O., S. 359.
[19] Karl Marx u. Friedrich Engels, *Die Deutsche Ideologie*, in: MEW, Bd. 3, Berlin ³1962, S. 409.
[20] Habermas 1985, a. a. O., S. 324.

d. h., wo bleibt die Seelenangst? „Die Psyche von Körper und Bewußtsein in die Zange genommen und zermalmt – von der körperdressierten Disziplinarmacht einerseits und dem Machtwillen zum Wissen andererseits?"[21] Wenn nun das Thema Subjektivität bei Foucault auftaucht, so steht schon fest, daß es am Maße eines aus der Seelenangst wiedergeborenen Subjekts gemessen wird, das seine allgemeine Lektion gelernt hat.

Ich denke, es gibt Anzeichen dafür, daß im Verteidigungsraum der deutschen Intelligenz die roten Lampen wieder aufglühen. Zwar wird man nicht mehr sagen können, Foucault lasse das Subjekt in den monströsen Strukturen des Spätkapitalismus und ihrer systemtheoretischen Affirmation verschwinden. Es taucht wieder auf, aber ohne Erhalt einer Wiedergutmachung. Nicht daß „die Spiele mit sich selber hinter den Kulissen zu bleiben haben"[22] – wie Foucault die Reaktion der französischen Leser antizipiert, wäre hierzulande das Problem. Den Kulissenbau haben wir leider nie als eine würdige Kunst geschätzt. Daß es sich in Fragen des Subjekts um „*Spiele* mit sich selber" handeln soll, das erregt den Verdacht. Mit Subjektivität spielt man nicht, man macht mit ihr ernst. Das Gemüt haftet an seiner transzendenten Mission.

„Kunst der Existenz", „Selbstkunst" – die Fragen, die sich im Verteidigungsraum abzeichnen, gehen in drei Richtungen: Feministinnen werden sich an der Virilität stoßen,[23] im Lager der Linken wird man Privatistisches wittern,[24] und Philosophen werden den Ernst der Wahrheit anmahnen.[25] Man wird in Foucaults Weise, das Thema Subjekt zu behandeln, die deutsche Angstschule vermissen.

Deutsche Fragen an Foucault. Ich habe versucht, einige Habitualisierungen zu beschreiben, die sich in diesen Fragen aussprechen, und ihre Herkunft ein Stück weit zu erhellen. Ohne Ironie geht es dabei nicht ab. Aber der Kultursoziologe hat es meist mit verstellten Phänomenen zu tun. Nationale Wissenskulturen haben ihre Übungen an Schreckbildern, ihr a priori der Garantien, ihre Farbe der Empfindungen – unbekannte Verstellungen. In diesen Niederungen gibt es noch viel zu tun, wenn wir uns über den Rhein hinweg über die Fragen verständigen wollen, die Foucault wohl am meisten bewegt haben: Was

---

[21] Hinrich Fink-Eitel, *Michel Foucaults Analytik der Macht*, in: *Austreibung des Geistes aus den Geisteswissenschaften. Programme des Poststrukturalismus*, hg. v. Friedrich A. Kittler, Paderborn u. a. 1980, S. 66–68.

[22] Michel Foucault, *Sexualität und Wahrheit*, Bd. 2: *Der Gebrauch der Lüste*, Frankfurt a. M. 1986, S. 15.

[23] Z. B. Renate Schlesier, *Humaniora, eine Kolumne*, in: *Merkur* 38 (1984), S. 822f.

[24] Z. B. Clemens Kammler, *Michel Foucault, eine kritische Analyse seines Werkes*, Bonn 1986, S. 302.

[25] Z. B. Jörg Zimmermann, *Das Leben – ein Kunstwerk?*, in: *Spuren. Zeitschrift für Kunst und Gesellschaft* 26/27 (1989), S. 66–69.

ist unsere Aktualität? Welches ist das aktuelle Feld möglicher Wahrheitsspiele, möglicher Regierung, möglicher Exerzitien? Was ist Ontologie der Gegenwart? Welche Heiterkeit, welche Tapferkeit, welche Wünsche sind in ihr möglich?

2. Der Mittelpunkt außerhalb

Helmuth Plessners Philosophische Anthropologie

Etwa zeitgleich mit Plessners *Die Stufen des Organischen und der Mensch* (1928) erschienen Max Schelers *Die Stellung des Menschen im Kosmos* (1928) und Martin Heideggers *Sein und Zeit* (1927). Das Profil der Plessnerschen Anthropologie wird deutlich, wenn wir sein Denken als Alternative zu Scheler, Heidegger und auch zu Arnold Gehlens 1940 erschienenem Hauptwerk *Der Mensch* begreifen.

Scheler hat die anthropologische Aufgabe, Verknüpfungen der Naturseite und der Kulturseite im Menschen einsichtig zu machen, zu lösen versucht, indem er Gemüt und Emotionen, die intime Sprache des Herzens, als *ordo amoris* auszeichnete und zum biologisch-kulturellen Treffpunkt der menschlichen Person machte.[1] Der Mensch ist dabei eingespannt in ein triebhaftes Geschehen, das sich nicht wie beim Tier erfüllt, sondern in die „Leere unseres Herzens" fällt, wo der Drang Akt des Neinsagens wird.[2] Widerstand der Welt ist so das ursprüngliche Erleben der Wirklichkeit, mit dem der Mensch der „ewige Protestant gegen alle bloße Wirklichkeit" wird.[3] Er muß also seine eigene psychophysische Natur vergegenständlichen, d. h. Kulturwesen sein. Scheler hat dieser Bewegung von Drang, Leere, Negation und Kulturproduktion einen finalen Abschluß gegeben, eine theistische Überwölbung.

Wer die Lösung Schelers, *ordo amoris* als Treffpunkt von Welt-, Selbst- und abschließendem Gottesbewußtsein, nicht mittragen wollte, konnte die Konstruktion nach zwei Seiten verkürzen. Man kann die Gehlensche Anthropologie als einen um den Theismus verkürzten Scheler lesen. Die „Leere des Herzens", in die der Drang fällt und sich als Neinsagen zeigt, wird bei Gehlen als konstitutive Mängelhaftigkeit des Menschen gefaßt, die kulturell kompensiert werden muß. Intelligenz kompensiert Sinnesschwächen, Werkzeuge kompensieren die unspezialisierten Organe, Entscheidung kompensiert die Instinktunsicherheit. Bei dieser Verkürzung kann der Integrationspunkt freilich nicht mehr das „Herz" sein. Die Ebene der Integration naturaler und geistiger Dimensionen

---

[1] *Ordo amoris* ist auch der Titel eines nachgelassenen Textes von Scheler. Siehe Max Scheler, „Ordo amoris", in: ders., *Gesammelte Werke*, hg. v. Maria Scheler, Bd. 10, Bern 1957, S. 345–376.
[2] Max Scheler, *Die Stellung des Menschen im Kosmos*, Darmstadt 1928, S. 55.
[3] Ebd., S. 65.

wird bei Gehlen die „Handlung". In der Handlung wird die entdifferenzierte biologische Antriebsstruktur festgestellt, vereinseitigt und verhärtet. So werden bei Gehlen aus den geistigen Vermögen Prothesen, deren Wie und Warum mit einem Funktionalismus der Anpassung beantwortet werden. Gehlens Anthropologie kippt als verkürzter Schelerismus in eine duplizierte Biologie. Kultur ist zweite Natur.

Die Kippbewegung zur anderen Seite findet sich bei Heidegger. Hier führt der doppelbödige methodologische Atheismus zur radikalisierten Introspektion der „Jemeinigkeit" der Existenz. Die Enttäuschung der Theomorphie des Menschen in der suggestiven Formel der „Endlichkeit" bringt eine Rehabilitation der Empfindungen von Stimmung, Sorge, Angst, die freilich ohne Biologie auskommt. Der Terminus ‚Existenz' suggeriert zwar Empirisches, ist aber von empirisch einsehbaren Lebensprozessen abgekoppelt. Der Vorrang der Introspektion führt zu zirkulären Selbstauslegungen der Geistigkeit, die – wie immer differenziert sie sich auf sich selbst besinnende Philosophie fortschreiben mögen – sich der anthropologischen Frage von vornherein verweigern.

Erkenntnispolitik

Plessners Differenz zu Scheler läßt sich als eine gleichsam erkenntnispolitische Differenz beschreiben. Während Scheler die *ordo amoris* als Treffpunkt auszeichnet und auf dem Primat einer Art anthropologischen Innenpolitik besteht, wird Plessner ein anthropologischer Außenpolitiker.[4] Der Mittelpunkt ist im inneren seelischen „Ungrund" nicht auszumachen, weder durch *ordo amoris* noch durch die Verkürzung auf die „Jemeinigkeit" der Existenz oder die Verkürzung auf die Funktionalisierung von Kultur als Ersatz für biologische Invalidität.

Plessners anthropologische Außenpolitik setzt mit einer Revision der cartesianischen Grenzziehung zwischen *res cogitans* und *res extensa* ein.[5] Bei dieser

---

[4] Weit über den Titel dieses Kapitels hinaus ist das Hörstück „Reise bis ans Ende der Welt. Der Mittelpunkt außerhalb" von F. Steinbiß u. F. C. Tubach (13.6.1989, WDR) für mich anregend gewesen. Treffend hat Walter Seitter Plessners „Geometrischen Ort" charakterisiert: „Der Rand als paradoxe Synthese aus Innen und Außen." Walter Seitter, *Helmuth Plessner. Gesammelte Schriften* (Rezension), in: *Philosophisches Jahrbuch* 91(2) (1984), S. 400. Seitter kommt das Verdienst zu, Plessners Philosophische Anthropologie erstmals in den Bezugsrahmen postmoderner Theoriediskussion gestellt zu haben. Vgl. insbesondere Walter Seitter, *Menschenfassungen. Studien zur Erkenntnispolitikwissenschaft*, München 1985.

[5] Zu den soziologischen Konsequenzen der cartesianischen Grenzziehung vgl. Richard Grathoff, *Milieu und Lebenswelt. Einführung in die phänomenologische Soziologie und sozialphänomenologische Forschung*, Frankfurt a. M. 1989, S. 66ff.

Grenzziehung gilt fürs Innere das Selbstzeugnis, fürs Äußere das Fremdzeugnis. Körperlichkeit wird mit Ausdehnung identifiziert und Ausdehnung als Meßbarkeit gefaßt. Alle nicht-meßbaren Phänomene der Natur werden einem im Käfig sitzenden Bewußtsein überantwortet, das sie beim Blick aus dem Käfig als bloße Empfindung von den *res extensa* wieder abziehen muß. Die Fundamentalisierung der cartesianischen Grenzziehung muß aufgegeben werden, sonst gerät Anthropologie zur Theorie des Bewußtseins oder zur Theorie der Kognition. Fundamentalisiert werden muß eine andere Grenze, nämlich die zwischen organischen Körpern und anorganischen Körpern. Dies ist eine der wenigen Grenzen, die fundamentalisiert werden können, wenn Fundament heißt: tragen, ohne selbst getragen zu sein.[6]

Grenzen liegen bei allen Dingkörpern da, wo sie anfangen oder zu Ende sind, und mit den Grenzen ist der Doppelaspekt von Innen und Außen gegeben. Aber diese Rede von der Grenze ist zu ungenau. Genaugenommen haben anorganische Körper keine Grenze, sondern sie hören da auf, wo etwas anderes anfängt. Grenze ist das „leere Zwischen", das weder zum einen noch zum anderen Ding gehört. Allein organische Körper haben eine Grenze als zu sich gehörig. Bei ihnen tritt somit der Doppelaspekt von Innen und Außen als Eigenschaft des Körpers auf.

Organische Körper haben eine Grenze wie eine Faltung des Seins. Seine Grenzen schließen ihn nicht nur ein, sie ermöglichen *modi* des „Über ihn hinaus" und „ihm entgegen": „Der unbelebte Körper ist von dieser Komplikation frei. Er ist, soweit er reicht. Wo und wann er zu Ende ist, hört auch sein Sein auf. Er bricht ab. Ihm fehlt diese Lockerung in ihm selber. Da sein System die Grenze nicht zu eigen hat, ist sein Sein ohne die doppelsinnige Transzendierung".[7]

Die Komplikation des organischen Dings, des Lebewesens, bedingt seinen positionalen Charakter, eine spezifische Raumhaftigkeit, mit der es in sich gelockert gegen seine Umgebung gestellt ist. Wie bei anorganischen Dingen ist die Lage von Lebewesen in Relation zur Lage des Beobachters meßbar: „Aber erscheinungsmäßig unterscheiden sich die Lebendigen von den Unbelebten als raumbehauptende von den nur raumerfüllenden Körpern. Jedes raumerfüllende Gebilde ist an einer Stelle. Ein raumbehauptendes Gebilde dagegen ist dadurch, daß es über ihn hinaus (in ihn hinein) ist, zu der Stelle ‚seines' Seins in Beziehung" (IV, 186).

---

[6] Zur Frage nach Grenzziehungen und Imaginationen von Ordnung vgl. Bernhard Waldenfels, *Ordnung im Zwielicht*, Frankfurt a. M. 1987.
[7] Im Folgenden wird im Text zitiert nach: Helmuth Plessner, *Gesammelte Schriften*, hg. v. Günter Dux, Otto Marquard u. Elisabeth Ströker, Frankfurt a. M. 1980–1985, 10 Bände, hier: Bd. IV, S. 184.

Plessner reserviert den Terminus „Position" für Lebewesen. Die Positionalität des lebenden Körpers: „Wenn ein unbelebtes Ding zerbricht, so fragt man
wohl auch: Wo ist ‚es' jetzt? Von dem Gelehrten wird man freilich zu hören bekommen, ein ‚es' habe da gar nicht existiert, sondern nur eine bestimmte Konstellation von Elektronen und Energie, die jetzt eine Umlagerung erfahren habe.
Die Frage ist der Erscheinung gegenüber trotz allem berechtigt gewesen. Dem
Lebendigen gegenüber können wir uns aber mit jener Antwort auch dann nie
zufrieden geben, wenn wir wüßten, daß sie objektiv die richtige ist" (IV, 187).

Plessner verabschiedet die Fundamentalisierung alter Grenzziehungen: *res
extensa – res cogitans*, Bewußtsein – Sein, Natur – Kultur, Geist – Materie usw.
Grundlegend ist die Grenze, die eine Biosphäre im Kosmos abhebt. Es muß
zum Ende des 20. Jahrhunderts nicht darauf hingewiesen werden, daß gerade
diese und keine andere Grenzziehung fundamental ist.

Michel Foucault hat jenen mit der Moderne einsetzenden Prozeß untersucht,
in der „Bios" zum nicht mehr hintergehbaren Referenzpunkt wird: „Der abend-
ländische Mensch lernt allmählich, was es ist, eine lebende Spezies in einer
lebenden Welt zu sein, einen Körper zu haben sowie Existenzbedingungen,
Lebenserwartungen, eine individuelle und kollektive Gesundheit, die man
modifizieren, und einen Raum, in dem man sie optimal verteilen kann. Zum
ersten Mal in der Geschichte reflektiert sich das Biologische im Politischen.
Die Tatsache des Lebens ist nicht mehr der unzugängliche Unterbau, der nur
von Zeit zu Zeit, im Zufall und in der Schicksalhaftigkeit des Todes ans Licht
kommt. Sie wird zum Teil von der Kontrolle des Wissens und vom Eingriff
der Macht erfaßt."[8]

In der Neuzeit entstehen Wissens- und Machtformen, die sich auf das Leben,
seine Kenntnis, Verwaltung und Bewirtschaftung richten, ein Komplex der
„Bio-Politik", in dem der Mensch nicht mehr wie bei Aristoteles das Tier ist, das
auch einer politischen Existenz fähig ist, sondern „ein Tier, in dessen Politik
sein Leben als Lebewesen auf dem Spiel steht."[9]

Plessners Grenzziehung reflektiert die neue Doppelstellung des Lebens als
biologisches Umfeld außerhalb der Geschichte und innerhalb der menschlichen
Geschichtlichkeit. Er treibt Biosophie. Mit der Positionalität ist für Organismen
der Prozeß die Weise ihres Seins (IV, 187), ein Prozeß freilich, der Typizität
und Stufung kennt. Absolute Einmaligkeit tritt nicht auf (IV, 193). Entwicklung

---

[8] Michel Foucault, *Sexualität und Wahrheit*, Bd. 1: Der Wille zum Wissen, Frankfurt a. M. 1977,
S. 170.
[9] Ebd., S. 171. Vgl. auch die weiterführenden Überlegungen von Michael Makropoulos, *Mög-
lichkeitsbändigungen. Disziplin und Versicherung als Konzepte zur sozialen Steuerung von Kontingenz*, in: *Soziale Welt* 41(4) (1990), S. 407–423.

von Organismen ist weitergehend ein Prozeß, der von Phase zu Phase eine
Zunahme an Struktur hervorbringt (IV, 202). Der Tod ist keine Erschöpfung an
den endlichen Systembedingungen des Körpers, auch nicht die symmetrische
Gegenbewegung zum Leben; vielmehr ist mit der Grenzziehung des Organischen der Tod dem Leben unmittelbar äußerlich. Er ist „Kontakt per hiatum
mit einem absolut Anderen" (IV, 210).

Positionalität ermöglicht Systemcharakter, Selbstregulierbarkeit. Aber von
dem Zusammenhang der Organe hebt sich das lebendige Wesen als ein Selbst
noch einmal ab. Es hat eine spezifische Stellung zur Zeit. „Lebendiges Sein steht
im Modus der Gegenwart " (IV, 241). Auf den räumlichen Lebenskreis bezogen,
ist der Organismus autonom, „weil nichts an ihn herankommt und nichts auf
ihn und in ihm Einfluß gewinnt, das er nicht dem Gesetz des begrenzt-grenz-
haften Systems unterwirft" (IV, 255). Aber diese Autonomie ist keine Autarkie,
seine Ganzheit ist „nur die Hälfte seines Lebens" (IV, 255). „Der Organismus
ist Einheit nur als durch Anderes, als er selbst ist, in ihm vermittelter Körper,
Glied eines Ganzen, das über ihn hinausliegt" (IV, 257).

Pflanze, Tier, Mensch

Pflanze, Tier, Mensch sind voneinander abgehobene Steigerungen der Positionalität. Es handelt sich um systematische Stufen, nicht um Stufen der Evolution.
Die Systematik wiederholt das Thema der Grenze, die Faltung des Seins, die
gestufte Komplikation des Lebendigen. Positionalität kann offen oder geschlossen oder exzentrisch sein.

„Offen ist diejenige Form, welche den Organismus in allen seinen Lebens-
äußerungen unmittelbar seiner Umgebung eingliedert und ihn zum unselb-
ständigen Abschnitt des ihm entsprechenden Lebenskreises macht" (IV, 284).
Pflanzen wenden ihre Flächen nach außen, Stoffwechsel und Fortpflanzung
geschieht hier ohne innere Organe, wie überhaupt ein Zentrum von Impulsen,
das Empfindung oder Lernen ermöglicht, fehlt. Als einfache Faltung besitzt
die Pflanze Reserven, sich wachsend unmittelbar in das umgebende Medium
einzubauen.

Antipodisch zu Pflanzen haben Tiere eine geschlossene Organisationsform:
„Geschlossen ist diejenige Form, welche den Organismus in allen seinen Le-
bensäußerungen mittelbar seiner Umgebung eingliedert und ihn zum selbständigen Abschnitt des ihm entsprechenden Lebenskreises macht" (IV, 291).
Die Außengewandtheit der Tiere ist mittelbar. Der Körper ist organisiert in
seinen Grenzflächen, aber es gibt komplizierte Faltungen nach innen, Organe,
von denen sich eine zentrale Ganzheit abhebt, die sich bei höheren Tieren als

Repräsentationsorgan zeigt. Dem mittelbaren Bezug zur Umgebung entspricht die Trennung und Koordination von Sensorik und Motorik, ein verschieden großes Zögern zwischen Reiz und Reaktion, in das Lernen und Gedächtnis fallen kann. Tiere besitzen das Vermögen zur Spontaneität. Sie erfassen positive Feldverhalte, und im Tier sind alle Charaktere der Aktion ausgebildet.

Plessners Biosophie verfolgt das Thema der Grenze. Organisch sind jene Körper, die Eigner ihrer Grenze sind. Wenn dies angenommen wird, gibt es nur zwei Strukturformen des Organischen, eine einfache nach außen gerichtete Faltung und eine weitere Komplikation nach innen. Der Leib des Menschen zeichnet sich auch nicht durch eine von der tierischen Strukturform durch zusätzliche, nur menschliche Spezialorgane gesteigerte Form aus. Die Gehlensche Deutung, die den menschlichen Organismus defizitär unter dem Niveau des Tieres ansiedelt, führt nur dazu, den menschlichen Defizitkörper plus zweite kompensatorische Ergänzungsnatur auf das Strukturniveau eines Volltieres zu bringen. Das eminent Menschliche muß anders begründet werden.

War für die abhebende Grenzziehung der Biosphäre die Positionalität, für die abhebende Grenzziehung des Tieres von der Pflanze die geschlossene, zentrische Positionalität maßgeblich, so bleibt Plessner bei der Bestimmung der menschlichen Position in derselben Strukturlogik. Eine Steigerung über das Tier hinaus ist denkbar: „Nach demselben Gesetz, das den Stufenunterschied zwischen Pflanze und Tier bestimmt. Wie die offene Form pflanzlicher Organisation die positionalen Charaktere zeigt, ohne daß das Ding zu seiner Positionalität in Beziehung ‚gesetzt' ist, und diese Möglichkeit in der geschlossenen Form tierischer Organisation zur Verwirklichung kommt, so offenbart auch die Wesensform des Tieres eine Möglichkeit, die nur durch etwas Anderes realisiert werden kann. Die volle Reflexivität ist dem lebendigen Körper auf der tierischen Stufe verwehrt" (IV, 361).

Volle Reflexivität bedarf einer Position, die Distanz zum Zentrum hat. Dieser Punkt, von dem aus der Mensch sich erlebt und über sich nachdenkt, wo im Körper sollte er liegen? Eine Vervielfältigung von hintereinander geschalteten Sehorganen oder Subjektkernen im Körper, von denen jeweils der eine über den anderen reflektiert, ist nicht plausibel zu machen. Ein Lebewesen, das seine Position reflektiert, muß einen Standpunkt außer sich in Anspruch nehmen. „Der Mensch als das lebendige Ding, das in die Mitte seiner Existenz gestellt ist, weiß diese Mitte, erlebt sie und ist darum über sie hinaus" (IV, 364). Plessner nennt dies *exzentrische Position*.

Plessners Strukturlogik von Pflanze, Tier, Mensch faßt den Typus Pflanze als ein nach innen und außen unselbständiges Selbst; den Typus Tier als nach innen und außen auf sich selbst gestellt, ein selbständiges Selbst. Der Mensch wird als Typus gefaßt, in dem das tierisch selbständige Selbst den vorliegenden Doppelaspekt von Innen und Außen voll reflexiv erfaßt. Bezogen auf die Grenzthematik stellt die Pflanze eine einfache Faltung, das Tier eine Doppelfaltung als Distanz nach Innen und Außen, der Mensch eine Dreifaltigkeit dar, deren Drittes nicht auf dem Niveau des Selbst oder der Selbständigkeit liegt, sondern als Stellung *in der Grenze* reflektiert wird. Der Mensch „ist in seine Grenze gesetzt und deshalb über sie hinaus, die ihn, das lebendige Ding, begrenzt" (IV, 364).

Hinsichtlich der Logik bedeutet exzentrische Positionalität das Innewerden und Übersehen der zweiwertigen Logik. Die Binarität organisch/anorganisch wird auf dem organischen Niveau kompliziert in die Binarität offen/geschlossen und unselbständig/selbständig. Im dritten Schritt ist eine Wiederholung der Binarität logisch nicht möglich. Das Dritte kann nur als Grenze selbst gefaßt werden. Um die Binarität zu verdreifachen, müßte man ein göttliches Subjekt imaginieren, in dessen Augen das Dritte als Homogenes, Versöhntes erscheint. Diese Augen gibt es nicht. Der Mensch als Einheit ist nicht Gegenstand Gottes, sondern er ist als Einheit neutral. Es handelt sich um die Indifferenz der Grenze selbst.[10]

Es liegt in der Natur der Grenze, daß der Doppelaspekt unaufhebbar ist. Was beim Menschen vorliegt, ist nicht Bruch mit der Natur überhaupt, sondern ein „wirklicher Bruch seiner Natur. Er lebt diesseits und jenseits des Bruches, als Seele und als Körper *und* als die psycho-physisch neutrale Einheit dieser Sphären. Die Einheit überdeckt jedoch nicht den Doppelaspekt, sie läßt ihn nicht aus sich hervorgehen, sie ist nicht das den Gegensatz versöhnende Dritte, das in die entgegengesetzten Sphären überleitet, sie bildet keine selbständige Sphäre. *Sie* ist der Bruch, der Hiatus, das leere Hindurch der Vermittlung, die für den Lebendigen selber dem absoluten Doppelcharakter und Doppelaspekt von Körperleib und Seele gleichkommt, in der er ihn erlebt. Positional liegt ein Dreifaches vor: Das Lebendige ist Körper, im Körper (als Innenleben oder Seele) und außer dem Körper als Blickpunkt, von dem aus es beides ist. Ein Individuum, welches positional derart dreifach charakterisiert ist, heißt *Person*. Es ist das Subjekt seines Erlebens, seiner Wahrnehmungen und seiner Aktionen,

---

[10] Vgl. hierzu Hans-Dieter Bahrs Überlegungen zur Entkräftung des binären Starrsinns und zur Rehabilitierung der „differenten Neutralität", wie sie sich in technischen Dingen und auch in der Gestalt des Gastes eröffnet: Hans-Dieter Bahr, *Sätze ins Nichts. Versuch über den Schrecken*, Tübingen 1985, S. 215 ff. u. 302 ff. Die Einsicht, daß das Dritte nicht final gefaßt werden muß, sondern einen Gaststatus erhalten kann, verdanke ich der Lektüre eines noch unveröffentlichten Manuskripts zur Sprache des Gastes von Hans-Dieter Bahr (später erschienen als: *Die Sprache des Gastes. Eine Metaethik*, Leipzig 1994).

seiner Initiative. Es weiß und es will. Seine Existenz ist wahrhaft auf Nichts gestellt" (IV, 365).[11]

Die Architektonik der Plessnerschen Anthropologie erfolgt am Leitfaden der Biosophie. Mit dieser Grundlegung wird die alte massive Binarität von Geist und Natur in spezifischer Weise kritisch unterlaufen. Was menschlicher Geist ist, wird nicht gegen das Ensemble von allgemeinen Naturcharakteren abgesetzt, wozu der Cartesianismus notorisch verführt. Daher ist die Rede von der Kognition schwer mit Plessners Rede vom menschlichen Geist zur Deckung zu bringen. Plessners Zeichnung der Grenzverläufe im Organischen ist so angelegt, daß mit der geschlossenen Organisationsform des Tieres, namentlich bei komplexeren Tieren, eine ganze Reihe von Charakteristika vollständig vorliegen, die in nicht-biosophisch verfahrenden Theorien als menschliches Privileg behauptet werden: Spontaneität, Handlung und Intelligenz sind bei höheren Tieren positional und integral. Kognition ist mit dem tierischen Strukturniveau gegeben.

Tiere folgen nicht instinkt-mechanisch den Reizen ihrer Umwelt. Ihre Initiative ist qua Spontaneität variabel. Tiere können wählen. Die vorherrschende Kategorie, nach der sie wählen, ist das Handlungsschema. Für das Tier gilt: „Alles Gegebene ist aktionsrelativ. Der Aktionsplan des Tieres ist das Netz, in dem sich die Welt fängt. Es herrscht ein ganz primitiver Primat des Praktischen, der die Merksphäre inhaltlich und formal nach den Kategorien des Motorischen gestaltet" (IV, 313 f.).

Bei höher entwickelten Tieren tritt der Primat des Motorischen zugunsten eines Primats des Sensorischen zurück: „Dieser Primat des Sensorischen ist in dem Augenblick endgültig geworden, in welchem die Aktionen unter die Kontrolle der Empfindung kommen. Erst dann gibt es eine gegenständliche Wirksphäre des Umfeldes, ist das Tiersubjekt sensomotorisch vom Umfeld eingeschlossen, erst dann enthält das Umfeld ,Dinge nebeneinander, nacheinander'. Mit der Totalrepräsentation des eigenen Körpers ist nicht nur vom menschlichen Standpunkt aus, sondern gemessen an der Idee der geschlossenen Form das Äußerste an Realisierung geleistet, ist die höchste Stufe, die reinste Ausprägung des tierischen Wesens erreicht. In ihr gewinnt das Lebewesen durch Konfrontation mit einer Sphäre von Tatobjekten, der es existentiell ausgeliefert ist, den größten Freiheitsgrad, die stärkste Machtfülle" (IV, 317 f.).

Der Primat des Sensorischen bringt jedoch zugleich eine Aktionsunsicherheit, die durch Bewußtsein ergänzt wird. Im kognitiven Sinne haben komplizierte Tierorganismen Bewußtsein. Bewußtsein meint die Existenz einer Ebene,

---

[11] „Ich hab' mein Sach' auf Nichts gestellt", eröffnet und schließt Max Stirners *Der Einzige und sein Eigentum*.

auf der Sensorik und Motorik abgehoben von der Instinktautomatik koordiniert und reguliert werden. „Das Mittel, Reiz und Reaktion bewußt einander zuzuordnen und sich die Herrschaft über Leib und Umfeld zu erringen, ist der zentralistischen Organisation gegeben" (IV, 319).

Wo in geschlossener Form Motorik und Sensorik vorliegen, ist zugleich die Möglichkeit der Unterbrechung gegeben. So zögert das Tier. „Wie es im Augpunkt des Merkens, im Impulspunkt des Wirkens ,wählend', ,schwankend' die innere Mitte und Leere des ,Noch nicht' einnimmt, so ist ihm das Umfeld mit demselben temporalen Charakter des Entgegenharrens gegeben. In dieser Konstanz liegt ganz eigentlich die Struktur des Dinges, die Bezugsform für alle seine Einzelheiten sinnlicher Art" (IV, 321). Das heißt, das Dingschema ist auf der positionalen Ebene des Tieres gegeben.

Tiere nehmen ihre Umwelt als Realität wahr, und zwar als eine Realität auf gleichem Niveau zentrischer Positionalität. Das Tier erfaßt „Feldverhalte" (IV, 345), und zwar in intelligenter Weise nach dem Modus sinnlicher Abstraktion (IV, 344). Tiere vergleichen nach Gestaltwahrnehmung und Komplexanschauung, daher können sie lernen (was Pflanzen nicht können). Lernen heißt hier, daß das Vergangene auf einer vom Hier und Jetzt abgehobenen Ebene präsent ist und eine zukünftige Initiative beeinflußt. Tiere korrigieren ihre Bewegungen durch eine individuelle Vergangenheit. Sie lernen individuell aus Erfahrungen (IV, 353). Wo gelernt werden kann, gibt es die Doppelung von Erfahrung und Gedächtnis. Gedächtnisleistungen beruhen auf Selektionsvorgängen, denn im Gedächtnis findet keine komplette Speicherung oder Abformung des Geschehens statt. So steht das Tier geradezu vor Kantischen Problemen. Es muß über den Umweg einer historischen Reaktionsbasis, über das Gedächtnis, in dem Formen der ,Anschauung', Sensusformen, Formen der akuten Wahrnehmung vorgelagert sind, zur Aktion kommen (IV, 358).

Lebewesen in der Form geschlossener Positionalität ist die Möglichkeit intelligenten Handelns gegeben. Intelligentes Handeln fällt bei Tieren nicht in den Bereich der Instinkte. Instinkte im Sinne von Triebrichtungen sind gerade das strukturelle Korrelat zu intelligentem Handeln. Mit der Form geschlossener Positionalität ist überhaupt erst sinnvollerweise von Instinkt zu reden, weil in dieser Doppelfaltung des Seins die Möglichkeit von Lernen als individueller Abhebung von einer Triebbasis stattfinden kann. Pflanzen haben keine Instinkte. „Alle Bewegungen gehen *an* der Pflanze vor sich, nie ,von' der Pflanze ,aus'" (IV, 288). Pflanzen haben ,Triebe' nur als Verzweigungen ihrer Fläche im Außen, aber keine Triebe als innere Instinkte. Pflanzen können daher auch nicht handeln. Als Lilien auf dem Felde sind sie einfältig und dumm. Die Doppelung von Instinkt und intelligentem Handeln ist der Form der geschlossenen Positionalität vorbehalten.

An dieser Stelle müssen nun grundsätzliche Bedenken erhoben werden, Plessner – wie Günter Dux es angeht – als Wegbereiter einer historisch-genetischen Theorie aufzufassen, die sich in der Anthropologie an Piaget orientiert.[12] Wollte man die Piagetsche Theorie der ontogenetischen Entwicklung des Menschen in die Plessnersche Architektonik überführen, so fiele der Bereich der sensomotorischen vorsprachlichen Intelligenz in das Strukturniveau der geschlossenen Positionalität, in dem handlungsbezogene Intelligenz samt ihrer stummen Formen – Ding, Raum, Kausalität und Zeit – angesiedelt ist. Ja, man wird vielleicht sogar sagen müssen, daß die Strukturform des egozentrischen Denkens bei Piaget, die Unilaterialität der Beziehungen, die Unfähigkeit, den Standpunkt eines anderen einzunehmen, die die präoperationale Stufe der kognitiven Entwicklung auszeichnet (2–6 Jahre), eine hohe Konsonanz mit Plessners Beschreibung der tierischen Intelligenz hat.

Was der Überführung Piagetscher Bestimmungen in die Plessnersche Architektur entgegensteht, ist der Umstand, daß sich Plessner einem kompakten Oberbegriff von Kognition, der erst im zweiten Schritt in sich gestuft wird, verweigert. Plessner trennt begrifflich zwischen ‚Intelligenz‘ und ‚Geist‘. Intelligenz ist eine Möglichkeit der geschlossenen, zentrischen Positionalität der tierischen Sphäre. Und da der Mensch nach seiner körperlichen Seite strukturell nicht anders als ein Tier verfaßt ist, besitzt der Mensch Intelligenz.

Nicht Intelligenz und Handeln, auch nicht Bewußtsein und Emotion eines positionalen Organismus, sondern die Exzentrik dieser Position charakterisiert die genuin menschliche Sphäre, die somit konstitutiv gebrochen ist. Denn die exzentrische Position ist nicht mit einem dritten Strukturtyp des Organischen verbunden. Mit der exzentrischen Position kommt ein negatives Element in Plessners Biosophie. Die positiven Faltungen des Seins sind über die tierische Sphäre hinaus nicht positiv überbietbar. Eine Steigerung kann nur in der Möglichkeit des reflexiven Herabsetzens liegen, es sei denn, man setzt ein positives göttliches Wesen und graduiert positive Bestimmungen auf ein Absolutes hin.

So ist die Intelligenz in der tierischen Sphäre vollkommen, gerade weil ihr der „Sinn fürs Negative" (IV, 340) fehlt. „Das Tier nimmt Dinge wahr, deren Kernstruktur motorische Bedeutung hat und in dem Verhältnis zu seinen Aktionen ihre Deckungen, ihren ‚Sinn‘ findet. Es ist noch nicht zum Sachcharakter des Gegenstandes erwacht, faßt noch nicht die vollkommene Ablösbarkeit der Dinge vom Kreis der Wahrnehmungen und Handlungen, merkt noch nicht ihre innere Selbstgenügsamkeit. Ihm ist noch nicht der Sinn für das Negative,

---

[12] Vgl. Günter Dux, *Die ontogenetische und historische Entwicklung des Geistes*, in: ders. u. Ulrich Wenzel (Hg.): *Der Prozeß der Geistesgeschichte*, Frankfurt a. M. 1994, S. 173–224.

in welcher Form immer, aufgegangen. Abwesenheit, Mangel, Leere – sind ihm verschlossene Anschauungsmöglichkeiten" (IV, 342).

Im Unterschied zur Intelligenz, die es mit Feldverhalten in einer Umwelt und mit der Zentrik von Trieb und Gedächtnis zu tun hat, ist Geist zuerst das Vermögen, Abwesenheit, Mangel, Leere zu erfassen. So bezeichnet die exzentrische Dimension einen Ort, der auf keiner Landkarte zu verzeichnen wäre. Der Standpunkt, von dem aus ein Mensch sich betrachtet, der Standpunkt des Selbstbewußtseins ist utopisch. Dies Selbstbewußtsein ist aber nur einem tierisch verfaßten organischen Ding möglich: „Man begreift, warum die tierische Natur auf dieser höchsten Positionsstufe erhalten bleiben muß. Die geschlossene Form der Organisation wird nur bis zum Äußersten durchgeführt. Zeigt doch das lebendige Ding in seinen positionalen Momenten keinen Punkt, von dem aus eine Steigerung erzielt werden könnte, außer durch Verwirklichung der Möglichkeit, das reflexive Gesamtsystem des tierischen Körpers nach dem Prinzip der Reflexivität zu organisieren und das, was auf der Tierstufe das Leben nur ausmacht, noch in Beziehung zum Lebewesen zu setzen. Eine weitere Steigerung darüber hinaus ist unmöglich, denn das lebendige Ding ist jetzt wirklich hinter sich gekommen. Es bleibt zwar wesentlich im Hier-Jetzt gebunden, es erlebt auch ohne den Blick auf sich, hingenommen von den Objekten des Umfeldes und den Reaktionen des eigenen Seins, aber es vermag sich von sich zu distanzieren, zwischen sich und seine Erlebnisse eine Kluft zu setzen. Dann ist es diesseits und jenseits der Kluft, gebunden im Körper, gebunden in der Seele und zugleich nirgends, ortlos außer aller Bindung in Raum und Zeit, und so ist es Mensch" (IV, 363).

Außenwelt, Innenwelt, Mitwelt

Mit der dreifachen menschlichen Position: 1. Körper sein, 2. im Körper sein und 3. von einem Mittelpunkt außerhalb auf beide sehen zu können, sind zugleich korrespondierende Modi von Welt gegeben: Außenwelt, Innenwelt, Mitwelt.

Die *Außenwelt* besteht nicht mehr nur aus egozentrischer Umwelt, in der Feldverhalte gegeben sind, sondern mit dem „Hinter die Dinge kommen" ist Außenwelt durch Sachverhalte gekennzeichnet. Objektive Sachverhalte sind durch die virtuell unabschließbare Bewegung des „Dahinterkommens" konstituiert. Allein die Rückgriffmöglichkeit auf den zentrisch positionalen „tierischen" Pragmatismus der Handlungslogik und die damit verbundene Glückskontingenz skandiert das „Dahinterkommen".

Die *Innenwelt* besteht nicht mehr nur aus der Alternanz von Triebimpuls und Gedächtnis, sondern mit der exzentrischen Distanz sind Seele und Erlebnis in

Selbststellung gegeben. Sich selbst erleben heißt, die seelische Realität vollziehen. Die Innenwelt ist dabei gegensinnig zur Außenwelt. Dem unendlichen ‚Hinter-die-Dinge-Kommen' im Außen korrespondiert innenweltlich das stets finale Selbstsein. Ein „Mir-zumute-Sein" gibt es immer. Aber das Erleben, wie mir zumute ist, bringt mich in eine unausgleichbare Selbststellung. Innenwelt ist so nicht, cartesianisch gedacht, das kompakte Gegen zur Außenwelt, sondern: „Wirkliche Innenwelt: das ist die Zerrissenheit mit sich selbst, aus der es keinen Ausweg, für die es keinen Ausgleich gibt. Das ist der radikale Doppelaspekt zwischen der (bewußt gegebenen oder unbewußt wirksamen) Seele und dem Vollzug im Erlebnis, zwischen Notwendigkeit, Zwang, Gesetz geschehender Existenz und Freiheit, Spontaneität, Impuls vollziehender Existenz" (IV, 272 f.).

Unabschließbarkeit des ‚Hinter-die-Dinge-Kommens' in der Außenwelt und Unausgleichbarkeit der Zerfallenheit mit sich selber in der Innenwelt, dieser Sinn fürs Negative, ermöglicht je für sich als Objektivismus oder Subjektivismus oder auch in den binären Subjekt-/Objekt-Kombinationen keine hinreichende Grundlage zum Begreifen menschlicher Phänomene. Der exzentrische Blickpunkt, von dem aus Sachcharakter im Außen erkannt und innere Wirklichkeit meiner selbst gewahr werden kann, bestimmt zugleich, daß das in seine Grenze gesetzte Lebewesen Mensch an sich selbst die Spaltung von individuellem und allgemeinem Ich vollzieht.

„Durch die exzentrische Positionsform seiner Selbst ist dem Menschen die Realität der *Mitwelt* gewährleistet. Sie ist also nichts, was ihm erst *auf Grund* bestimmter Wahrnehmungen zum Bewußtsein kommen müßte" (IV, 375). Die Mitwelt ist das Soziale, die Sozialwelt. Sie besteht nicht aus Stoffen, die über das hinausgehen, was als Außenwelt und Innenwelt schon vorliegt. So wie die menschliche Sphäre gegenüber dem Organischen keine neuen stofflichen Strukturen kennt, so bringt die Sozialwelt gegenüber der ‚flächigen' Außenwelt und der ‚komplizierten' Innenwelt stofflich nichts Neues, wohl aber die volle Reflexivität dieses Doppelaspekts. „Mitwelt ist die vom Menschen als Sphäre anderer Menschen erfaßte Form der eigenen Position. Man muß infolge dessen sagen, daß durch die exzentrische Positionsform die Mitwelt gebildet und zugleich ihre Realität gewährleistet wird" (IV, 375).

Das Soziale ist nicht Außenwelt und nicht Innenwelt. Die Außenwelt umgibt die Person, die Innenwelt erfüllt die Person. „Die Mitwelt *trägt* die Person, indem sie zugleich von ihr getragen und gebildet wird. Zwischen mir und mir, mir und ihm liegt die Sphäre dieser Welt des *Geistes*. Wenn das auszeichnende Merkmal der natürlichen Existenz der Person ist, die absolute Mitte einer sinnlich-bildhaften Sphäre einzunehmen, welche von sich aus diese Stellung zugleich relativiert und ihres absoluten Wertes entkleidet; wenn es das auszeichnende Merkmal der seelischen Existenz der Person ist, daß sie zu ihrer Innenwelt in erfassender Beziehung steht und zugleich diese Welt erlebend vollzieht; so beruht der geistige Charakter der Person in der Wir-Form des eigenen Ichs, in dem durchaus einheitlichen Umgriffensein *und* Umgreifen der eigenen Lebensexistenz nach dem Modus der Exzentrizität" (IV, 376 f.).

Somit erfährt die Exzentrizität des Menschen als anthropologische Bestimmung in der Sozialität ihre nicht zu überbietende Steigerung. Wer über die Sozialität hinausgehen will, muß sich im Glauben an ein Absolutes verankern. Sozialität ist das Dritte, und Plessner hat hierfür den Terminus Geist reserviert. „Geist ist nicht als Subjektivität oder Bewußtsein oder Intellekt, sondern als Wirsphäre die Voraussetzung der Konstitution einer Wirklichkeit, die wiederum nur dann Wirklichkeit darstellt und ausmacht, wenn sie auch unabhängig von den Prinzipien ihrer Konstitution in einem Bewußtseinsaspekt für sich konstituiert bleibt. Gerade mit dieser Abgekehrtheit vom Bewußtsein erfüllt sie das Gesetz der exzentrischen Sphäre" (IV, 378).

Plessners Biosophie läuft auf eine Soziologie zu. Mitwelt, das Soziale, ist hier freilich nicht als „,soziale Umgebung' gefaßt, sondern als Weltverhältnis begriffen. Eine ,soziale Umgebung' kann es auch für Tiere geben, die ihre Artgenossen wittern. Tiere haben keine Mitwelt, sondern ein „Mitverhältnis", das aus der geschlossenen Organisationsform resultiert, wie überhaupt alles Lebendige qua Positionalität in der Relation des Miteinander steht. Sozialität, nicht als Milieu der Vertrautheit, sondern als Weltverhältnis, meint, dem exzentrischen Blickpunkt folgend, die „absolute Punktualität, in der alles, was Menschenantlitz trägt, ursprünglich verknüpft bleibt, wenn auch die vitale Basis in Einzelwesen auseinandertritt. Sie ist die Sphäre des Einander und der völligen Enthülltheit, in der alle menschlichen Dinge sich begegnen" (IV, 378).[13] Sozialität in Plessners Sinne ist subjektiv-objektiv neutral und indifferent gegen Einzahl und Mehrzahl. Sozialität ist die Dimension, in der die exzentrische Position des Menschen zu sich selbst steht.

---

[13] Georges Bataille hat dies ähnlich gesehen: „Ich insistiere auf einer Grundtatsache: die Trennung der Wesen ist auf die reale Ordnung begrenzt. Nur wenn ich der *Dinglichkeit* verhaftet bleibe, ist die Trennung *real*. Sie *ist* in der Tat *real*, aber was real ist, ist *äußerlich. In ihrer Intimität sind alle Menschen eins.*" Georges Bataille, *Die Aufhebung der Ökonomie*, hg. v. Gerd Bergfleth, München 1975, S. 89. Wie eine von der Intimität und des Einander geleitete empirisch reichhaltige und präzise postmoderne Soziologie des Alltags aussehen könnte, hat Michel Maffesoli gezeigt. Vgl. insbesondere Michel Maffesoli, *Au creux des apparences. Pour une éthique de l'esthétique*, Paris 1990.

Kultur, Geschichte, Gesellschaft

Plessners Theorie der Kultur, Geschichte und Gesellschaft ist aus der Anthropologie herausgeführt. Die Wirklichkeiten menschlicher Kultur, Geschichte und Gesellschaft sind Durchführungen der exzentrischen Position des Lebewesens Mensch, sie haben in der spezifischen Verfaßtheit von Außenwelt, Innenwelt und Mitwelt ihre Grundlage. Hervorgehoben werden muß, daß Plessner den geläufigen Sinn von Kultur, Geschichte, Gesellschaft modifiziert und eine Konstruktion vorstellt, die es nicht erlaubt, eine Dimension, sei es Kultur oder Geschichte oder Gesellschaft zu fundamentalisieren. In der Reihung der drei Wirklichkeiten kehrt die Stufungslogik wieder, aber als systematische Stufung.

Der spezifische Formtypus des Menschen ist nicht von Natur aus, sondern von *seiner* Natur her auf Kultur hin angelegt. „Ortlos, zeitlos, ins Nichts gestellt, schafft sich die exzentrische Lebensform ihren Boden. Nur sofern sie ihn schafft, hat sie ihn, sie wird von ihm getragen" (IV, 391). Plessner nennt es das anthropologische Grundgesetz der „natürlichen Künstlichkeit" (IV, 382ff.). Kultur ist ein Mittel, mit sich und der Welt ins Gleichgewicht zu kommen. Gleichgewicht ist nicht – wie bei Piaget – Kompensation der äußeren Störungen mit Hilfe der Aktivitäten des Individuums[14], sondern – weil der Mensch „von Natur halb ist", ist seine Konstitution auf Equilibrierung über Kultur angelegt (IV, 396). Kultur ist auch nicht wie bei Gehlen ‚zweite Natur', sondern „zweites Vaterland" (IV, 391).

Lebewesen in exzentrischer Positionsform sind konstitutionell darauf angewiesen, sich auszudrücken. Sie tun dies durch Mitteilung und Gestaltung. Das unmittelbar Evidente ist für Menschen nur vermittelt über den Ausdruck erreichbar. Nach diesem Gesetz der „vermittelten Unmittelbarkeit" (IV, 396ff.) kann der Mensch gleichzeitig an der Direktheit seines Realkontakts irre werden. Menschen sind auf Ausdruck in der Form der Mitteilung und Gestaltung angewiesen, aber Ausdrücke können täuschen. Dies gilt auf der Ebene des alltäglichen Lebens ebenso wie auf Tagungen. „Die Annahme, es gäbe ‚von Natur' kein Erkenntnisproblem, der Mensch habe sich diese Schwierigkeit selbst bereitet, er habe sich einfach falsch verstanden, ist irrig" (IV, 407). Auch Tagungen zu erkenntnistheoretischen Problemen stehen unter dem Gesetz der vermittelten Unmittelbarkeit. Mit Plessner gedacht kann es keine Trennung von Wissen und Ausdruck geben. Als von seiner Natur her auf Ausdruck angewiesene Lebewesen können Menschen irren. Und es ist dies nicht allein eine

---

[14] Jean Piaget, *Probleme der genetischen Psychologie*, in: ders., *Theorien und Methoden der modernen Erziehung*, Frankfurt a. M. 1974, S. 254f.

Frage der wie immer auch gereinigten Vokabularien, die wir benützen, um uns auszudrücken. Expressivität ist weiter gefaßt als sprachliche Mitteilung. Die an der unhintergehbaren Expressivität haftende konstitutionelle Fehlbarkeit des Menschen zwingt ihn, es stets von neuem zu versuchen. Auf individueller Ebene tun dies auch Tiere. Tiere können zwar individuell lernen, aber sie haben keine Geschichte. Geschichte können nur Wesen haben, die von ihrer Natur aus auf Expressivität angelegt sind. „Durch seine Expressivität ist er (der Mensch, W. E.) also ein Wesen, das selbst bei kontinuierlich erhaltener Intention nach immer *anderer* Verwirklichung drängt und so eine *Geschichte* hinter sich zurückläßt. Nur in der Expressivität liegt der innere Grund für den historischen Charakter seiner Existenz" (IV, 416).

Geschichte ist bei Plessner nicht evolutionstheoretisch gefaßt. Die nur über den Ausdruck erreichbare Evidenz und das Irren aus demselben Grunde, weil dem Menschen stets nur vermittelte Unmittelbarkeit erreichbar ist, sie konstituieren Geschichte. Geschichte wird von *Menschen* gemacht, das heißt von Lebewesen, die unter dem Gesetz vermittelter Unmittelbarkeit stehen; Geschichte wird gemacht im Modus der Handlung, doch: „Es ist Gesetz, daß im Letzten die Menschen nicht wissen, was sie tun, sondern es erst durch die Geschichte erfahren" (IV, 419).

Kultur qua natürlicher Künstlichkeit; Geschichte qua vermittelter Unmittelbarkeit; aus der exzentrischen Positionsform rührt hinzukommend eine dritte Grundgesetzlichkeit. Sie betrifft den in seiner Natur liegenden unlösbaren Widerspruch, einerseits sich in der Außenwelt eingegliedert zu sehen, von seiner Innenwelt erfüllt zu sein und von seiner Mitwelt getragen und andererseits die Exzentrizität nicht aufgeben zu können. Der Mittelpunkt bleibt trotz aller Durchführungen der Exzentrizität außerhalb und zwingt endlos zu weiteren Durchführungen. Wer hier schlußmachen will, springt in den Glauben. „Wer nach Hause will, in die Heimat, in die Geborgenheit, muß sich dem Glauben zum Opfer bringen. Wer es aber mit dem Geist hält, kehrt nicht zurück" (IV, 420).

Die Irreversibilität des Zwangs, die exzentrische Position durchführen zu müssen, faßt Plessner in der reinen Form des „Wir Menschen". In dieser Form ist jeder Mensch die Menschheit, „d. h. er als Einzelner ist absolut vertretbar und ersetzbar. Jeder andere könnte an seiner Stelle stehen, wie er mit ihm in der Ortlosigkeit exzentrischer Position zu einer Ursprungsgemeinschaft vom Charakter des Wir zusammengeschlossen ist" (IV, 421 f.). Dieser unlösbare Widerspruch – faktische Unersetzbarkeit der eigenen Lebenssubstanz und Ersetzbarkeit im Wir – wird von Plessner als das Problem der Gesellschaft exponiert.

Der Grund der sozialen Organisation der Gattung liegt im unlösbaren Verhältnis von Unersetzbarkeit und Ersetzbarkeit. Menschen erwächst dadurch eine Zweideutigkeit, in der Stolz und Scham, Drang, sich zu offenbaren oder

zurückzuhalten, die einzelnen hin- und herreißen. „Diese Zweideutigkeit ist
eines der Grundmotive sozialer Organisation. Denn von Natur, aus seinem
Wesen kann der Mensch kein klares Verhältnis zu seinen Mitmenschen fin-
den. Er muß klare Verhältnisse schaffen. Ohne willkürliche Festlegung einer
Ordnung, ohne Vergewaltigung des Lebens führt er kein Leben" (IV, 422). Es
ist die äußerste Spannung von „Nichtigkeit und Transzendenz" (IV, 419ff.), die
Plessner als dritte Grundgesetzlichkeit formuliert. Sie betrifft die konstitutive
Gesellschaftlichkeit des Menschen.

Gesellschaft in Plessners Sinne ist nicht identisch mit Kultur. Kultur muß
gemacht werden nach dem Gesetz der natürlichen Künstlichkeit. Kultur meint
die Herstellung von Artefakten im weitesten Sinn, die dem Menschen seine
Zivilisation zur Heimat machen. Kultur meint Waffen- und Werkzeuggebrauch
ebenso wie Triebmodellierung. Kultur bezieht sich auf alle Modi, in denen
sichtbar wird, daß Lebewesen in exzentrischer Positionsform mehr wollen, als
sie sind, und mehr wollen, als daß sie nur sind.

Gesellschaft im Sinne Plessners ist auch nicht deckungsgleich mit Geschichte.
Geschichte ist die Durchführung des Gesetzes der vermittelten Unmittelbarkeit,
ist ein Effekt der Expressivität. Geschichte ist vermittelt durch Mitteilung und
Gestaltung. Ein Sein der Geschichte an und für sich, außerhalb von Expression
ist widersinnig. Die zeitliche Dimension, die Folge von gemachten Kulturlei-
stungen ist noch keine Geschichte, allenfalls Fortschritt. Bei Plessner fallen
Fortschritt und Geschichte nicht zusammen. Erst wenn das Machen und Gemachte unter die Frage nach der Gestaltung tritt, kann von Geschichte gesprochen werden. Geschichte haftet am Ausdruck. Daher sind in einem strengen
Sinne Irrtümer auf der Ebene von Kultur nicht möglich. Weder die Kultur der
Eskimos noch die der Ägypter waren ein Irrtum. Fragen der Fehlbarkeit und
des Irrtums stellen sich erst auf der Ebene der Geschichte.

Fehlbarkeit und Irrtum ist auch nicht das Grundproblem von Gesellschaft,
da es sich hier um die Zweideutigkeit von Ersetzbarkeit und Einmaligkeit handelt. Meine Einmaligkeit ist ebenso unbezweifelbar wie meine Vertretbarkeit.
Beides unterliegt auch nicht dem Gesetz der natürlichen Künstlichkeit oder
dem Gesetz der vermittelten Unmittelbarkeit in dem Sinne, daß der einzelne
natürlich einmalig und künstlich vertretbar oder unmittelbar einmalig und
vermittelt vertretbar wäre. Auf der gesellschaftlichen Ebene geht es um anderes.
Aus der Grundgesetzlichkeit von Nichtigkeit und Transzendenz erwächst eine
gesellschaftliche Topologie der Grenze zwischen Sichtbarkeit und Unsichtbarkeit. Von seiner Natur her ist das Verhältnis zwischen Lebewesen in exzentrischer Positionsform ungeklärt. In der sozialen Organisation werden Grenzen
zwischen Sichtbarkeit und Unsichtbarkeit etabliert. Der gesellschaftliche Rea-
lisierungsmodus des Lebewesens in exzentrischer Position ist an das Problem

der Öffentlichkeit gebunden, wobei Öffentlichkeit in einem umfassenderen Sinne als bloß politische Öffentlichkeit verstanden werden muß.

Gesellschaft von Menschen kann nicht vollständig transparent sein und auch nicht mit wissenschaftlichen Mitteln vollständig transparent gemacht werden. Sozialität hat die Grenze von sichtbarer Oberfläche und unsichtbarem Untergrund als ihr konstitutives Merkmal.[15] Sozialität kann als eine Topologie begriffen werden, in die Verdeckung und Offenbarung, Stolz und Scham, Einmaligkeit und Vertretbarkeit verteilt werden können.

Soziale Transparenz, die Durchsichtigkeit der Individuen auf *ein* wesentliches Merkmal hin, ist in den Utopien und Ideologien der reinen Gemeinschaft gefordert; sei es, daß sie Klassen- oder Rassenmerkmale als durchsichtige Konstituenten reflektieren. Die Liste durchsichtiger Merkmale ist durchaus verlängerbar. Auch den Merkmalen Werkzeug, Sprache, Geschichte, genetischer Code usw. kann die Kraft zu vollständiger Transparenz zugesprochen werden, das heißt, sie können wissenschaftlich und politisch als gemeinschaftskonstitutiv eingesetzt werden. Aber auch wenn diese Transparenzen akzeptabel erschienen, sie könnten Plessner zufolge im Sozialen keine Realität haben, weil sie am inneren sozialen Grenzverlauf des Sichtbaren/Unsichtbaren zerschellten. So gibt es bei Plessner *Grenzen der Gemeinschaft* (so der Titel einer Schrift von 1924), d. h. Grenzen der Utopie, Sozialität auf merkbare Male hin transparent zu machen.

Dem scheint Plessners Idee der Ursprungsgemeinschaft zu widersprechen, die bei ihm in die Stelle eines sozialen Universals einrückt. Die Ursprungsgemeinschaft, begriffen als absolute Vertretbarkeit und Ersetzbarkeit im Wir, ist jedoch aus exzentrischem Blickwinkel ortlos. Sie ist nicht durch Merkmale der Sichtbarkeit definierbar. Soziale Realisierung geht auch nicht in Richtung auf eine Wiederherstellung der Ursprungsgemeinschaft, so als ob im Ursprung etwas läge, was in der Folge realisiert würde. Dagegen kann Ursprungsgemeinschaft, die sich in der weit verbreiteten spekulativen Formel „Ich hätte auch anderswo geboren sein können" ausspricht, nur als merkmalslose Chiffre gefaßt werden, als pure Respektierung des Anderen in seiner Distanz und Verdecktheit. „An dieser Ursprungsgemeinschaft hat eben die Gesellschaft ihre Grenzen. So gibt es ein unverlierbares Recht der Menschen auf Revolution, wenn die Formen der Gesellschaftlichkeit ihren eigenen Sinn selbst zunichte machen, und Revolution vollzieht sich, wenn der utopische Gedanke von der endgültigen Vernichtbarkeit aller Gesellschaftlichkeit Macht gewinnt. Trotzdem ist er nur ein Mittel der Erneuerung der Gesellschaft " (IV, 423).

---

[15] Immer noch erhellend für diesen Komplex ist die durch Plessner angeregte Studie von Elias Siberski, *Untergrund und offene Gesellschaft. Zur Frage der strukturellen Deutung des sozialen Phänomens*, Stuttgart 1967.

Plessners Sozialtheorie versagt sich allen strukturtheoretischen Gründungen des Sozialen. Von der Anthropologie her rührt die Einsicht, daß Menschen von ihrer Natur her untereinander in ungeklärten Verhältnissen zueinander stehen. Am Grund der Gesellschaft liegt weder *homo homini lupus* noch Brüderlichkeit. Es herrscht Unklarheit. Soziale Organisation richtet sich in der Hauptsache auf diesen Sachverhalt, d. h. auf Verteilung und Grenzziehungen von Transparenz und Verdecktheit. Plessner führt die Thematik von Offenheit/Geschlossenheit, von Grenze und Faltung, die mit der organischen Sphäre einsetzt, bis zur Sozialethik durch.

Nimmt man das Transparenzproblem ernst, so ergeben sich Fragen an die historisch-genetische Theorie. So transparent wir den Stufenverlauf kognitiver Entwicklung in den ersten Lebensjahren machen können, um ihn als universal auszuweisen und somit eine experimentelle Sichtbarkeit der Ursprungsgemeinschaft herzustellen, sie müßte, mit Plessner gedacht, an der mit der Vertretbarkeit zugleich gegebenen Einmaligkeit scheitern, das heißt, ihre Umsetzbarkeit ins Soziale, in die Spaltung von sichtbar/unsichtbar, ist nur um den Preis der Leugnung des Hinterhalts möglich. In der Folge treten in der historisch-genetischen Theorie strukturell Probleme auf, zu erklären, wie sich aus dem als transparent gefaßten Universalienbestand der Ursprungsgemeinschaft immanent ein Begriff von Gesellschaft entwickeln ließe, der Verdecktheit und Verhaltenheit ebenso kennt wie das Offenbare. Der Anfang der „kulturellen Nullage"[16], die mit jedem menschlichen Baby angenommen wird, ist einsichtig im Kompetenzvergleich zum Niveau der Erwachsenen. Zu fragen ist, ob wir mit Blick auf Neugeborene uns schlichtweg einen transparenten Blick zubilligen können oder ob wir als soziale Wesen gezwungen sind, uns in der Grenzziehung von sichtbar/unsichtbar zu verhalten. Gerade die ersten „sozialen Beziehungen", in die der Säugling verflochten wird, sind, wie Eltern bezeugen, randvoll mit Undurchsichtigkeiten. Plessners Formel „homo absconditus", d. h. „sich und seiner Welt offen, weiß er um seine Verborgenheit" (VII, 357), gilt vielleicht mehr noch als für den Erwachsenen für das Neugeborene. Baby absconditus.

Unergründlichkeit, Offenheit, Europa

Das Prinzip der Unergründlichkeit des Menschen gehört zum Kernbestand Plessnerscher Schriften. In *Grenzen der Gemeinschaft* hat er schon 1924 eine anthropologische Begründung der „politisch-diplomatischen Konstante" im

---

[16] Günter Dux, *Die Logik der Weltbilder. Sinnstrukturen im Wandel der Geschichte*, Frankfurt a. M. 1982, S. 73.

menschlichen Gesamtverhalten versucht. Sie wurde im dritten anthropologischen Grundgesetz der *Stufen des Organischen* 1928 reformuliert. Die Schrift *Macht und menschliche Natur. Ein Versuch zur Anthropologie der geschichtlichen Weltansicht* (1931) ist ganz dem Prinzip der Unergründlichkeit im Hinblick auf Geschichte gewidmet.

Der Mensch ist das „geschichtliche Zurechnungssubjekt seiner Welt" (V, 147), so lautet die Eingangsthese. Sie wird freilich erst verständlich, wenn man an Plessners Lokalisierung des Geschichtlichen erinnert. Geschichtlichkeit haftet an der vermittelten Unmittelbarkeit, an der Nötigung, sich ausdrücken zu müssen, und der Möglichkeit, sich im Ausdruck irren zu können. Geschichte und Fehlbarkeit bilden einen Komplex. Geschichtliches und nicht einfach systematisches Zurechnungssubjekt seiner Welt ist der Mensch geworden, weil in der Wissensentwicklung der Humanwissenschaften in der Gegenwart kein Halt zu finden ist. „Denn wie dürfte es heute im Zeitalter spezialistisch entwickelter Person- und Völkerpsychologie, Ethnologie, Soziologie und Geschichtswissenschaft, von allen biologischen und medizinischen Fächern ganz abgesehen, noch möglich sein, zu so etwas wie einer Universalerkenntnis des Menschen durchzudringen? Wie dürfen wir hier, wo alles im Fluß ist, auf irgendeine bleibende Synthese hoffen, die nicht schon nach wenigen Jahren überholt ist?" (V, 147).

In diesem Milieu der Falsifizierbarkeit ist universale Anthropologie als geschichtliche möglich, „wenn sie den Menschen auch in den außerempirischen Dimensionen des rein Geistigen als Zurechnungssubjekt seiner Welt, als die ‚Stelle' des Hervorgangs aller überzeitlichen Systeme begreift, aus denen seine Existenz Sinn empfängt" (V, 148).

Diese ‚Stelle' des Könnens ist jedoch selbst eine historische, und zwar europäische Stelle. Als Europäer können wir alle Religionen und Weltbilder auf die Stelle der Hervorbringung, auf den von uns entdeckten „Machtbereich schöpferischer Subjektivität" (V, 149) hin relativieren. Dies Können wirft gravierende Fragen auf: „Wenn der Indianer, der Etrusker, der Ägypter je in seiner mütterlichen Landschaft diesen Durchbruch und die mit ihm verbundenen Entdeckungen nicht gemacht hat, die nur im christlichen Bereich möglich geworden sind (auf dem Untergrund der klassischen Antike), dürfen sie dann noch Menschen heißen? Oder sind sie Menschen nur dem Schein nach, und gehört alles, was Menschenantlitz trägt, nur somatisch zu jenem Bereich, in dem Dasein faktisch werden kann?" (V, 157).

Plessner wiederholt nicht schlicht die Webersche Frage, wie ist es gekommen, daß nur Europa zu einer Moderne aufgebrochen ist, vielmehr geht Plessner von dieser Situation als einer akuten Problemlage aus: Wie verhält sich die empirische Geschichtlichkeit des europäischen Menschen zu einer Anthropologie, die sich selbst als historische und qua Expressivität möglicherweise fehlgehende begreift?

Man kann die mit der Schöpfung anthropologischer Universalien aus geschichtlicher Faktizität gegebene Problemlage empirisch oder apriorisch auffassen. Empirisch-naturalistisch erschiene der Mensch als ein „durch Rasse und spezifisches Volkstum, Anlagen usw. mit je verschieden gearteten ‚Okularen‘ oder Sinnesorganen des Geistes ausgerüstete(r) Finder, dem entsprechende transsubjektive Wirklichkeiten in den Blick kommen, während nicht entsprechende wegseligiert werden" (V, 151).

Nach dieser gleichsam systemtheoretischen Denkweise wäre der europäische Universalismus entweder ein glücklicher Zufallsfund, der sich als ‚the fittest‘ erweist oder der sich wie bei Gehlen einem in Institutionen verhärteten „Zuchtbild" verdankt. Experimentierendes Machen und Auslese wären dann für den europäischen Durchbruch maßgeblich. Auf dem Niveau modernen Denkens, auf dem sich Falsifizierbarkeit zur Kontingenz gesteigert hat, muß man nicht so denken, aber man *kann* so denken.

Apriorisch verfahrend dagegen könnte man entweder, wie Scheler, eine überwölbende Strukturformel des Menschen konstruieren und Typen des „In-der-Welt-Seins" als materiale Variationen fassen (V, 156) oder, wie Heidegger, bei sich anfangen, sich introspektiv seiner Existenz widmen, bis man so tief heruntergekommen ist, daß die „Grundwurzel der Menschlichkeit" angetroffen wird (V, 157).

Die empirische Betrachtung wird sich bei der Brutalität des Faktischen beruhigen: ‚Die Europäer haben nun mal den Durchbruch zuerst gemacht. Pech für die anderen Völker.‘ Die empirische Betrachtung verkürzt den Menschen als geschichtliches Zurechnungssubjekt seiner Welt auf die Handlungsdimension, die erfolgreiche Machbarkeit. Handlung ist freilich nicht identisch mit Geschichtlichkeit. Geschichtlichkeit bei Plessner meint nicht Geschichte machen, sondern Kreation von Geschichte. Die geschichtliche Welt konvergiert auf den schöpferischen Menschen. Die Differenz von ‚Handlung‘ und ‚Schöpfung‘ entspricht der Stufendifferenz von zentrischer und exzentrischer Position. Im Unterschied zu ‚Handlung‘ impliziert der Begriff der ‚Kreation‘ Verantwortlichkeit. So ist der Kernpunkt der Anthropologie, die sich selbst als historische und qua Expressivität möglicherweise fehlgehende begreift: „Der Mensch, verantwortlich für die Welt, in der er lebt" (V, 148). Handlungstheoretische Grundlegungen, wie etwa bei Gehlen, kommen an diese Dimension nur mit separaten, d. h. okkasionalistischen Moraltheorien heran.

Auf der anderen Seite laufen die apriorischen Betrachtungsweisen der Geschichtlichkeit des europäischen Durchbruchs zur Universalität in der Schelerschen und Heideggerschen Version auf einen ungeklärten Eurozentrismus hinaus. „Im Enderfolg kommt mit der apriorischen Anthropologie so oder so eine Verabsolutierung bestimmter menschlicher Möglichkeiten heraus" (V, 159).

Welche Konsequenzen ergeben sich aus dieser Situation, in der die mannigfaltigen Weltbilder und Religionen dieser Erde auf den in Europa zum Durchbruch gekommenen Universalismus hin relativiert werden können? Plessners Antwort lautet: „Soll der Mensch als die schöpferische Durchbruchstelle seiner geistigen Welt, aus deren Werten und Kategorien heraus er sich, seine Mitwelt und Umwelt versteht und behandelt, seines eigenen Apriori also und seiner ihm je schon vorgezeichneten Denk-, Willens- und Gefühlsmöglichkeiten verstanden werden, dann kann die Theorie, die eben dieses Urhebertum begreiflich zu machen sucht, wie wir sahen, weder empirisch noch apriorisch sein. Sie darf sich wenigstens keiner der beiden Methodenprinzipien verschreiben. Es muß *offen*bleiben, um der Universalität des Blicks willen auf das menschliche Leben in der Breite aller Kulturen und Epochen, wessen der Mensch fähig ist. Darum rückt in den Mittelpunkt der Anthropologie die Unergründlichkeit des Menschen, und die Möglichkeit zum Menschsein, in der beschlossen liegt, was den Menschen allererst zum Menschen macht, jenes menschliche Radikal, muß nach Maßgabe der Unergründlichkeit fallen" (V, 160 f.).

Die Lösung, die Plessner vorschlägt, ist irritierend. Man kann hier – wie es Dux getan hat – logisch einwenden: „Das Theorem der Offenheit als Unentscheidbarkeit ist eine Entscheidung für die Entscheidung als das eigentlich geschichtsmächtige Prinzip."[17] Dux spricht von Plessners „Absolutismus der Unergründlichkeit".[18] Dies ist folgerichtig, wenn man das Historismusproblem in einen universalen Bereich der Entwicklung kognitiver Strukturen einerseits und materialer Mannigfaltigkeit und Einzigartigkeit der Realisierungen andererseits auflöst. Dies hat freilich Konsequenzen für den Begriff von Geschichte. Geschichtlichkeit ist dann auf Geschichte, auf die abgelaufene Geschichte zu beschränken. Abgelaufene Geschichte ist einlinig denkbar, hier regiert die Frage: Wie sind wir dahin gekommen, wo wir jetzt stehen? Gnostische Rekonstruktion des Prozesses, dessen Resultat wir sind.

Im Historismusproblem steckt jedoch das im Komplex von Geschichte und Fehlbarkeit radikalisierte Kontingenzproblem. Die Kontingenz – ‚Die Geschichte hätte auch anders verlaufen können', es hätte zum Beispiel der europäische Durchbruch nicht sich ereignen können – macht im Hinblick auf die *abgelaufene*

---

[17] Günter Dux, *Das Problem der Logik im historischen Verstehen. Zur Kritik der Entscheidung als geschichtsphilosophischer und historischer Kategorie*, in: *Dilthey-Jahrbuch für Philosophie und Geschichte der Geisteswissenschaften* 7 (1990/1991), S. 58.
[18] Ebd., S. 62.

Geschichte keinen Sinn. Der Gedanke, daß es vernünftig zugegangen ist, weil wir es vernünftig rekonstruieren können, stellt sich rasch ein.

„Wir sind in der Tat darauf angewiesen, die Geschichte zu verstehen, um uns zu verstehen", heißt es bei Dux.[19] Dem ist zuzustimmen, wenn auch die Umkehrung dieser Formulierung gilt: In dem Maße, wie wir uns nicht verstehen, bleibt uns die Geschichte unverständlich. Geschichtlichkeit ist nicht abtrennbar von der Expressivität. Wer Geschichtlichkeit als Prozeßlogik vom Primat der Kognition her bestimmt und ihr dann Expressivität nachordnet, läuft Gefahr, der Rache seines Prinzips zu erliegen. Die Gültigkeit von Aussagen über die Geschichte ist nicht unmittelbar zu sichern. Die Evidenz der zurückgelassenen Geschichte stellt sich als vermittelte Unmittelbarkeit dar. Dies wäre Plessners Einwand gegen die Abkoppelung von Geschichte und Geschichtlichkeit.

Die Erkenntnis, daß Weltbilder anderer Erdteile und vergangener Zeiten auf die europäische Moderne hin relativierbar sind – woran Plessner keinen Augenblick zweifelt –, führt nach dem Gesetz der vermittelten Unmittelbarkeit nicht zur Rekonstruktion der abgelaufenen Geschichte, sondern zu ihrer Dekonstruktion.

Rekonstruktive Verfahren wiederholen. Auch wenn man nicht alle Thesen der bei Derrida weiterentwickelten Hermeneutik teilt, fruchtbar ist der Gedanke, daß Wiederholen, Rekonstruieren, ein Weiterschreiben ist, das seinen Sinn als Rekonstruktion eines vergangenen Sinnes tarnt.[20] Die mit der Geschichtlichkeit gegebene Verschränkung von Einsicht und Aussicht führt zu der Frage, die an rekonstruktive Verfahren zu richten ist: Wenn man davon ausgeht, daß in der europäischen Moderne eine bessere oder höhere Einsicht in die Welt durchgebrochen ist, und wenn die Empirie von Gestaltungskompetenz, von wirtschaftlicher und politischer Macht des europäischen Menschen dies sinnfällig macht, wozu eine Rekonstruktion dieser Geschichte? Ermöglicht eben diese Situation nicht gleichermaßen die Chance der Dekonstruktion? Wobei auch hier gilt: Wir müssen Geschichte nicht so begreifen, aber wir *können* es.

Plessner hat den Weg der Dekonstruktion eingeschlagen, in seinen Worten: „In dieser Richtung vollzieht sich der Abbau jener Vorstellung eines einlinigen Fortschritts, der den Blick der Historiker, Soziologen und Psychologen von vornherein auf das Abendland des 18., 19. und 20. Jahrhunderts fixiert hielt, als ob ihre Zivilisation, da sie rationale Geschichtserkenntnis und Sozialforschung in Freiheit gesetzt hatte, das letzte und höchste Stadium der Menschheit re-

---

[19] Ebd., S. 65.
[20] Vgl. die einführende Darstellung von Jonathan Culler, *Dekonstruktion. Derrida und die poststrukturalistische Literaturtheorie*, Reinbek 1988, insbesondere den Abschnitt über „Aufpfropfungen" (*greffe*), S. 149 ff.

präsentiere. (…) Relativ auf das eigene Wert- und Kategoriensystem erblickt die Geisteswissenschaft, die um die Errungenschaft dieser Blickstellung weiß, darin einen Fortschritt, ohne ihn zum Maßstab ihrer Objekte zu machen und ohne in ihm einen stillen Prozeß zu sehen, der den Gang des Geistes bis zu einer nunmehr erreichten endgültigen und absoluten Freiheit vorangetragen hätte" (V, 161).

Diese gedankliche Bewegung der Preisgabe ist absurd nur, wenn man auf das rekonstruktive Modell der Wiederholung setzt. Sofern man Geschichte als Ensemble von Prozessen definiert, die sich wiederholen, kann man auf Preisgaben verzichten. Und in der Tat können Struktur oder systemtheoretische Betrachtungsweisen eine Fülle von Wiederholungen in sozialen Prozessen ausmachen. Die Kenntnis solcher Wiederholungen trägt auch dazu bei, die kulturelle Kompetenz zu steigern als Durchführung des Gesetzes der natürlichen Künstlichkeit. Hier gibt es auch Fortschritt. Und gemachte Fortschritte zu rekonstruieren, ist höchst lehrreich.

Aber Fortschritt trifft nicht den vollen Sinn des Worts Geschichtlichkeit bei Plessner. Eine Preisgabe von Fortschritt hat Plessner stets abgewehrt. Es geht ihm auch nicht um eine Relativierung von Fortschritt, sondern darum, daß das Wissen um die geschichtliche Autopoiesis seines Weltbildes vom europäischen Menschen eine neue Verantwortung fordert. Gerade weil Festhalten oder Preisgeben in die Macht des Europäers gefallen ist – er muß nicht festhalten, muß nicht preisgeben, aber *kann* es –, wächst der Frage, ob wir auf Handlung oder Kreation setzen, eine besondere Bedeutung zu. „Eine neue Verantwortung ist dem Menschen zugefallen, nach dem ihm die Durchrelativierung seiner geistigen Welt den Rekurs auf ein Absolutes wissensmäßig abgeschnitten hat: das Wirkliche gerade in seiner Relativierbarkeit als trotzdem Wirkliches sein zu lassen.[21] Aus der durchschauten Machtstellung seiner selbst darf der Mensch eben nicht mehr wie der Idealismus vergangener Zeiten eine wie immer geartete Vormachtstellung gegenüber den an sich seienden Wirklichkeiten machen. Diese Verabsolutierung der eigenen Sphäre zu einem bevorrechtigten Sein (unter den Titeln Bewußtsein, Ich, Seele, Geist, Vernunft usw.) und der eigenen in Antizipationen weltschöpferischen Selbstmacht zu dem einzigen in Wahrheit unbezweifelbaren Sein hat nur da einen Sinn, wo ein Absolutes, *da es noch gilt*, zu behaupten oder zu widerlegen ist" (V, 163 f.).

---

[21] Dieses Relativieren und „Trotzdem" entspricht exakt Derridas Interpretation der ‚Ausstreichung'. „Unter ihren Strichen verschwindet die Präsenz eines transzendentalen Signifikats und bleibt dennoch lesbar. Verschwindet und bleibt dennoch lesbar, wird destruiert und macht doch den Blick auf die Idee des Zeichens selbst frei." Jacques Derrida, *Grammatologie*, Frankfurt a. M. 1974, S. 43.

Plessners Vorschlag der Preisgabe macht Sinn, wenn die Diagnose stimmt, daß wir europäisch in der Situation sind, in der kein Absolutes mehr gilt. Darüber läßt sich streiten. Und man könnte viel anführen, das auf eine hartnäckige Anwesenheit absolutistischer Begründungsformen verweist. Wenn man will, läßt sich mit dem Verweis auf die Persistenz des Absoluten eine Strategie des Festhaltens an der Suprematie des europäischen Wert- und Kategoriensystems begründen, das ja nicht zuletzt seinen Glanz an der Konkurrenz zum christlichen Gottesbegriff gebildet hat. So kann man die Attribute „Handlung" und „Autonomie" als unfehlbare sichern und braucht sich über Macht und Verantwortung keine Gedanken zu machen.

Aber wenn Plessners Diagnose stimmt, dann liegt vielleicht im europäischen Durchbruch zur Relativierung alles Geistigen auf den historischen Menschen hin eher die Chance, dies als Mittel zu nehmen, so wie Plessners Prinzip der Unergründlichkeit des Menschen als Mittel freizugeben ist, und zwar als Mittel für etwas genuin Europäisches, nämlich Entschränkung: „Und nur sofern wir uns unergründlich nehmen, geben wir die Suprematiestellung gegen andere Kulturen als Barbaren und bloße Fremde, geben wir auch die Stellung der Mission gegen die Fremde als die noch unerlöste unmündige Welt auf und entschränken damit den Horizont der eigenen Vergangenheit und Gegenwart auf die zu den heterogensten Perspektiven aufgebrochene Geschichte" (V, 161).

Es liegt im Begriff der Kreation, daß sie ohne Preisgabe nicht gelingt. Poesie ist Schöpfung durch Verlust. Im strengen Sinne gilt dies auch für Autopoiesis. In der Bewegung der Preisgabe wird das wichtigste nach Außen gegeben. Es ist dies die politische Durchführung des Gedankens vom Mittelpunkt außerhalb. „In dem Verzicht auf die Vormachtstellung des europäischen Wert- und Kategoriensystems gibt sich der europäische Geist erst den Horizont auf die ursprüngliche Mannigfaltigkeit der geschichtlich gewordenen Kulturen und ihrer Weltaspekte ganz frei. In dem Verzicht auf die Absolutheit der Voraussetzungen, welche diese Freilegung selbst erst möglich machen, werden diese Voraussetzungen zum Siege geführt. Europa siegt, indem es entbindet" (V, 164).

Das Paradox läßt sich erhellen, wenn man anerkennt, daß im 20. Jahrhundert die von Max Weber geprägte Formel des „okzidentalen Rationalismus" zerbricht und eine Doppeltendenz der Entschränkung außereuropäischer Weltbilder und der Enteuropäisierung von Rationalitätspotentialen zum Zuge kommt. Formale Strukturen in Recht, Wirtschaft, Wissenschaft und Technik globalisieren sich und verlieren damit ihre europäische Tönung. Die Herkunftsmale beginnen zu verblassen. Zugleich hat dieser Prozeß an den Schlaf vieler außereuropäischer Völker gerührt und sie ermächtigt, zu ihrer Geschichte aufzubrechen. Der Versuch, diese zu heterogensten Perspektiven aufgebrochene Geschichte als Wiederholung des europäischen Weges zu beschreiben, wird scheitern, wenn die Fundierung der Geschichtlichkeit in der Expressivität ernstgenommen wird.

Wenn man die Paradoxie „Europa siegt, indem es entbindet" auf die seit Beginn des 20. Jahrhunderts radikalisierte Spaltung der Philosophie zwischen der Phänomenologie (in der nicht nur formale Bedingungen der Erfahrung als sicherbar angenommen werden, sondern auch materiale Wesensgesetzmäßigkeiten) und dem logischen Positivismus (der die Erfahrung in dem Maße freigibt, wie er die Logik in Mathematik überführt) bezieht, so könnte man in zwei Richtungen weiterdenken. Man könnte das europäische Siegen dem Formalismus und das zu Entbindende einer materialen Pluralität zuschreiben. In dieser Linie dürfte es jedoch schwer fallen, „Kategorien als materiale Strukturen" in Differenz zu formalen Strukturen der Kognition auszuweisen.[22] Auf der anderen Seite könnte man das europäische Siegen den materialen Wesensgesetzmäßigkeiten zuschreiben und das zu Entbindende einem prospektivischen Vermögen zum Formalismus, dessen Strukturgeschichte in der allgemeinen Ontogenese begründet ist. Man schriebe dann freilich die eine hypothetische Gattungsgeschichte in der Erwartung, daß alle Kulturen der Erde mit der zukünftigen Elaboration ihrer Kognitionsentwicklung auch im Bereich materialer Wesensgesetzmäßigkeiten aufeinander konvergieren, was doch recht harmonisch wäre.

Plessners Paradox von Sieg und Preisgabe der Vormachtstellung des europäischen Wert- und Kategoriensystems läßt sich vielleicht noch in anderer Hinsicht auflösen. Wenn sich im 20. Jahrhundert die Entokzidentalisierung des Rationalismus, seine Dezentrierung zeigt, so kann in diesem Prozeß das innereuropäisch viel diskutierte Verschwinden des Absoluten genauer als Entdeckung einer höchst folgenreichen Leerstelle im Zentrum der europäischen Geistesentwicklung beschrieben werden, als ein wirksames Muster, in dem der Unvollständigkeit ein hoher Wert zugemessen wird, oder als ein Radikalismus von Denkformen der Öffnung, als eine Tendenz zur Exzentrik.

Der Wunsch, diese Leerstelle ausfüllen zu wollen, ist allzu menschlich. Die historisch-genetische Theorie gibt diesem Wunsche nach. Sie kapituliert vor der Unergründlichkeit des Menschen, möglicherweise um szientifisch hochgerüstet jeder Kapitulation von vornherein zu entrinnen. Dies aber ist das Unmögliche. Mit den Worten des 81-jährigen Plessner: „Ortlos, zeitlos ins Nichts gestellt, treibt sich das menschenhafte Wesen beständig von sich fort, ohne Möglichkeit der Rückkehr, findet sich immer als ein anderes in den Fügungen seiner Geschichte, die es zu durchschauen, aber zu keinem Ende zu bringen

---

[22] Günter Dux, *Die Zeit in der Geschichte. Ihre Entwicklungslogik vom Mythos zur Weltzeit*, Frankfurt a. M. 1989, S. 29.

vermag. Die menschliche Welt ist weder auf ewige Wiederkehr noch auf ewige Heimkehr angelegt. Ihre Elemente bauen sich aus dem Unvorhersehbaren auf und stellen sich in Situationen dar, deren Bewältigung nie eindeutig und nur in Alternativen erfolgt" (VIII, 398).

3. Zur Anthropologie artifizieller Umwelt

Dieser Themenkreis soll in drei Schritten behandelt werden. Zunächst stellt sich die Frage nach den mit dem Begriff Umwelt verbundenen Vorstellungen. Dabei geht es im Kern um das Verhältnis von Umwelt und Welt. Im zweiten Schritt wird überlegt, welche Probleme sich auftun, wenn die Umwelt eine artifizielle Umwelt ist. Dabei werden einige Abstriche an zuvor entwickelten Konstruktivismen unausweichlich sein. Schließlich werde ich eine modernitätstheoretische Problematik aufwerfen und überlegen, wie sich eine Anthropologie artifizieller Umwelten heute, d. h. geschichtstheoretisch für die gegenwärtige Epoche, darstellt.

Umwelt und Welt

Studierenden der Soziologie fällt heute bei „Umwelt" zunächst die Systemtheorie Niklas Luhmanns ein, für die die Unterscheidung von System und Umwelt grundlegend ist. Ein System ist hier eine Gesamtheit von Merkmalen, deren Entfallen den Charakter eines Gegenstandes als System fraglich machen. Die Systemtheorie hat das alte philosophische Problem vom Ganzen und seinen Teilen als Differenz von System und Umwelt umformuliert. In einem weiteren Schritt wurde die These aufgestellt, daß die Ausdifferenzierung von Systemen nur durch Selbstreferenz zustande kommen kann. Wenn Systeme Elemente konstituieren, nehmen sie entweder auf andere Elemente desselben Systems oder auf Operationen oder auf die Einheit desselben Systems Bezug. Das darf man nicht als Systemsolipsismus mißverstehen. Die Umwelt ist notwendiges Korrelat der Selbstreferenz, weil Systeme in sich die Unterscheidung zwischen System und Umwelt ausbilden müssen.[1]

Den ersten Schritt vom Ganzen und seinen Teilen zu System und Umwelt verdanken wir dem Wiener Biologen Ludwig von Bertalanffy Den zweiten Schritt zur Selbstreferenz verdanken wir dem bedeutenden Kybernetiker Heinz von Foerster. Es gilt festzuhalten, daß der systemtheoretische Umweltbegriff nicht genuin soziologischer Herkunft ist, sondern aus Biologie und Kybernetik stammt. Luhmann hat ihn soziologisiert, um die Soziologie für Systemtheorie

---

[1] Vgl. Niklas Luhmann, *Soziale Systeme. Grundriß einer allgemeinen Theorie*, Frankfurt a. M. 1984.

kompatibel zu machen, die viele Disziplinen betrifft. Systemtheoretisch gedacht ist Umwelt keine Restkategorie, kein Energielieferant für das System,
kein bloßer Hintergrund, vor dem sich Systeme als Figuren abheben, sondern
Umwelt ist Voraussetzung für die Identität von Systemen. Systeme sind emer-
gent qua Unterscheidung von System und Umwelt. Wenn es nichts mehr an
Systemgrenzen zwischen System und Umwelt zu selektieren gibt, kollabieren
Systeme. Umwelt ist systemrelativ einfach alles andere, aber – dies ist die Iro-
nie bei Luhmann – dies alles andere ist viel komplexer als das System. Die
Beziehung zwischen System und Umwelt ist asymmetrisch.[2] Soweit eine erste
Annäherung.

Studierende der Historischen Anthropologie könnten sich aber auch erinnern, daß der Terminus Umwelt bei dem Biologen Jakob von Uexküll erstmals
modern präzisiert wird. Bei Uexküll ist die Umwelt nicht einfach alles andere,
sondern von der „Außenwelt" und der „Umgebung" zu unterscheiden. Zur
Außenwelt gehört alles, was existiert, d. h. das ganze Universum außerhalb
des Organismus, der gerade betrachtet wird. Zur Umgebung gehört alles, was
Organismen wahrnehmen könnten, weil eine Beziehung relativer Nähe, eine
relative Erreichbarkeit vorliegt. Umgebung ist gleichsam die gemeinsame Landschaft, die nicht allein einer bestimmten Art oder Artengruppe zuzuordnen
ist. Umwelt ist bei Uexküll durch ein zusätzliches Kriterium definiert. Sie ist in
einem Außen existent, potentiell wahrnehmbar und sie ist zusätzlich für ein
Lebewesen bedeutungsvoll. Es meint dies nicht eine zufällige oder abstrakte
Bedeutung wie ein Erdbeben für eine Ameise, sondern Umwelt ist regelhaft
relevant für ein Lebewesen. Sie meint eine, entsprechend dem Bauplan des
Organismus und der Funktionskreise von Medien, Nahrung, Feind und Ge-
schlechtspartner, nur der Art zugehörige „Merkwelt" und „Wirkwelt". Aus der
Umgebung Eiche schneiden sich Borkenkäfer, Singvögel und Eichhörnchen ihre
Umwelten durch Auswahl der für ihre speziellen Funktionskreise notwendigen
Eigenschaften heraus.

Uexküll wurde von vielen Geisteswissenschaftlern gelesen. Seine Funk-
tionskreislehre ist protokybernetisch; mit seinem Umweltbegriff gehört er zu
den frühen Konstruktivisten vor Maturana.[3] Systemtheoretisch formuliert
könnte man sagen, Organismen sind operativ geschlossene Systeme, die die
Unterscheidung von System und Umwelt selbst treffen.

Die für die Anthropologie folgenreichste Uexküll-Lektüre stammt von
Max Scheler, der neben Husserl und Heidegger zum Dreigestirn der Phänomenologie gehört und in den 20er Jahren zeitgleich mit seinem Konkurrenten

---

[2] Vgl. Ebd., S. 242 ff.
[3] Humberto Maturana, *Erkennen. Die Organisation und Verkörperung von Welt.*, Braunschweig 1982.

Helmuth Plessner in Köln die Grundrisse der Philosophischen Anthropologie entwirft. Ihr Ziel ist es, einen Begriff des Menschen zu entwickeln, in dem die Fortschritte der Biologie vollgültig miteinbezogen werden. Scheler übernimmt die Uexküllsche Umweltlehre. Das instinktive Verhalten der Tiere ist „niemals eine Reaktion auf die von Individuum zu Individuum wechselnden, *speziellen Inhalte* der Umwelt, sondern je nur auf eine ganz besondere Struktur, eine *art-typische* Anordnung der *möglichen* Umweltteile."[4] Die berühmten Intelligenz-tests, denen Wolfgang Köhler auf der deutschen Versuchsstation in Teneriffa Schimpansen unterzog, indem er zwischen der Banane und dem Tier stets komplexere Umwege oder Hindernisse, zusammen mit als mögliche Werkzeu-ge dienenden Gegenständen, einschob, haben für Scheler, wie auch für andere, den traditionellen Instinktbegriff unsicher werden lassen. Die Anerkennung tierischer Intelligenz warf die Frage auf, inwieweit das von Uexküll entwickelte Organismus/Umwelt-Schema auch für den Menschen gültig sei.

Scheler unterscheidet zwischen tierischer Intelligenz und einem, dem psy-chophysischen Sein überhaupt entgegengesetzten Geist-Prinzip, das er in der menschlichen Kompetenz, nein zu sagen, begründet sieht. Als Nein-Sager ist der Mensch „nicht mehr trieb- und umweltgebunden, sondern ‚umwelt*frei*' und, wie wir es nennen wollen, *weltoffen*. Ein solches Wesen hat ‚*Welt*'. Es vermag die ursprünglich auch ihm gegebenen ‚Widerstands-' und Reaktionszentren seiner Umwelt, in die das Tier *ekstatisch* aufgeht, zu ‚Gegenständen' zu erheben, vermag das Sosein dieser ‚Gegenstände' prinzipiell *selbst* zu erfassen, ohne die Beschränkung, die diese Gegenstandswelt oder ihre Gegebenheit durch das vitale Triebsystem und die ihm vorgelagerten Sinnesfunktionen und Sinnes-organe erfährt."[5] Tierisches Verhalten ist intelligent auf eine Umwelt bezogen. Sie ist den physiologischen, morphologischen und instinktiven Eigenarten des Organismus „genau und vollständig geschlossen angemessen. Alles, was das Tier fassen und merken kann von seiner Umwelt, liegt in den sicheren *Zäunen und Grenzen seiner Umweltstruktur*."[6] Wenn Tiere durch ihr Verhalten Quantität und Qualität ihrer relevanten Umwelt verändern, so verändern sie dadurch zugleich ihre eigene physiologisch-psychische Zuständlichkeit mit. Den Ver-lauf dieses Verhaltens hat Scheler in der Form eines Kreisprozesses dargestellt:

$$T. \leftrightarrow U.$$

---

[4] Max Scheler, *Die Stellung des Menschen im Kosmos*, Darmstadt 1928, S. 27.
[5] Ebd., S. 47f.
[6] Ebd., S. 48.

Menschliche Lebewesen entwickeln in ihrem Verhalten, Scheler zufolge, eine genau entgegengesetzte Verlaufsform. Ihr Verhalten „wird zuerst vom puren *Sosein* eines zum *Gegenstand* erhobenen Anschauungskomplexes motiviert, und dies prinzipiell unabhängig von der physiologischen Zuständlichkeit des menschlichen Organismus, unabhängig von seinen Triebimpulsen und der gerade in ihnen aufleuchtenden, stets modal, also optisch oder akustisch usw. bestimmten sinnlichen Außenseite der Umwelt. Der zweite Akt des Dramas ist freie, vom *Person*zentrum ausgehende Hemmung oder Enthemmung eines zuerst zurückgehaltenen Triebimpulses. Und der dritte Akt ist eine als selbstwertig und endgültig erlebte Veränderung der Gegenständlichkeit einer Sache. Diese ‚Weltoffenheit' hat also folgende Form:

$$M. \quad \leftrightarrow \quad W. \quad \rightarrow \quad \rightarrow \quad \dots$$

Dies Verhalten ist, wo es einmal vorhanden ist, seiner Natur nach *unbegrenzt erweiterungsfähig* – soweit eben als die ‚Welt' vorhandener Sachen reicht. Der Mensch ist also das X, das sich in unbegrenztem Maße ‚*weltoffen*' verhalten kann. Das Tier hat aber keine ‚Gegenstände'; es lebt nur in seine Umwelt ekstatisch hinein, die es, gleichsam wie eine Schnecke ihr Haus, als Struktur überall hinträgt, wohin es geht."[7] Tierische Intelligenz ist allein bezogen auf aktionsrelevante Umwelt, menschlicher Geist eröffnet eine zusätzliche Ebene, Umwelt zur Welt zu substantivieren, d. h. die affektbezogene Widerständigkeit von Phänomenen in an sich seiende Gegenstände zu verwandeln. Die Formel vom umweltgebundenen Tier und weltoffenen Menschen ist Gemeingut der Philosophischen Anthropologie geworden. Sie findet sich in Varianten und Weiterentwicklungen bei Helmuth Plessner, Erich Rothacker und Arnold Gehlen[8].

Es ist darauf aufmerksam zu machen, daß die Formel in einem gewissen Analogie- und Konkurrenzverhältnis zu der bekannteren Denkrichtung steht,

---

[7] Ebd., S. 49.
[8] Helmuth Plessner, *Die Stufen des Organischen und der Mensch* (1928), in: ders., *Gesammelte Schriften*, Bd. 4, hg. v. Günter Dux u. a., Frankfurt a. M. 1981; Erich Rothacker, *Geschichtsphilosophie*, in: *Handbuch der Philosophie*, hg. v. A. Baeumler und M. Schröter, Abt. 4, München/Berlin 1934, S. 3–150; ders., *Die Schichten der Persönlichkeit*, Leipzig 1938; ders., *Probleme der Kulturanthropologie*, in: *Systematische Philosophie*, hg. v. N. Hartmann, Berlin 1942, S. 59–198; Arnold Gehlen, *Der Mensch, seine Natur und seine Stellung in der Welt* (1940, 1950), hg. v. Karl-Siegfried Rehberg, Frankfurt a. M. 1993. Grundlegend zur Philosophischen Anthropologie ist Joachim Fischer, *Philosophische Anthropologie – Eine Denkrichtung des 20. Jahrhunderts*, Freiburg 2008. Vgl. auch meinen Beitrag *Denkmotive der Philosophischen Anthropologie*, in: *Grenzen des Menschseins*, Bd. 1: Probleme einer Definition des Menschlichen, hg. v. Wolfgang Reinhard, Wien/Köln/Weimar 2005, S. 325–349.

in der „Lebenswelt" zum fundierenden Begriff erhoben wurde.[9] Edmund Husserl betrachtet Umwelt und Welt, die in seinem Diskurs z. T. parallel erscheinen, als Leistung der Intentionalität des Subjekts, die prozessual immer schon vollzogen ist, wenn Reflexion einsetzt. Dabei ist unterstellt, daß diese Umwelt und Welt eine menschliche Normalität ist, die z. B. Farbblindheit oder Wahnsinn als Anormalität nimmt. Alle menschliche Welt ist intersubjektiv konstituiert, sie ist singuläre Lebenswelt der Menschen.[10] Diese Vereinheitlichungschance ist dem Tier verschlossen, weil es nicht Subjekt einer Kulturwelt ist. Zu dieser menschlichen Welt gehören freilich auch die Tiere und gelegentlich können auch sie diese Welt mitkonstituieren, wenn uns zum Beispiel die Witterung des Hundes belehrt, wo sich das Wild versteckt. Lebenswelt ist bewußtseinsmäßig schon als unsere vorausgesetzt, wenn wir Tiere als Tiere erfahren und annehmen, daß bei ihnen ein abgewandelter Typus des allgemeinen „Ich und Umwelt" vorhanden ist, der uns vertraut ist.[11]

Für Husserl ist Horizont der Leitbegriff zur Bearbeitung des Umwelt-Welt-Themas. Wie immer Welt konstituiert wird, sie hat einen Innenhorizont der Vertrautheit, eine Heimwelt, die ringförmig um das Subjekt errichtet ist und einen Außenhorizont, der eine Fernwelt abtrennt, die so irrelevant oder so unzugänglich sie auch akut sein mag, konstitutiv stets mitgedacht wird. Die Horizontdifferenz von Heimwelt und Fernwelt ist in ihrer Struktur in allen Kulturen gegeben und kann bis in phantastische Fernen makroskopischer oder mikroskopischer Art für noch weitere Subjekte auf allen möglichen Niveaus des Lebendigen iteriert werden. Die Dynamik des Umwelt-Welt-Verhältnisses setzt freilich erst ein, wenn die Fernwelt als eine Fremdwelt erfahrbar wird, sei es daß ich durch direkte Wahrnehmung oder durch sprachliche Mitteilung stets konkreter angewiesen werde, auf die sich mir zeigende Fremdwelt durch Erweiterung meiner Heimwelt zu antworten. „Die Endlosigkeit der sich erweiternden und evtl. noch zu erweiternden Welterfahrung, mit der eine ‚unendliche' Welt (zunächst als endlos offene) mir zu eigen wird, geht durch diese offen endlose Vermittlung der für mich Anderen hindurch, wobei zugleich klar ist, daß, was für mich, auch für jeden dieser Anderen gilt. Wir, die Subjekte der Welterfahrung, haben die endlos offene Welt nach ihren bekannten Wirklichkeiten

---

[9] Vgl. Bernhard Waldenfels, *In den Netzen der Lebenswelt*, Frankfurt a. M. 1985 und Frank Welz, *Kritik der Lebenswelt. Eine soziologische Auseinandersetzung mit Edmund Husserl und Alfred Schütz*, Opladen 1996.

[10] Vgl. Richard Grathoff, *Milieu und Lebenswelt. Eine Einführung in die phänomenologische Soziologie und die sozialphänomenologische Forschung*, Frankfurt a. M. 1989.

[11] Vgl. Edmund Husserl, *Zur Phänomenologie der Intersubjektivität. Dritter Teil: 1929–1939*, Den Haag 1973, S. 182.

und unbekannten Möglichkeiten je von uns aus, jeder von sich aus durch die
Vermittlung der Anderen und letztlich ihrer *Mitteilungen*.“[12]

Daß Fremde nach der Ur-Analogie entweder positiv ,so wie wir Normal-
menschen auch‘ oder negativ ,so wie bei uns das Nichtnormale der Kinder/
Primitiven, Wahnsinnigen/Wilden, übermenschlichen/göttlichen oder unter-
menschlichen/tierischen Wesen‘ aufgefaßt werden, bildet einen ersten Schritt.
Im Prozeß interkulturellen Austauschs werden diese Ersturteile in Richtung
auf die singuläre menschliche Lebenswelt überwunden. Welterfahrung ist bei
Husserl von vornherein Gemeinschaftserfahrung, die sich mit den Korrekturen
durch den Fremden als Anderen fortlaufend modifiziert und erweitert.

Hans Blumenberg hat Husserlsche Motive aufgreifend die Ringförmigkeit
in der Umwelt-Welt-Bildung in seiner großen Studie über die Höhlenausgänge
mitdiskutiert,[13] denn der Übergang von Umwelt zur Welt, oder von einer kon-
zentrisch gedachten Welt ins Offene, zehrt von den mythischen und metapho-
rischen Geschichten über unseren Weg aus den verschiedensten Höhlen. Im
Schlußkapitel *Vorgaben für einen letzten Höhlenentwurf*, in dem die Möglichkeit
einer vielleicht abschließenden Transformation des Mythos von der Höhle er-
örtert wird, findet sich eine bemerkenswerte, freilich ironisch gebrochene Rück-
wendung zur Philosophischen Anthropologie Arnold Gehlens: „Bei Gehlen
hätte das Äquivalent des Höhlenaustritts als anthropogenetischer Grundvor-
gang beschrieben werden können: die Entblößung des Subhominiden von aller
Geborgenheit in einer Natur, auf die jedes Lebewesen durch seine organische
Ausstattung in vollkommener Anpassung bezogen und auf deren Leistungser-
fordernisse es programmiert ist.“[14] Und: „Was im klassischen Höhlengleichnis
die Blendung des zur Umwendung gezwungenen Blicks auf die Wirklichkeit
der Zeugdinge und schließlich auf die der Welt und Überwelt gewesen war,
heißt in der Terminologie Gehlens *Reizüberflutung*: das hilflose Ausgeliefertsein
an eine Welt von Nicht-mehr-Signalen. *Entlastung* wird zum Daseinsprogramm
dieses Wesens, zum Inbegriff der Bedingungen seiner nackten Selbsterhal-
tung, und der geschlossene Raum, das Gehäuse, in zahllosen Varianten zur
Finalität dessen, was man im späten Rückblick seine ,Kultur‘ nennen wird.
Der Gattungsbegriff aller Gehäuse, die es sich setzen und gründen konnte,
der materiellen wie der spirituellen, heißt *Institutionen*. So muß auch im fi-

---

[12] Ebd., S. 220.
[13] Vgl. Hans Blumenberg, *Höhlenausgänge*, Frankfurt a. M. 1989.
[14] „Sollte ich noch sagen müssen, von wem ich mir noch am ehesten eine Annäherung an
diese Spätestform des Höhlengleichnisses versprechen würde, so wäre es der Anthropologe
Arnold Gehlen, bei dem ich sie gesucht hätte, obwohl ich inzwischen weiß, daß das vergeblich
ist.“ Ebd., S. 811.

nalen Höhlengleichnis eine Rückkehr in eine Höhle stattfinden, nachdem die
Geborgenheit in der Natur verlassen worden war; nicht zu den alten Schatten,
sondern zu den neuen Vorrichtungen des Schutzes voreinander und vor ande-
rem, sowie zu einer vom Unglauben und Zweifel ungeplagten Beständigkeit."[15]
Die Umwelt-Welt-Differenz im Tier-Mensch-Vergleich ist in dieser Variante als
Gehäusevertauschung behandelt. Die Umweltentbundenheit des Menschen
macht ihn von der Institutionenumwelt abhängig.

Im Kreuzungsfeld von Phänomenologie und Philosophischer Anthropologie
hat Hans Paul Bahrdt den Umweltbegriff für menschliches Verhalten methodisch ausgearbeitet. Am Beispiel eines Waldspaziergangs zeigt er, wie ein Stück
Außenwelt über eine komplexe Situationsanalyse als menschliche Umwelt erschlossen wird.[16] In die Situation werden Wissen, kulturelle Überlieferung,
stilisierte Emotion hineingenommen. Wahrgenommene „Außenweltbestand-
stücke reizen zu einer Thematisierung"[17], die Prozessen der Themaverschie-
bung, -erweiterung, -aktualisierung und -entaktualisierung unterworfen sind,
wenn Situationswechsel stattfinden. Bei Bahrdt ist die Husserlsche Intersubjektivität soziologisch ausbuchstabiert und die Schelersche Weltoffenheit in
eine Situationsoffenheit übersetzt. Dies erbringt die Präzisierung: „Umwelt
kann verstanden werden als ein Ensemble von Syndromen, die als Repertoire
von Orientierungswissen und Orientierungs-Instrumenten in Situationen entweder sofort bereitstehen und die gegebene Außenwelt als eine erschlossene
vorstellen, oder die erst innerhalb der Situation aktualisiert werden und dann
dem Subjekt die Chance geben, mit einem eigenen Beitrag die Erschließung der
Außenwelt zur Umwelt situationsgerecht zum Abschluß zu bringen. Umwelt ist
also nie abgeschlossen und fertig. Sie muß (...) sehr oft im Hinblick auf spezifische Situationsanforderungen ergänzt werden. Sie wird auch niemals zugleich
als ganze und konkrete in einer jeweiligen Situation vergegenwärtigt."[18]

Mit den bisherigen Begriffsklärungen können wir den Terminus Umwelt
präzisieren. Sofern wir die biologische Anthropologie in Betracht ziehen, haben
Menschen, wie andere Lebewesen auch, eine ökologische Umwelt. Der menschliche Organismus ist, wie jeder Organismus, ein biologisches Kompartiment,
das Energie, Stoffe und Informationen mit seiner Umwelt austauscht, bezie-
hungsweise diese kontrolliert. Dies tut er in einer gemeinsamen Umgebung

---

[15] Ebd., S. 812.
[16] Vgl. Hans-Paul Bahrdt, *Umwelterfahrung. Soziologische Betrachtungen über den Beitrag des
Subjekts zur Konstitution der Umwelt*, München 1974; siehe auch ders., *Grundformen sozialer
Situationen. Eine kleine Grammatik des Alltagslebens*, hg. v. Ulfert Herlyn, München 1996.
[17] Ebd., S. 66.
[18] Ebd., S. 72. Vgl. auch in diesem Zusammenhang den Abschnitt *Bemerkungen zur Kontrastie-
rung von tierischer und menschlicher Umwelt*, ebd., S. 84–89.

mit anderen Organismen. Aber die menschliche Umwelt ist zugleich zur Welt geöffnet. Menschen deuten ihre Umwelt als Welt und damit sind sie fähig, ihre Umwelt zu überschreiten. Diese Kompetenz in ihrer abstraktesten Form ist die Fähigkeit zur Wirklichkeit „nein" zu sagen. Dies war Schelers Kernargument, es ist auch das Argument bei Plessner und bei Heinrich Popitz, der aus dem sozialen Nein seine Theorie der Normverinnerlichung in der Ontogenese entwickelt hat.[19]

Ich breche die Elaboration der Umwelt-Welt-Differenz hier ab, weil sie in einer wichtigen Dimension meines Themas nicht weiterführt. Sie gibt nichts her für die Frage einer Anthropologie *artifizieller* Umwelt. Die Umwelt-Welt-Differenzierung beansprucht ja Geltung für die frühen Menschengruppen in ihrer weitgehend unbearbeiteten, naturalen Umwelt und für Menschengruppen in Umwelten, die durch und durch technisch hergestellt sind. Der Akzent liegt in diesen Konzeptionen auf der gedeuteten Welt, und dieser Sachverhalt ist anthropologisch immer gegeben. Was herausfällt, ist das wirkliche Tun des Menschen, das zu einer Transformation der Umwelt führt. Die gedeutete Welt ist nicht nur einfach historisch variabel hinsichtlich der Verschiedenheit der symbolischen Repräsentationen und der Lebensstile, sie hat auch – dies muß gegen den überbordenen konstruktivistischen Trend in den Kulturwissenschaften heute gesprochen werden – eine reale Seinsweise, die historisch variabel ist, weil hergestellte Artefakte stehen- oder liegenbleiben, gleichgültig, ob die Deuter und Deuterinnen ihren Interpretationsstrahl auf sie richten oder nicht.

Artefakte und Geschichte

Die Referenzautoren, die ich bisher bemüht habe, gehörten zur Philosophischen Anthropologie, zur Phänomenologie und zum systemtheoretischen Konstruktivismus. Es sind dies Richtungen des 20. Jahrhunderts, in denen eine anti-realistische oder anti-naturalistische oder – wenn man will – anti-ontologische Prägung vorherrscht. Diese Grundorientierungen entstehen um 1900. Da zerbricht in den Köpfen die Kohärenz eines bis dahin fraglos gültigen, einheitlichen Wirklichkeitsbegriffs und darauf bezogenen allgemeinen Wissenschaftsverständnisses. Empirisch geht nun diese geistige Grundlagenkrise – was häufig nicht bemerkt wird – mit einer bisher quantitativ nie dagewesenen Ansammlung hergestellter Artefakte zusammen. Um 1900 werden die

---

[19] Vgl. Heinrich Popitz, *Die Erfahrungen der ersten sozialen Negation. Zur Ontogenese des Selbstbewußtseins*, in: *Soziologie: Entdeckung im alltäglichen, Festschrift für Hans Paul Bahrdt zu seinem 65. Geburtstag*, hg. v. Martin Baethge u. Wolfgang Eßbach, Frankfurt a. M./New York 1983, S. 17–32.

Effekte maschineller Massenproduktion sichtbar. Es gibt immer mehr künstliche Objekte; die hergestellten Materien breiten sich aus, und mit diesem Material wird alles verwandelt. Im Ersten Weltkrieg merken es auch die letzten. Aus dem Krieg wird eine Materialschlacht. Das kann man in den frühen Romanen von Ernst Jünger nachlesen. 1923 schreibt Henry Ford in seiner Autobiografie: „Im Hinterhof eines amerikanischen Wohnhauses befinden sich durchschnittlich mehr Gerätschaften, mehr verarbeitete Materialien, als in dem gesamten Gebiet eines afrikanischen Herrschers. Ein amerikanischer Schulbub ist im allgemeinen von mehr Sachen umgeben, als eine ganze Eskimogemeinde. Das Inventar von Küche, Speisezimmer, Schlafstube und Kohlenkeller stellt eine Liste dar, die selbst den luxuriösesten Potentaten vor fünfhundert Jahren in Erstaunen versetzt haben würde." [20]

Auf diese Ausbreitung materieller Artefakte haben eine Reihe von Intellektuellen mit Versuchen reagiert, die geistige Dimension, die sie bedroht sahen, mit verschiedenen Formen des Anti-Materialismus und der Verteidigung der kulturellen Symbole sowie der idealen Subjektivität zu retten. Diese Richtung läuft zusammen mit der bis heute andauernden Artefaktevermehrung weiter, als Anti-Ontologie, Anti-Essentialismus, Anti-Naturalismus, als ein intellektueller Habitus, dem alles in der Hauptsache Diskurs oder Text oder kulturelle Konstruktion ist. Diese Melodien sind bekannt. Sie haben auch ihren guten Sinn, aber sie führen inhaltlich speziell in der Artefaktefrage nicht weiter. Es ist geistige Notwehr gegen den Druck der objektiven Dinge, aber wie immer wir Artefakte deuten, sie sind, so wie sie sind, unser Schicksal.[21]

Für die Bearbeitung der Artefaktfrage empfiehlt es sich, noch einmal zurückzublättern, um nachzusehen, wie sich in der Tiefe des 19. Jahrhunderts artifizielle Umwelt darstellt. Zum Beispiel bei Marx, den man seit 1989 wiederentdecken kann. Zu Ludwig Feuerbachs religionskritischer Anthropologie, die mit dem Axiom einsetzt: „Tiere haben *keine* Religion"[22], notiert Marx: „Man kann die Menschen durch das Bewußtsein, durch die Religion, durch was man sonst will, von den Tieren unterscheiden. Sie selbst fangen an, sich von den Tieren zu unterscheiden, sobald sie anfangen, ihre Lebensmittel, *zu produzieren*, ein Schritt, der durch ihre körperliche Organisation bedingt ist. Indem die Menschen ihre Lebensmittel produzieren, produzieren sie indirekt

---

[20] Henry Ford, *Erfolg im Leben. Mein Leben und Werk* (1923), München 1952, S. 181.
[21] Vgl. Kapitel 7 in diesem Buch.
[22] Ludwig Feuerbach, *Das Wesen des Christenthums* (1841), in: ders., *Werke in sechs Bänden*, Bd. 5, hg. v. Erich Thies, Frankfurt a. M. 1996. Der erste Satz des Werkes lautet vollständig: „Die Religion beruht auf dem *wesentlichen Unterschiede* des Menschen vom Tiere – die Tiere haben *keine* Religion."

ihr materielles Leben selbst."[23] Produktion und Reproduktion des Lebens konstituieren historisch je verschieden eine „Lebensweise" (Marx). Das Axiom der Marxschen Anthropologie lautet: „Wie die Individuen ihr Leben äußern, so sind sie. Was sie sind, fällt also zusammen mit ihrer Produktion, sowohl damit, *was* sie produzieren, als auch damit, *wie* sie produzieren."[24] Auch wenn, wie Marx später bemerkt, als bewußter Zweck menschlicher Gemeinwesen nur die Erhaltung des Lebens geglaubt sein sollte, so ist Reproduktion eine Illusion, weil sie „zugleich notwendig Neuproduktion und Destruktion der alten Form" ist. „In dem Akt der Reproduktion selbst ändern sich nicht nur die objektiven Bedingungen, z. B. aus dem Dorf wird Stadt, aus der Wildnis gelichteter Acker etc., sondern die Produzenten ändern sich, indem sie neue Qualitäten aus sich heraus setzen, sich selbst durch ihre Produktion entwickeln, umgestalten, neue Kräfte und neue Vorstellungen bilden, neue Verkehrsweisen, neue Bedürfnisse und neue Sprache."[25]

Die herausgesetzten Qualitäten konstituieren zusammen mit den vorfindlichen Qualitäten der Welt das, was man materielle Wirklichkeit nennen könnte. Um artifizielle Umwelten genauer erfassen zu können, gilt es zu prüfen, welche Elemente der Außenwelt, der Umgebung und der Umwelt die Existenz des Menschen je historisch bzw. aktuell voraussetzen. Maurice Godelier[26], der im Anschluß an Claude Lévi-Strauss und Marx eine universale Theorie der Produktionsverhältnisse versucht hat, unterscheidet in seinem Entwurf fünf Arten des Materiellen: *Erstens* den „unendlichen Teil der Natur, der sich immer außerhalb der direkten oder indirekten Reichweite des Menschen befindet, aber dennoch beständig auf diesen einwirkt: Klima, Bodenbeschaffenheit etc."; *zweitens* jenen „Teil der Natur, der vom Menschen bereits verändert wurde, aber indirekt, ohne daß dieser die Konsequenzen seines Handelns gewollt oder vorhergesehen hätte: Bodenerosion, Veränderung der Vegetation infolge des wiederholten Einsatzes von Buschbränden für die Jagd, Ackerbau, Viehzucht etc." (unbeabsichtigt veränderte Naturteile); *drittens* den „Teil der Natur, der vom Menschen unmittelbar verändert wurde und der sich seitdem nicht mehr ohne ihn reproduzieren kann, ohne seine Pflege und seine Arbeit." (Kulturpflanzen und Haustiere). „Werden diese Pflanzen und Tiere sich selbst überlassen, überleben sie entweder unter unsicheren Bedingungen, oder sie fallen

---

[23] Vgl. Karl Marx u. Friedrich Engels, *Die deutsche Ideologie*, in: *MEW*, Bd. 3, Berlin 1969, S. 21.
[24] Ebd., S. 21.
[25] Vgl. Karl Marx, *Grundrisse der Kritik der politischen Ökonomie (Rohentwurf), 1857–1958*, Berlin 1953, S. 394.
[26] Vgl. Maurice Godelier, *Natur, Arbeit, Geschichte. Zu einer universalgeschichtlichen Theorie der Wirtschaftsformen*, Hamburg 1984.

in den wilden Zustand zurück, oder sie sind nicht in der Lage, sich zu reproduzieren und verschwinden."; *viertens* der Teil der Natur, den der Mensch „für die Herstellung seiner materiellen Existenzbedingung zu seinem Gebrauch verändert hat." (Werkzeuge und Waffen); *fünftens* diejenigen „Elemente der Natur, die der Mensch ausgesondert hat und die in ihrer ursprünglichen Form oder durch ihn verändert den materiellen Rahmen des gesellschaftlichen Lebens in allen Dimensionen abgeben" (Materialien für Monumente, Brücken-, Wege- und Häuserbau).[27]

Intendierte artifizielle Umwelt umfaßt die Dimensionen drei, vier und fünf, d. h. pflegeabhängige, Instrument gewordene und Rahmen gewordene Naturteile. Werden sie vom Menschen aufgegeben, so verfallen oder verwildern sie. Dimension zwei kann man als nicht-intendierte artifizielle Umwelt bezeichnen. Die erste Dimension liegt stets zurückweichend außerhalb menschlicher Reichweite. Als Elemente der Außenwelt haben alle Modifikationen einer Dimension mehr oder weniger starke Effekte auf die anderen. Im Prinzip bestehen Verdrängungsverhältnisse und zur Beruhigung der erkenntnistheoretischen Konstruktivisten sei gleich dazu gesagt, daß alle Dimensionen mit einer Haut symbolischer Deutung überzogen werden. Dabei gilt manches, je nach den Hierarchien der kulturellen Prävalenzen, als relevante Umwelt oder als bloß mitvorhandene Umgebung oder als Element des allgemein existierenden Kosmos. Unabhängig von den Einteilungen, die auf den Kodierungen beruhen, die Kulturen als Lebensstile an den Wirklichkeiten vornehmen, kann mit Godeliers Auffächerung der fünf Arten materieller Wirklichkeit Umfang und innere Stufung von artifizieller Umwelt genauer bestimmt werden.

Dazu ist es freilich in einem weiteren Schritt erforderlich, die Historizität der Artefakte als eine eigene Reihe zu begreifen, die eine andere Zeitstruktur hat, als die Reihen des Wandels kultureller Symbolisierungen. Dies führt in den Bereich der Technikgeschichte. Zeitstrukturen, die in den Prozessen der Entstehung technischer Artefakte anzutreffen sind, sind auf den ersten Blick unübersichtlich.[28] Während sich aus einem Becher des Spätmittelalters auch heute noch gut trinken läßt, sind andere zeitgleich entstandene Gerätschaften unbenutzbar, weil mit den Berufen Handlungswissen und technisches Umfeld verschwunden sind. Während Fahrräder ihr Funktionsprinzip seit fast hundert Jahren konstant gehalten haben, sind gleichzeitig für die akustischen Speichermedien von der Wachsrolle über die Tonbänder und Vinyl-Scheiben bis zur CD erhebliche Varianten zu erkennen. Was die Ordnung technischer

---

[27] Ebd., S. 15f.
[28] Zur Problematik einer Ordnung technischer Artefakte vgl. Hans-Dieter Bahr, *Über den Umgang mit Maschinen*. Tübingen 1983.

Artefakte erschwert, ist der Umstand, daß ein offener Variantenreichtum der Objekte in manchen Bereichen mit einer strengen, irreversiblen Sequenz in anderen koexistiert.

Wegweisend für die Handhabung dieses Problems ist die Gliederung, die Heinrich Popitz in seinen *Epochen der Technikgeschichte* vorgenommen hat.[29] Popitz hebt sieben fundamentale Technologien aus der Vielzahl technischer Entwicklungen hervor. Es handelt sich dabei um technische Innovationen, die technologisch genannt werden können, weil die gesamte Logik des Produzierens durch sie bestimmt wird, und sie als fundamental ausgezeichnet werden können, weil hier eine prinzipiell neue Möglichkeit der Umwandlung vom Gegebenen in Verwendbares realisiert wird, weil „eine neue Ebene der Machbarkeit erschlossen" wird.[30] Grundlegend ist die Technologie des Werkzeugs, die mit der Entwicklung der Hand-Auge-Gehirn-Koordination einhergeht. Die Erfindung und Anpassung von Handwerkszeug ist ein basaler Prozeß, der in der Faustkeilverwendung langsam anläuft und unter Ausnutzung der Härtedifferenzen von Materialien und der Körperbeherrschung beim Arbeiten mit der Hand zu einem komplexen Werzeugsystem führt, dessen Ausdifferenzierung in die Zukunft hinein offen ist. Die Werkzeugtechnologie hat als eine mit der biologischen Anthroplogie besonders verbundene körpervermittelte Basistechnologie eine gewisse Sonderstellung gegenüber den sechs anderen Technologien, die Popitz historisch in zwei Schübe technologischer Revolutionen gliedert. Die Technologie der Agrikultur, der Feuerbearbeitung und des Städtebaus entstehen mit der Seßhaftwerdung und führen im frühen Neolithikum, im sogenannten ‚fruchtbaren Halbmond' in einer ersten technologischen Revolution zur Etablierung einer artifiziellen Umwelt, deren Strukturen bis heute ebenso unverzichtbar geworden sind, wie die Technologie des Werkzeugs. Die zweite technologische Revolution beginnt in der europäischen Neuzeit mit der Technologie der Maschine, setzt sich mit der Technologie der Chemie fort und endet Popitz zufolge in der Technologie der Elektrizität, zu der er auch die Mikroelektronik rechnet, soweit sie bisherige Tendenzen der Elektrifizierung fortsetzt und die Automatisierung der Produktion ermöglicht. Über die Gliederung der Technologien, die Popitz vornimmt, kann man lange nachdenken. Sie ist heuristisch äußerst wertvoll und hat ihre eigene Philosophie.

Wie die historisch jüngsten Innovationen zu bewerten sind, ist noch offen. Popitz macht hier vorsichtige Andeutungen. Aber wenn wir in der Gegenwart eine dritte technologische Revolution erleben sollten, so könnte sie auch

---

[29] Vgl. Heinrich Popitz, *Epochen der Technikgeschichte*, in: ders.: *Der Aufbruch zur artifiziellen Gesellschaft. Zur Anthropologie der Technik*, Tübingen 1995, S. 13–43.
[30] Ebd., S. 13.

dreistufig konzeptionalisiert werden: 1. als Spaltung des Kerns der anorganischen Materie (Atomtechnik), 2. als Spaltung des Kerns der organischen Materie (Gentechnik), 3. als Spaltung des Integrals von Signal und Bedeutung (Computertechnik).

Sequenzen fundamentaler Technologien und ihre Bündelung zu technischen Revolutionen ermöglichen eine historische Qualifizierung artifizieller Umwelt. Denn mit jeder fundamentalen Technologie gewinnt der Mensch nicht nur ein neues technisches Handlungsprinzip hinzu, sondern auch sachbezogene Symbolisierungen, die die technologische Engführung verlassen und zu allgemeinen sozialen und kulturellen Anwendungen genutzt werden können. Jede grundlegende Technologie korrespondiert mit einem dem Menschen anverwandelten Naturzustand. Zur Werkzeugtechnologie gehört die Instrumentalisierung des Körpers, zur Agrikultur das Konzept einer fruchtbaren Erde, zur Feuerbearbeitung das Konzept der Brennbarkeit und Schmelzbarkeit der Stoffe, zum Städtebau das Konzept eines Neubaus der Welt, etc. Die Verschiedenheit der menschlichen Naturzustände hat Serge Moscovici in seinem Essay über die menschliche Geschichte der Natur ausführlich herausgearbeitet.[31] Es gibt einen bäuerlichen Naturzustand und einen handwerklichen, eine Natur auf dem Niveau des Ingenieurs und auf dem des wissenschaftlichen Erfinders. Diese menschlichen Naturzustände werden durch das technische und sozialorganisatorische Niveau konstituiert, das mit der jeweiligen Erkenntnis, Bearbeitung und Handhabung von Umwelt gegeben ist.

Die technikgeschichtliche Perspektive stellt also nicht nur auf die Differenz von umweltgebundenem Tier und weltoffenem Menschen ab, vielmehr wird zusätzlich zur Deutung der praktische Weltbezug in den Blick genommen. Dieser praktische Weltbezug realisiert sich in der Technik, in hergestellten Artefakten, die nach Voraussetzungen, Funktionsweisen und Effekten eine irreversible Abfolge bilden, so als hätten sie ihre eigene Geschichte. Die Frage, die sich bei diesem Stand der Überlegungen stellt ist, in welchem Verhältnis die hergestellte artifizielle Umwelt zu dem steht, was Uexküll Außenwelt nannte und was in der Diskussion zumeist unter dem Titel ‚Natur' verhandelt wird. Ist es so, daß Natur als eine Erste Natur durch eine technisch hergestellte Zweite Natur in der Geschichte nur verdeckt oder zu einem mehr oder weniger großen Rest verdrängt oder gar ersetzt wurde? Die Frage wirft Abgründe von Erkenntnistheorie auf, in die ich nicht hinabsteigen werde.

Heinrich Popitz beläßt es bei der klassischen Formel, derzufolge es dem Menschen im Laufe seiner Geschichte gelungen sei, „die Natur zunehmend

---

[31] Vgl. Serge Moscovici, *Versuch über die menschliche Geschichte der Natur* (1968), Frankfurt a. M. 1982.

zu beherrschen und seinen Zwecken anzuverwandeln".[32] Erste Natur bleibt
als eine Gegebenheit kontinuierlich Objekt zunehmender Beherrschung und
Anverwandlungsbemühung. Moscovicis' Buch enthält dagegen Formulierun-
gen, die weitergehen. „Der Mensch führt nicht die Anweisungen einer ihm
äußerlichen Naturordnung aus, er ist vielmehr Autor dieser Dekrete und das
anerkannte Subjekt der Naturordnung."[33] Moscovici geht davon aus: „Die
Unterscheidung zwischen ‚künstlich Geschaffenem' und ‚Natur', in beiden
Bereichen unserer Wirklichkeit, verliert an Strenge, und die Anwesenheit
oder Abwesenheit des Menschen, die lange als unfehlbares Kriterium galt,
erweist sich als unbrauchbar. In einer tieferen Schicht kommt die Kontinuität
zwischen den natürlichen und den sogenannten ‚nichtnatürlichen' Prozessen
zum Vorschein, und dies durch die Fähigkeit, neue Stoffe zu schaffen, deren
Eigenschaften systematisch zu erweitern, und zwar nicht nur als Wiederholung
ihrer Geschichte, sondern als Fortsetzung dieser Geschichte bis in unsere Tage.
Weil wir unsere objektive Geschichte in dieser Perspektive aufnehmen können,
d. h. in der systematischen Erforschung der menschlichen und der physikalischen Fähigkeiten, erweist sich der entsprechende Naturzustand selbst als
geschichtlich."[34]

Gegen diese Einebnung des Unterschieds von artifizieller Umwelt und
Außenwelt im Sinne von Natur im allgemeinen hat der Technikphilosoph
Hans Lenk Einspruch erhoben.[35] Moscovici stilisiere den Menschen zum Gott
der Natur empor. Die Natur werde technisiert, operationalisiert, in Erzeug-
nisse, Verfahren des Menschen aufgelöst. Dies sei ein anti-realistischer Fehl-
schluß. „So wichtig die ‚zweite' Natur (…), also kulturell geprägte Formen,
die Erfassung der ‚Natur' des ‚Natürlichen' prägen (…), so fehlerhaft ist es, zu
schließen, daß die Natur schlechthin, sozusagen die ‚erste Natur' nicht mehr
existiere!" Daß Natur nicht unabhängig von kulturellen Mustern erfaßbar ist,
könne nicht dahingehend verstanden werden, daß sie vollständig zum Kultur-
produkt gerät. „Die Anthropomorphisierung des Naturbegriffs führt konsequent zur Konzeption einer neuen technologischen Hybris des Menschen, des
Herren und technischen Herrschers der Natur."[36] Und Lenk kontert mit einer
kulturalistischen Charakteristik der Position Moscovicis. Gerade angesichts der
„Umweltkrise" entbehre es „nicht einer ironisch-dramatischen Zuspitzung, daß

---

[32] Vgl. Popitz 1995, a. a. O., S. 7.
[33] Moscovici 1982, a. a. O., S. 525.
[34] Ebd., S. 108.
[35] Vgl. Hans Lenk, *Selbstüberschätzung mit katastrophalen Folgen: Der Mythos von der Herrschaft des Menschen über die Natur*, in: *Soziologische Revue* 7(2) (1984).
[36] Ebd., S. 118.

solche Zwangslehren (wie die von Moscovici, W.E.) unmittelbar auf den technologischen Triumph der Industrialisierung von fast allem und jedem folgten. Das Konzept der totalen Technisierung, der Mythos der uneingeschränkten Machbarkeit, erweist sich trotz oder gerade wegen der ins nahezu Unermeßliche, ins Herostratische gewachsenen technologischen Macht des Menschen als Ideologie, als Mythos des Abendlandes, des westlichen Experimentalismus und Technizismus."[37]

Nun gilt es nach dieser Kritik, Moscovici genau zu lesen. Der Mensch, der ihm zufolge Autor der Dekrete über die Natur, der „Subjekt der Naturordnung" ist, ist der moderne Naturwissenschaftler. Erst auf diesem Niveau des Naturverhältnisses gehen Naturbeherrschung und Naturkonstruktion ineinander über. Die Fusion von Erster und Zweiter Natur sei eine Erfindung der modernen Naturwissenschaften, die aber sozial abgewiesen werde. Sie „findet kein Echo in unserer sozialen Organisation, in der der Naturwissenschaftler zum Objekt degradiert wird und Institutionen unterworfen ist, die ihn zum Instrument von Reichtum und Macht machen. Die Widersprüchlichkeit seiner Situation tritt klar hervor: Überall ist er gesucht und nirgendwo hat er eine entscheidende Stimme. Außer wenn es um Schmeichelei geht oder darum, sich der Ettikette der Knechtschaft zu beugen; er macht eine Geschichte, die nicht als menschliche Geschichte verstanden wird, sondern als deren verkehrtes Bild, als Unmenschlichkeit der Geschichte."[38] In dem Streit, ob es in den modernen Naturwissenschaften noch um das Nichtmenschliche geht, wie dies für bäuerliche oder handwerkliche Naturzustände ganz selbstverständlich erscheinen konnte, oder ob es nur ein unerkannter Schleier der Verharmlosung und Entpolitisierung ist, der die „Objekte" der modernen Naturwissenschaften als nichtmenschlich erscheinen läßt, in diesem Streit ist das Artefaktproblem enorm verschärft.

An diesem Punkt unserer Bemühungen stellt sich die Frage: Was haben wir mit der technikgeschichtlichen Historisierung artifizieller Umwelten erreicht? Sie hat es uns ermöglicht, Niveaus der Artifizierung zu unterscheiden und so gegenüber einem allgemeinen Umweltbegriff als einer historisch variabel gedeuteten Umwelt, gleichsam eine zweite geschichtliche Reihe zu etablieren. Artefaktgeschichte und Geschichte der gedeuteten Umwelt fallen in der Regel, insbesondere bei verschiedenen sozialen Gruppen, nicht zusammen, jedoch gibt es Differentiale der Ungleichzeitigkeit, die zu untersuchen wiederum interessante Einsichten verspricht. Die Historisierung artifizieller Umwelten ist

---

[37] Ebd., S.121. vgl. auch Hans Lenk, *Interpretation und Realität. Vorlesungen über Realismus in der Philosophie der Interpretationskonstrukte*, Frankfurt a. M. 1995.
[38] Moscovici 1982 a. a. O., S. 525.

andererseits mit dem schwierigen Problem belastet – wie auch immer – zu einer
Selbstdeutung der Epoche der Moderne zu kommen, in der ja gerade die Artifi-
zierungsprozesse kumulieren. Es stellt sich die Frage, ob in der Moderne oder in
ihrer technisierten Spitze eine mit früheren Epochen nicht mehr vergleichbare
Artifizierung der Umwelt wirklich wird. Es ist dies zugleich die Frage nach dem
Charakter der Moderne als einer durch und durch wissenschaftlich-technisch
bestimmten Zivilisation.

Anthropologie und Moderne

Motive und Strukturen der modernitätstheoretischen Deutung artifizieller Umwelt sind weit verbreitet. Alltäglich werden sie von der technischen Faszination
neuer Artefakte oder der Angst vor ihnen reproduziert. Fortlaufend stellt sich
die Frage, ob mit der neuen Artifizierung nicht ein qualitativer Sprung gemacht
werde. Für Dramatisierer hat sich z. B. mit der Atomtechnik ein Bruch ereignet,
der den Eintritt in eine katastrophische Moderne markiert. Für Verharmloser
liegt die neue Artifizierung stets noch auf der Linie dessen, was Tags zuvor galt:
‚Lebewesen wurden immer schon gezüchtet, jetzt sind nur unsere Möglichkeiten verbessert'. Die Alternanz zwischen Alarm und Entwarnung dominiert in
schlechter Unendlichkeit den öffentlichen Technologiediskurs.

Ambitionierter sind die insbesondere in Deutschland entstandenen Konzepte der Deutung der Moderne als wissenschaftlich-technischer Zivilisation,
deren Artifizierung sich qualitativ von der vormodernen Artifizierungsweise
abhebt. Ich erinnere nur an Max Webers Rationalisierungs-Mechanisierungs-
theorie, in der die Moderne als „stahlhartes Gehäuse" erscheint oder an so
verschiedene Modernitätsdeutungen wie die von Karl Jaspers oder Oswald
Spengler, um nur zwei zu nennen.[39] – Man könnte auch in weiten Partien der
Moderne-Postmoderne-Diskussion, die nach 1945 einsetzt, zahlreiche Motive der Qualifizierung heutiger artifizieller Umwelten als solche finden, in
denen irgendeine letzte Technisierungsschwelle überschritten wurde. Bei Jean
Baudrillard ist es die Referenzlosigkeit technischer Simulation[40], Jean-François
Lyotards *Condition postmoderne* (1979) setzt mit der These ein, daß die technische

---

[39] Vgl. Gilbert Merlio, *Die Idee der „Weltzivilisation" bei einigen deutschen Kulturkritikern und
Geschichtsdenkern des 20. Jh.*, in: *Welche Modernität? Intellektuellendiskurse zwischen Deutschland
und Frankreich im Spannungsfeld nationaler und europäischer Identitätsbilder*, hg. v. Wolfgang
Eßbach, Berlin 2000, S. 127–140; Oswald Spengler, *Der Mensch und die Technik. Beitrag zu einer
Philosphie des Lebens*, München 1931; Karl Jaspers, *Die geistige Situation der Zeit*, Berlin 1931.
[40] Vgl. Jean Baudrillard, *Der symbolische Tausch und der Tod*, München 1982.

Informatisierung der Gesellschaft den Status von Wissen und Philosophie nunmehr fundamental verändere.[41] Zugleich findet man bei anderen postmodernen Autoren wie bei Toulmin[42] eine Reinterpretation der frühen Neuzeit, die sich vom Grundbild der Stadt als einer vollständig artifiziellen Umwelt inspirieren läßt, wie überhaupt in der Postmoderne-Debatte die Reflexion von Architektur eine zentrale Rolle spielt.[43]

In die gegenwartsdiagnostische Debatte um den modernitätstheoretischen Status der Welt der Artefakte hat Bruno Latour mit einem interessanten Vorschlag eingegriffen. Er hat versucht, der Moderne-Postmoderne-Problematik mit der irritierenden These aus dem Weg zu gehen: *Wir sind nie modern gewesen.* Im Untertitel verspricht Latour den *Versuch einer symmetrischen Anthropologie.*[44] Das Symmetrieprinzip, das Latour anwendet, stammt aus der amerikanischen Epistemologie und Wissenssoziologie David Bloors und lautet: Irrtum und Wahrheit sind mit denselben Begriffen anzugehen.[45] Das Symmetrieprinzip richtet sich gegen die Epistemologie von Gaston Bachelard, der in seiner Wissenschaftsgeschichte sich Fragen vorlegte, warum z. B. Chemiker des 18. Jahrhunderts teils wahre Einsichten, teils horrenden Unsinn zu Wege gebracht hatten. Bachelard argumentierte, es gäbe historisch spezifische Erkenntnishindernisse, die im wesentlichen gesellschaftlicher Natur seien und die den Weg zur heute erreichten Erkenntnis damals verstellt hätten.[46] Es gibt in dieser Konzeption von Wissenschaftsgeschichte eine interdisziplinäre Arbeitsteilung: Für die Erklärung von Irrtümern sind Wissenssoziologen zuständig, für die Affirmation einer wahren Einsicht in Naturprozesse die Naturwissenschaftler. David Bloor hält dagegen: Wahrheit und Irrtum der Wissenschaft einer Zeit sollen mit denselben Begriffen, Ursachen, Faktoren – d. h. eben symmetrisch – erklärt werden. Newtons Irrtümer und seine Durchbrüche sollten gerechterweise mit dem gleichen Maß gemessen werden, weil man sonst den offenen

---

[41] Zuerst ins Deutsche übersetzt als Heft 3/4 der Zeitschrift *Theatro Machinarium* 1(3/4) (1982).

[42] Vgl. Stephen Toulmin, *Kosmopolis. Die unerkannten Aufgaben der Moderne,* Frankfurt a. M. 1991.

[43] Vgl. Wolfgang Welsch, *Unsere postmoderne Moderne,* ²Weinheim 1987. Vgl. auch meine Erläuterung zu Moderne/Postmoderne in Kapitel 8 in diesem Buch.

[44] Bruno Latour, *Wir sind nie modern gewesen. Versuch einer symmetrischen Anthropologie* (1991), Berlin 1995. Grundlegend für die Arbeiten von Latour sind die Texte von Michel Serres sowie die berühmte Fallstudie von Michel Callon, *Elements pour une sociologie de la traduction. La domestication des coquilles Saint-Jacques et des marins pêcheurs en baie de Saint-Brieuc,* in: *L'année sociologique* 36 (1986), S. 169–208 und die inzwischen klassisch gewordene Studie der *Science Studies* von Stephen Shapin u. Simon Schaffer, *Leviathan and the Air-Pump. Hobbes, Boyle and the Experimental Life,* Princeton 1985.

[45] Vgl. David Bloor, *Knowledge and Social Imagery* (1976), ²Chicago 1991.

[46] Vgl. Gaston Bachelard, *Die Bildung des wissenschaftlichen Geistes. Beitrag zu einer Psychoanalyse der objektiven Erkenntnis* (1938), Frankfurt a. M. 1978.

Charakter von Wissenschaft, bei dem ja gerade nicht von vornherein feststeht, was spätere Generationen gebrauchen und anerkennen können, und was nicht, grundsätzlich verfehlt.

Wie kommt Latour dazu, das Symmetrieprinzip von der Wissenschaftsgeschichte auf die Anthropologie zu übertragen und eine symmetrische Anthropologie zu fordern? Der Gedanke ist leicht nachvollziehbar: So wie bei Bachelard zwischen veralteten, irrigen Auffassungen über Naturphänomene und aktuell geltenden ein „epistemologischer Bruch" angenommen werden muß, so insistieren wir modernen Gesellschaftsmenschen geschichtstheoretisch auf der Großen Trennung, die uns von den Wilden, den einfachen, vormodernen Gesellschaften, oder auch den entwicklungsunfähigen oder untergegangenen Kulturen unterscheidet. Analog könnte gesagt werden: Wie in früheren Phasen unserer Wissenschaftsgeschichte Wahrheit und Irrtum durcheinandergehen, so mischt sich auch in vormodernen Gesellschaften Magie und rationale Praktik, während wir Modernen – jedenfalls nach unserer Selbstauslegung – erst in der Lage sind, Naturphänomene und Sozialphänomene klar zu unterscheiden und unsere kategorialen Differenzierungen konsequent anzuwenden. Latour nimmt den ethnologischen Anthropologiebegriff von seiner modernitätskonstitutiven Seite auf und verbindet ihn mit *science of science*. Das ist durchaus plausibel; denn wenn man heute Nichteuropäer fragt, was die europäische Moderne vor der eigenen Kultur auszeichnet, so werden vermutlich an erster Stelle die Leistungen der modernen Naturwissenschaft und Technik genannt werden. Denn wie man z. B. mit Macht und Moral umgeht, weiß man in der Regel in durchaus vergleichbarer Weise. Die Leistungen der modernen Naturwissenschaften sind ja auch – wie endlos wiederholt worden ist – möglich geworden, indem Natur von allen zauberischen Deutungen gereinigt wurde und dem menschlichen Subjekt und der menschlichen Gesellschaft polar gegenübergestellt wurde. Mit der rigorosen Trennung von Naturpol und Gesellschaftspol trennt sich die europäische Moderne zugleich von den vormodernen Gesellschaften und Kulturen und schafft Bedingungen für eine nie dagewesene Artifizierung der Umwelt.

Aber das Symmetrieprinzip von Bloor ist für Latour noch nicht symmetrisch genug. „Epistemologen und Wissenssoziologen erklärten das Wahre durch seine Übereinstimmung mit der Realität der Natur und das Falsche durch den Zwang sozialer Kategorien, Wissensformen oder Interessen. Ihre Erklärungen waren asymmetrisch. Bloors Prinzip verlangt, das Wahre und das Falsche durch dieselben Kategorien, dieselben Wissensformen und dieselben Interessen zu klären. Aber welche Begriffe werden dazu verwendet? Es sind die Begriffe der Sozialwissenschaften, die sich den Sozialwissenschaftlern, d. h. Hobbes und seinen zahlreichen Nachfolgern, darbieten. Auch Bloors Prinzip ist demnach asymmetrisch. Zwar nicht mehr, weil es nach Art der Epistemologen eine Unterteilung in Ideologie und Wissenschaft vornimmt, sondern weil es die Natur ausklammert und dem Pol der Gesellschaft das ganze Gewicht der Erklärung aufbürdet. Es verfährt konstruktivistisch mit der Natur, aber realistisch mit der Gesellschaft."[47]

Die Radikalisierung des Symmetrieprinzips ist ein heikles Unternehmen. Wenn man dem Sozialrealismus seine fundierende Stellung nimmt, so eröffnet sich ein schwer zu begreifendes Übergangsfeld, in dem sich menschliche und nichtmenschliche Wirkzentren sowie kentaurenartige Mischfiguren austauschen. Dabei wird insbesondere die Position des Forschers prekär, wenn sowohl die Erklärung von Sozialbeziehungen aus dem Realismus der Natur als auch die Erklärung von Natureigenschaften aus dem Realismus der Gesellschaft als asymmetrische Erklärungen ausscheiden sollen. Die Position der Symmetrie der Perspektiven ist letztlich utopisch. Dennoch könnte sich hier in gewisser Weise ein Vorgehen abzeichnen, das vielleicht die Schwächen des anfangs entwickelten sozialphänomenologisch-konstruktivistischen Umweltbegriffs und die modernitätstheoretischen Defizite realistischer Technikgeschichte zu überwinden vermag. Offen bleibt freilich, wie sich der utopische Standort begründen ließe, der symmetrische Blickweisen ermöglicht.[48]

In Latours Beschreibung der paradoxen Konstitution der Moderne alternieren die beiden Bewegungen, einerseits der radikalen Trennung von Naturpol und Gesellschaftspol und andererseits der vielfältigen inkonsequenten Übertragungen menschlicher Leistungen auf Artefakte, bzw. der Anrufung von Sachen als Zeugen in Konflikten der Sozialwelt. „Reinigungspraktiken" sichern die Grenze zwischen Natur und Kultur, und „Übersetzungspraktiken" unterlaufen sie wieder. Diese Struktur ist recht flexibel: „In der Fabrik ihrer Gesellschaften können die Modernen nun die Natur überall intervenieren lassen, aber ihr weiterhin eine radikale Transzendenz zusprechen; sie können zu den alleinigen Akteuren ihres politischen Geschicks werden, aber ihre Gesellschaft weiterhin durch die Mobilisierung der Natur zusammenhalten. Einerseits wird die Transzendenz der Natur nicht ihre soziale Immanenz verhindern; andererseits wird die Immanenz des Sozialen den Leviathan nicht daran hindern, transzendent zu bleiben. Man muß gestehen, daß es eine recht

---

[47] Latour 1995, a. a. O., S. 127f.
[48] Es kann hier nicht ausgeführt werden, inwieweit das dritte „anthropologische Grundgesetz" von „Nichtigkeit und Transzendenz", das Helmuth Plessner für die exzentrische Position des Menschen in den 20er Jahren entwickelt hat, für die Ausarbeitung des utopischen Standorts fruchtbar zu machen wäre. Vgl. Kapitel 2 in diesem Buch.

geschickte Konstruktion ist, die erlaubt, alles zu tun, ohne durch irgendetwas anderes eingeschränkt zu sein."[49]

Reinigung und Vermittlung bzw. Übersetzung nennt Latour zwei Ensembles von Praktiken, deren Relation und Verfassung für die Selbstauslegung der Moderne von Bedeutung sind. Die Praktiken der *traduction* (Übersetzungs-und Vermittlungsarbeit) schaffen vielgestaltige Hybride zwischen Natur und Kultur. Dies ist in gewisser Weise technischem Handeln selbst inhärent: Der Geist des Ingenieurs, d. h. seine kulturellen Prägungen werden im Prozeß des Baus einer Maschine in das Material übersetzt, so daß ein Artefakt entsteht, – ein Objekt, das aus einer Kultur-Natur-Mischung besteht. Dieses Quasi-Objekt – nehmen wir an, es ist eine Verkehrsampelanlage – erspart es, an die Kreuzung einen Polizisten abzuordnen, der den Verkehr regelt. Die Ampelanlage ist aber nicht nur ein Quasi-Objekt, sie ist auch ein Quasi-Subjekt. Sie leistet Menschliches, spricht Verbote und Verwarnungen aus und gestattet uns, jetzt über die Straße zu gehen. Aus dem Quasi-Subjekt der Ampelanlage kann auch wieder ein Quasi-Objekt werden, wenn Techniker sie umbauen und z. B. Geräusch- und Wärmesensoren in die Anlage integrieren, so daß die Anlage erkennen kann, wann ein Motor sich nähert oder die warmen Ausstrahlungen sich versammelnder Körper am Wartepunkt zunehmen, was dem Ding wiederum neue Quasi-Subjekt-Dimensionen zuführt usw. Die Artifizierung der Umwelt ist, folgt man Latour, ein Resultat von Übersetzungspraktiken, durch die mehr und mehr Hybride das Licht der Welt erblicken, sie anfüllen und quasi-bevölkern, wie z. B. das Stehzeug in unseren Stadtstraßen.

Dieser Übersetzungs- und Vermittlungsarbeit setzt Latour ein zweites Ensemble von Praktiken entgegen, in denen durch Reinigung zwei radikal getrennte ontologische Zonen entstehen: die Zone des Gesellschaftsmenschen und die Zone der nicht-menschlichen Wesen der Ersten und Zweiten Natur. Die Reinigungsarbeit ist kritisch und analytisch. Sie bestimmt exakt den menschlichen und den natürlichen Anteil in den Dingen. Es handelt sich um eine Trennungsarbeit, die gerade in den Labors mit viel Quasi-Objekten und Quasi-Subjekten und mit Überhängen an Konstrukten nicht einfach ist. Denn es erfordert hier viel Scharfsinn, echte Naturphänomene aus der Menge der vielen *manmade*-Resultate, die mit den Artefakten erscheinen, auszugliedern.

Übersetzungs- und Reinigungsarbeit sind nicht spezifisch moderne Praktiken. Sie finden in jeder Herstellung einer artifiziellen Umwelt statt. Modern ist Latour zufolge das Bestreben, beide Ensembles getrennt zu halten und sich zu weigern, die Verbindung zwischen beiden zu erforschen. Seine generelle Hypothese lautet. „Je mehr man sich verbietet, die Hybriden zu denken, desto mehr

---

[49] Latour 1995, a. a. O., S. 46 f.

wird ihre Kreuzung möglich."[50] Die Steigerung der Natur-Kultur-Mischungen in der europäischen Moderne hängt ironischerweise mit der Rigorosität der Reinigungsarbeit zusammen. Anders gesagt: Weil wir so hartnäckig zwischen den reinen ontologischen Zonen Gesellschaft und Natur unterscheiden, weil wir die Grenze zwischen rein Menschlichem und rein Umwelthaftem so stark befestigt haben, können sich die Hybride so vermehren und kann der Hybridcharakter der Dinge verdeckt bleiben. Latour plädiert hier für eine Korrektur im Sinne der symmetrischen Anthropologie: „Sobald wir unsere Aufmerksamkeit (…) gleichzeitig auf die Arbeit der Reinigung und der Hybridisierung richten, hören wir sofort auf, gänzlich modern zu sein, unsere Zukunft beginnt, sich zu verändern. Im selben Moment hören wir auf, modern gewesen zu sein – im Perfekt –, weil uns rückblickend bewußt wird, daß die beiden Ensembles von Praktiken in der zu Ende gehenden historischen Periode schon immer am Werk gewesen sind. Unsere Vergangenheit beginnt sich zu verändern. Und schließlich, wenn wir nie modern gewesen sind (zumindest in der Bedeutung, die uns die Kritik vorgibt), könnten sich die gequälten Beziehungen, die wir zu den anderen Naturen/Kulturen unterhalten haben, wandeln. Relativismus, Herrschaft, Imperialismus, schlechtes Gewissen, Synkretismus, kurz, alle Probleme, die im Ausdruck ‚Große Trennung' zusammengefaßt sind, würden anders erklärt werden und damit die vergleichende Anthropologie verändern."[51]

Resümee

Wenn wir uns der theoretischen Voraussetzung für eine Anthropologie artifizieller Umwelt vergewissern wollen, so stellen sich drei Fragen.

1. Wie begründen wir den Unterschied von tierischen und menschlichen Umweltverhältnissen? Dabei hilft uns die Philosophische Anthropologie mit ihrer Unterscheidung von Umwelt und Welt. Tiere verhalten sich zur Umwelt, das tun Menschen auch, aber zusätzlich entwickeln sie eine Haltung zur Welt und diese verändert ihr Verhalten zur Umwelt. Mit diesem Konzept kann man viel anfangen, wenn man nicht in einen puren Konstruktivismus verfällt, d. h. vergißt, daß in der Haltung zur Welt das Verhalten zur Umwelt weiterläuft. Von daher greift auch meines Erachtens der Luhmannsche Ansatz zu kurz. Er befestigt die System-Umwelt-Differenz so stark, daß seine Brückenbildung wie z. B. die „strukturelle Koppelung" oder „Interpenetration" die Reparatur des

---

[50] Ebd., S. 21.
[51] Ebd., S. 20f.

Einschnitts nicht mehr leisten können. Aber auch wenn man solche Vereinsei-
tigungen nicht macht, gibt es in der Philosophischen Anthropologie nur wenig
für die zweite Frage zu holen:

2. Wie begründen wir die historische Artifizierung der Umwelt? Die Vielfalt
historischer Lebensstile zu rekonstruieren, führt hier nicht weiter oder führt
in die Sackgassen, z. B. unseren Lebensstil technisch-artifiziell zu nennen und
den Griechen oder Amazonas-Indianern einen untechnischen Lebensstil zu
attestieren. Technischer Fortschritt bildet eine eigene historische Reihe, die es
zunächst in ihrer Sequenz von technologischen Revolutionen zu rekonstruieren
gilt. Dazu gibt es in der Technikgeschichte viele Vorschläge. Ich präferiere den
Popitzschen, weil er in der dornigen Frage des Zusammenhangs von Technikentwicklung und Gesellschaftsform mit ihrer Normbildung weiter führt
als die alten Diskurse über die ökonomisch-technische gesellschaftliche Basis
und den kulturellen Überbau. Eine Untersuchung artifizieller Umwelt ist ohne
philosophische Realismusannahmen nicht zu machen, weil historisch das Aus-
einandertreten von materieller und geistiger Kultur die Regel ist. Aber wie der
Streit um Moscovicis „menschliche Naturzustände" gezeigt hat, wird die Lage
schwierig, wenn wir Phänomene untersuchen, die wir in einem geschichts-
theoretischen Sinne unserer Epoche bzw. der Jetztzeit zugehörig definieren.
Artifizielle Phänomene einer jeden neuzeitlichen Gegenwart haben in der Regel
Machbarkeitsutopien, Naturerfindungsthesen ebenso wie den Vorwurf der
Hybris erzeugt. Bei Gegenwartsbedingungen, d. h. bei Bedingungen dersel-
ben Epoche als einer noch nicht historisierten, versagen technikgeschichtliche
Perspektiven. Man tut gut daran, in der Technikgeschichte rechtzeitig aufzu-
hören und vorsichtig zu sein, weil die Diskriminierung von Entdeckung und
Erfindung, von Naturbild und von Technik im Akuten dramatische Probleme
aufwirft. Hier drängt sich die dritte Frage auf:

3. Wie stellt sich das Verhältnis von Anthropologie und Artefakt unter Gegenwartsbedingungen als Bedingungen einer Epoche, die gemeinhin modern
genannt wird? Dazu habe ich Thesen von Latour ein Stück weit vorgestellt,
weil er sich selbst die dritte Frage vorgelegt hat. Wie in der Regel bei anre-
genden Texten wachsen auch hier die Einwände. Ich bin z. B. nicht sicher, ob
der Terminus ‚Hybride', der schon bald ein Schlagwort geworden ist, weil die
postkoloniale Kulturtheorie ihn auch benutzt, glücklich gewählt ist. Ich selbst
bevorzuge meinen Terminus „bioartifizielle Symbiose".[52] Bioartifizielle Symbiosen nenne ich Artefaktbeziehungen, wenn unter Artefakten vermehrt solche

---

[52] Vgl. Kapitel 4 in diesem Buch.

sind, die wir nicht wieder wie Handwerkszeug aus der Hand legen können. Der Instrumentcharakter wird hier schwächer. Eine Vielzahl moderner Artefakte sind mehr Grund als Mittel unseres Lebens geworden: Das meint *bioartifizielle Symbiose*. Interessant an Latour finde ich methodisch das Symmetriekonzept, weil es hilft, ausgeblendete Zusammenhänge thematisierbar zu machen. Wenn es stimmen sollte, daß es immer nur Kollektive von Natur-Kultur-Mischungen gegeben hat und wenn Menschen sich immer als rein gegenüber der Natur behauptet haben und zugleich Übersetzungen ihrer Intelligenz in die Stoffe und Energien sowie den Einsatz von Artefakten als Quasi-Subjekte praktiziert haben, so sind die Anderen nicht so vormodern und wir nicht so modern, wie wir glauben. Dann könnte man Forschungsenergie von der Arbeit der Sphärentrennung abziehen und den Mischungen mehr Aufmerksamkeit schenken. Das wäre vielleicht auch eine Voraussetzung dafür, sie bewußter in unser Leben integrieren zu können.

4. Die Gemeinschaft der Güter und die Soziologie der Artefakte

Wenn es denn doch gelänge – dieser fromme Wunsch stellt sich bisweilen ein –, einige wichtige Erfahrungen der Gegenwart zusammenzuhalten: den Einsturz des Realsozialismus und die Überspannung des Globus mit medialen Netzen, den Heroismus der blutigen Stammeskämpfe und die einschläfernde Ruhe, mit der professionelle Gesellschaftsbeobachter ihre Satellitenbahn einhalten; das Wissen, daß noch nie in der Geschichte der Erde und der Menschheit Gewalt, Ungleichheit, Ausschluß, Hunger und wirtschaftliche Unterdrückung so viele menschliche Wesen betroffen haben, und die Ratlosigkeit angesichts der ökologischen Risiken der zugleich lebensspendenden und lebensbedrohenden Effekte umfassend artifizieller Lebensumwelten. Ach, wenn es doch gelänge, die Akkumulation der Verschaltungen und die Vervielfältigung der Onlines in die Steigerung der Fähigkeit, Denkverbindungen herzustellen, abzuleiten.

Ich schlage vor, das kompakt überlieferte Konzept und die historische Praxis des Kommunismus soweit zu dekonstruieren, daß eine der motivierenden Ideen, die Utopie der Gütergemeinschaft, erkennbar wird. Dann ist das Verhältnis von Gemeinschaft und Gütern, von Sozialität und Artefakten neu zu verhandeln. Die weitergehende Dekonstruktion der soziologischen Überdetermination des Sozialen und der homogenen und massiven Begriffe von Kunst und Technik gäbe uns vielleicht die Chance, die richtigen Fragen zu stellen.[1]

Gütergemeinschaft

Wenn man die Frakturen der Rechts-Links-Symbolik und die Entdeckung unheimlicher Nachbarschaften der Radikalismen vorantriebe, käme man möglicherweise zu dem Befund, daß die motivierende Imagination der Linken,

---

[1] Dieses Kapitel greift frühere Versuche auf, vgl. Wolfgang Eßbach, *Überlegungen zur Genese der Frontstellung zwischen Sozialwelt und Artefakten im 19. Jahrhundert*, in: *Kultur und Gesellschaft. Beiträge der Forschungskomitees, Sektionen und Ad-hoc-Gruppen* (24. Deutscher Soziologentag), hg. v. Hans-Joachim Hoffmann-Nowotny, Zürich 1989, S. 715–717; *Le complexe de la communauté entre la communauté des biens et le monde vécu artificiel*, in: *Communauté et modernité*, hg. v. Gérard Raulet u. Jean-Marie Vaysse, Paris 1995, S. 250–269.

die sie unterscheidbar von anderen Emanzipationsbewegungen machte, die Gütergemeinschaft war. Von Freiheit, Gleichheit, Brüderlichkeit, von Selbstbestimmung, Nichtdiskriminierung, tätiger Nächstenliebe träumten auch andere. Exklusiv kommunistisch war, das Ziel der Gemeinschaft der Güter als Voraussetzung für die wirkliche Erfüllung der Menschheitsträume anzustreben. Es ist allerdings zu bezweifeln, daß die Idee einer Gütergemeinschaft auf dem Boden der Armut gewachsen ist. Im Elend mag Solidarität und gegenseitige Hilfe sich stärken, die allgemeine Forderung der Armen ist zumeist die Beseitigung der Not gewesen.

Gütergemeinschaft ist dagegen eine Theorie, die von Intellektuellen ausgebrütet wurde. Sie war auf ein spezielles Problem bezogen, das in den antiken Städten auftauchte: ‚Wie ist Gerechtigkeit in der Stadt bei Besitzungleichheit möglich?' Gütergemeinschaft ist ein Vorschlag für Probleme der Stadt als einem politisch-architektonischen Doppelgebilde. Erst im antiken innerstädtischen Streit um den Vorschlag finden wir die ergreifenden Reden vom goldenen Zeitalter der Gemeinschaft, das verloren ist – Reden, die eine moderne Sozialtheorie gattungsgeschichtlich, evolutionsgeschichtlich, vom Urkommunismus bis zur künftigen Gesellschaft reiteriert hat, um den Kommunismus als Zwangsläufigkeit zu behaupten und damit zur Zwangsveranstaltung zu machen. Die Rede von der Gemeinschaft der Güter macht auf einer Fläche, die weder Hoch- noch Tiefbau kennt, die keine Speicher, keine Schrift, keinen Gehäusecharakter aufzuweisen hat, keinen Sinn. Kommunismus ist wohlverstanden literarischer und urbaner Kommunismus.[2]

Die Stadt – so hat es Hans Blumenberg geschrieben – ist „vor allem Abschirmung gegen alle Realitäten, die sie nicht selbst hervorbringt oder als bloße Materialien in sich hineinzieht. Im Schutz dieser Abschirmung ist sie der Inbegriff von Künstlichkeit. Die Stadt verdrängt die Wirklichkeit dessen, wovon sie abhängig ist, läßt den parasitären Zug ihrer Existenz gegenüber einem weiten Umfeld von ‚Zulieferungen' im weitesten Sinn vergessen."[3] Wenn man dies Verdrängen und Vergessen als eine Aktivität, eine Anstrengung begreift, gerät das Problem der Stadtpolitik in den Blick. Imperiale Despoten können Städte zerstören und ihre Herden in Ruinen weiden lassen. Wer eine Stadt regieren will, muß auf ihre Charakteristika eingehen: auf die Umgrenztheit der Macht und der Machbarkeit, die Speicher, die Arbeitsteilung, die Verdichtung.[4] Mit

---

[2] Vgl. Jean-Luc Nancy, *Die undarstellbare Gemeinschaft*, Stuttgart 1988.
[3] Hans Blumenberg, *Höhlenausgänge*, Frankfurt a. M. 1989, S. 76.
[4] Heinrich Popitz hat den Städtebau als Abschluß der ersten technologischen Revolution in seinen Charakteristika treffend dargestellt. Vgl. Heinrich Popitz, *Der Aufbruch zur artifiziellen Gesellschaft. Zur Anthropologie der Technik*, Tübingen 1995.

einer Stadt kann kein Herrscher umspringen, wie er will. Sie hat ihre eigene seltsame Raison.

Was an antiker städtischer Realpolitik erkennbar ist, ergibt ein uneinheitliches Bild.[5] Dort, wo der ausformulierteste Entwurf der Gütergemeinschaft nachlesbar ist, hat er in der Realität der Polis vermutlich kaum etwas bewirkt. Forderungen nach der Redistribution des Bodens, nach einem neuen Start für die Bürger, nach Besitzgleichheit werden erhoben. Fraglich ist, ob sie je in Griechenland realisiert wurden. Aber das Thema ist präsent: In den *Ekklesiazusen* des Aristophanes beschließen die Frauen die Einführung eines totalen Kommunismus. In den antiken Städten des östlichen Mittelmeerraums mag die wiederkehrende Forderung nach einem Schuldenerlaß politisch durchgesetzt worden sein. Die Rückgabe verpfändeten Bodens in jüdischen Städten im 49. Jahr, dem Jobel-Jahr, scheint zeitweise funktioniert zu haben. Die Gemeinde der Essener praktizierte die Gütergemeinschaft.

Eigentumsverfassungen, die das Privateigentum sichern, sind vermutlich mit der Agrikultur entstanden. Sie erfahren ihre Problematisierung erst später auf dem Niveau einer Artefaktumwelt, die sich von der bäuerlichen Welt abhebt. Die antike Stadt resümiert die vorausgegangenen fundamentalen Technologien der Agrikultur, der Keramik und der Metallurgie. Sie ist ein politisch-architektonisches Doppelgebilde, etwas technisch und politisch Gemachtes.[6]

Paul Veyne hat – antike Diskurse aufgreifend – die griechische Polis mit einem Schiff ohne Passagiere verglichen. Von allen Schiffsangehörigen, Steuermann und Matrosen, wurde erwartet, daß sie sich aktiv am Unternehmen beteiligen.[7] Die wichtigste Voraussetzung war, nicht irgendwo, sondern in einer Polis leben zu wollen. Dafür sollten Gesetze entworfen werden. Die Bindung an eine spezielle Reproduktionsgrundlage, namentlich die Bearbeitung von Sachen, kann der Politik nur schaden, weil der Bürger seine Unabhängigkeit zu verlieren droht. Wer sich über einen Beruf definiert, kann kein guter Bürger sein, er schaltet sich selbst aus. Er hat keine Muße, d. h. Zeit für Politik. In einer eigenartig paradoxen Doppelbewegung wurden der Besitz von Reichtum, seine Vererbbarkeit und die Freigiebigkeit hoch geschätzt, ja als Politik-Bedingung betrachtet, und zugleich der tätige Erwerb, das Sich-kümmern um wirtschaftlichen Erfolg, als schändlich, die Polis schwächend verachtet.

---

[5] Egon Flaig verdanke ich eine Horizonterweiterung der Antike über das habitualisierte Athen und Rom hinaus. Vgl. Egon Flaig, *Europa begann bei Salamis. Ein Ursprungsmythos neu erzählt*, in: *Rechtshistorisches Journal* 13 (1994), S. 411–432.

[6] Vgl. Popitz 1995, a. a. O.

[7] Christian Maier u. Paul Veyne, *Kannten die Griechen die Demokratie?*, Berlin 1988, S. 18.

Wenn es zur Stadt gehört, die Abhängigkeit von der Reproduktionsbasis außerhalb zu vergessen, die eingesaugten Materialien in der Stadt anders erscheinen zu lassen, als sie es außerhalb ihrer Architektur waren, so bedeutet dies zugleich, die Wahrnehmung der Dinge grundlegend zu verändern. Die materielle Basis wird als kontingent gesetzt. Sie ist das Meer, über das das Schiff zu fahren hat. Aber da die Stadt technisch kein Schiff ist, ereignet sich in ihr jene Kontingenz noch einmal als wirtschaftlicher Prozeß, als Fallen und Steigen der Werte, als Wellenlinie der Konjunktur. Besitzungleichheit ist Resultat eines kontingenten Geschehens, ist erfahrenes Glück und Unglück.

Besitzungleichheit kann die Einheit der Stadt in unkalkulierbarer Weise bedrohen. Für seine Idealpolis hat Platon vorgeschlagen: „Die Stadt nun und die Verfassung, die an erster Stelle stehen, und die besten Gesetze sind dort, wo nach Möglichkeit in der ganzen Stadt das alte Wort verwirklicht wird; es lautet: ‚Was Freunde besitzen, ist in Wirklichkeit gemeinsames Gut.' Ob das nun schon jetzt so ist oder ob es je sein wird – daß nämlich die Frauen gemeinsam und die Kinder gemeinsam sind und auch alles Geld gemeinsam ist –: Wenn alles, was man als eigen bezeichnet, auf jede Weise und überall aus dem Leben ausgeschaltet ist und man es, so weit das möglich ist, dazu gebracht hat, daß auch das, was von Natur zu eigen ist, irgendwie gemeinsam wird, zum Beispiel Augen und Ohren und Hände gemeinsam zu sehen und zu hören und zu handeln scheinen, ja, wenn sogar alle miteinander möglichst einstimmig loben und tadeln, weil sie sich über dasselbe freuen oder betrübt sind, und wenn alle Gesetze nach Kräften die Stadt möglichst als eine Einheit schaffen: so wird keiner jemals diese Gesetze in ihrer Vorzüglichkeit überbieten und eine Regelung treffen können, die richtiger und besser ist. (…) Wir brauchen deshalb nirgends sonst nach einem Beispiel für einen Staat auszuschauen, sondern können uns an diesen halten und müssen nur nach Kräften eine Stadt suchen, die möglichst so beschaffen ist."[8]

Wenn das Hauptproblem der Zwietracht und Zerfall generierenden Besitzungleichheit darin besteht, daß ihre Quellen nicht oder nur schwer und ungenau zu erkennen sind, so bietet die weitestgehende Homogenität die höchste Sicherheit für die Einheit der Stadt. Detailfragen nach dem vergangenen Ursprung der Ungleichheit bieten nämlich nicht unbedingt eine Gewähr dafür, daß ihre Ursachen zu bewältigen sind. Um eine Stadt zu bilden, tun die Einzelnen gut daran, die zersplitterten Ursprünge ihrer Mitbringsel zu vergessen, sonst wird die Verwandlung ihrer Seinsweise nicht gelingen. Wer der Frage nach dem Ursprung der Besitzungleichheit folgt, gerät in einen Diskurs, der überall hinführt, nur nicht zur Gründung und Begründung einer Stadt. Er wird

---

[8] Platon, *Die Gesetze*, 5. Buch, 10. Kap., in der Ausgabe: Zürich/München 1974, S. 186f.

vielleicht davon erzählen, daß er oder seine Gruppe es waren, die das Gut gefunden oder erarbeitet haben, daß es ihr Werk sei, daß Feinde gekommen sind,
die es ihm weggenommen haben, daß er ein Recht hat, es sich wiederzuholen
etc., etc. – kurz: Er wird eine Eroberungs- und Enteignungsgeschichte erzählen,
die für den Kampf seiner Rasse oder Klasse herhalten kann.[9] In diesem Diskurs
entstehen keine Städte, sondern Lager. Wenn es Hierarchien in der Stadt geben
soll, dann solche, die neu vermessen werden. Statt auf Herkunftsqualitäten zu
vertrauen, werden in Platons Idealstadt die funktionalen Gruppen gleich neu
gezüchtet. Entscheidend ist, daß die Menschen, die am wenigsten mit Dingen
in Berührung kommen, die politisch dominierenden sind. Die Idee der Gütergemeinschaft ist die philosophische Antwort auf das Politikproblem der Stadt,
daß nämlich der Gemeinschaft Energien entzogen werden, wenn die Bürger
anfangen, sich mehr um die Spezialitäten, den Beruf, die einzelnen Dinge zu
kümmern als um die Politik.

Die Idee der Gütergemeinschaft ist Welten entfernt vom Versprechen der
heutigen Führer des Sozialstaats, die Bevölkerung durch Teilung des Reichtums auf fette Weiden zu führen. Platon weist den Wunsch der Armen nach
einem großen, reichen Staat entschieden zurück. An beiden Enden der Besitzungleichheit, in krasser Armut und bei überreichen Leuten, entsteht dasselbe
Problem, das Nachlassen der politisch-ethischen Spannung und das Interesse
an Abhängigkeit, d. h. an Dingen. Polistugend und Reichtumsorientierung
widersprechen sich grundlegend, daher ist die Gütergemeinschaft die der Stadt
entsprechende philosophische Idee.

Die Gegner der Gütergemeinschaft berufen sich auf Aristoteles. Als liberal-
kapitalistischer Urahn taugt er freilich wenig. Sein Einsatz ist die Frage, ob
alle Bürger der Stadt Anteil an dem haben können, woran man überhaupt
Anteil haben kann. Die Gemeinschaftsfähigkeit von Gütern wird empirisch
geprüft. Zweifellos ist den Bürgern der Ort gemeinsam, aber das reicht nicht,
denn der Ort ist eine Stadt, ein Ganzes aus Teilen, architektonisch eine Vielheit
von Häusern, die zusammenstehen. So macht die radikale Gütergemeinschaft
technisch-praktische Probleme. Die Stadt als ein einziges Haus? (Das „europäische Haus"?, das „Raumschiff Erde"?) Diese Gemeinschaftsimaginationen
gehen technisch-empirisch ebenso wenig wie die Gemeinschaftlichkeit der
Augen, Ohren und Hände. „Denn seiner Natur nach ist der Staat eine Vielheit,
wenn er aber immer mehr *einer* wird, wird aus dem Staat ein Haus und aus
dem Haus ein Einzelmensch".[10]

---

[9] Diese Diskurse hat Michel Foucault in den Vorlesungen am *Collège de France* in den Jahren
1975/76 analysiert. Vgl. Michel Foucault, *Résumé des cours 1970–1982*, Paris 1989, S. 85–94.
[10] Aristoteles, *Politik*, 2. Buch, 2. Kap., in der Ausgabe: Stuttgart 1989, S. 108.

Der Empirie der Stadt als gebauter Form folgend wird man an innere Stufung, Mehrstöckigkeit denken müssen. Technisch-architektonische und politische Bestimmungen müssen in ihren Korrespondenzen und Fügungen bedacht werden, damit die urban-politische Gemeinschaftsimagination machbar ist. Aristoteles: „Denn das Haus ist etwas Selbstgenügsameres als der Einzelmensch, der Staat aber selbstgenügsamer als das Haus; und der Staat will erst dann wirklich sein, wenn es sich fügt, daß die Gemeinschaft der Volksmenge selbstgenügsam geworden ist. Wenn also das im höheren Grade Selbstgenügsame wählenswerter ist, so ist auch die geringere Einheitlichkeit mehr wünschenswert."[11] Die Selbstgenügsamkeit, d. h. Autarkie, Unabhängigkeit von speziellen Dingen, das Vergessen und Verdrängen der Materialien, wie sie früher waren, geht von der oberen Einheit der Polis aus und baut sich bis in den Einzelmenschen hinein. Nur in „gewisser Hinsicht (muß) das Haus und der Staat eines sein, doch nicht gänzlich"[12], denn Polis ist etwas, dem man zugehören will.

Hält man Platon und Aristoteles gegeneinander, so ließe sich ein Streit um das Maß der Gütergemeinschaft entfachen. Bildet sich die Stadt aus der Summe der Häuser, deren jedes „ein Haus zuallererst, eine Frau und einen pflügenden Ochsen" (Hesiod)[13] für sich gerechnet werden muß, bevor Gemeinschaftsaufgaben in den Blick kommen, oder erzwingt der Akt der Konstitution, der Gründung der Stadt als einer funktionalen, arbeitsteiligen Einheit idealerweise von vorne herein den Kommunismus der Kommune? Zur Diskussion steht das Verhältnis von technisch-architektonischen, geräte- und anlagenförmigen Verbindungen oder Stückelungen mit sozialen und politischen Rechten und menschlichen Organisationseinheiten. Die Frage, ob politisch zu trennen ist, was technisch verbunden, oder politisch zu vereinen, was technisch getrennt ist, bleibt dabei eine Gestaltungsfrage.

Der politische Körper der antiken Stadt wird künstlich in symmetrische Teile verfaßt. (Vier Stämme mit je drei Phratrien von je 30 Clans zeitweise in Athen; drei Stämme, von je 30 Kurien von je 300 Gentes mit je 3.000 Haushalten zeitweise in Rom) Das Design des Körpers kann verändert; Neuverteilung und Neuanfang gefordert werden. Berühmt war die Praxis der Städtegründer, ihre neue Stadt als ein Asyl für Flüchtlinge zu entwerfen, mit denen das Spiel von vorne beginnen konnte.[14] Urbane Konstitution als technisch-politisches

---

[11] Ebd., S. 109f.
[12] Ebd., 2. Buch, 5. Kap., S. 117.
[13] Ebd., S. 77.
[14] Livius I, 7; Augustinus, *Vom Gottesstaat*, V. 15, hat dies als Vorbild für die himmlische Stadt genommen.

Phänomen und Bruch der Bindungen und Verträge gehören zusammen. Am Versöhnungstag tun die Juden Buße für alle Kontrakte, die sie im kommenden Jahr bis zum nächsten Versöhnungstag eingehen werden, und heben sie auf. Eine verschuldete Stadt mit verschuldeten Bürgern verfällt, wenn es ihr nicht gelingt, die Entschuldung zu erzwingen und in technischer, eigentumsmäßiger und politischer Hinsicht neu anzufangen.

Plädoyer für eine Soziologie der Artefakte

Die Erinnerung an die alte Literatur über urbanen Kommunismus stellt sich in analogen Lagen ein. Wie die antike Stadt die vorausgegangenen fundamentalen Technologien resümiert, so entsteht in unserer Zeit etwas, das die fundamentalen Technologien der Neuzeit: Maschine, Chemie, Elektrizität und die Spaltungen des 20. Jahrhunderts – Spaltung des Atomkerns, des Zellkerns und der Identität von Information und Geist –, so oder so resümieren wird.[15] Mag die neue Globalisierung der Menschengesellschaft jetzt auch noch wie ein Naturereignis erfahren werden, der Gedanke der Gestaltbarkeit der Beziehung zwischen dem *zoon politikon* und seinem Verhältnis zu Artefakten wird vielleicht nicht mehr lange als abenteuerlich erscheinen. Denn wir kennen die fundamentalen Technologien, mit denen wir auf absehbare Zeit auch dann zu leben haben, wenn sich die Technophantasien: unerschöpfliche Energien, ewig gesundes Leben, besser denkende Maschinen, erfüllen sollten.

Um die Dimension der Reversibilität, Kalkulierbarkeit und Maßbestimmung zwischen Sozialwelt und Artefakten neu zu entdecken, ist es nötig, jene Linie zu verlassen, mit der die Moderne Zug um Zug die Beziehung zum Werk als Grundlage des Sozialen behauptet. Die reformatorische Heiligung der Werktätigen und die Verklebung von Produktion und Eigentum sind zu relativieren. Seit Thomas Morus handelt der Kommunismus von der Diagnostik der Klassenspaltung als Diebstahl von Dingen, der Umkehrung von Besitzverhältnissen und der so lange fortdauernden Egalisierung der Zwangsarbeit, bis sie am Ende der Zeit verschwindet.[16] Im 19. Jahrhundert wird die Idee der Regelbarkeit des Dualismus von politischer Gemeinschaft und den Beziehungen zu Artefakten vollends zur Disposi-

---

[15] Zur Historisierung technologischer Revolutionen vgl. Popitz 1995, a. a. O., S. 13 ff.

[16] Unentbehrlich für die Begriffsgeschichte ist Jacques Grandjonc, *Communisme – Kommunismus – Communism. Origine et développement international de la terminologie communautaire prémarxiste des utopistes aux néo-babouvistes 1785–1842*, in: *Schriften aus dem Karl-Marx-Haus Trier* 39(1/2) (1989).

tion gestellt. Es ist dies die Stunde der Soziologie, der Entdeckung des Sozialen. Fraglich wird die Abgrenzbarkeit des Sozialen von den symbiotischen Beziehungen zu Artefakten, die sich zudem in einer seltsamen Doppelung zeigen, nämlich in der Entgegensetzung von ästhetischer und technischer Beziehung zu Artefakten. Sicherlich ist der Unterschied von schönen und nützlichen Dingen eine alte Vorstellung. Entregelt wird der Dualismus von Gemeinschaftsbeziehung und Artefaktbeziehung, wenn ästhetischer Irrationalismus den Künstlern nahelegt, die Beziehung zu ihren Artefakten nach dem abgründigen Unmaß ihres Genies zu gestalten, und wenn technische Praktik aus der alten „Enzyklopädie der Künste" ausschert und sich der Unendlichkeit dessen anheim gibt, was man „technischer Fortschritt" nennt.

Die Entdeckung des Sozialen vollzieht sich im 19. Jahrhundert in einer eigentümlichen Konstellation. Pointiert gesagt: Gesellschaft wird als ein von der Entwicklung der Technik und der Künste gleichsam in die Klemme genommenes Phänomen entdeckt. Man kann von einer soziologischen Überdetermination des Sozialen sprechen. Das Soziale wird in einem Horizont entdeckt, an dessen Grenze zwei bedrohliche Konzepte auftauchen. In dem einen Konzept wird die in Bedrängnis geratene alte Dualität mit dem Ziel einer technischen Lösung sozialer Probleme angegangen, im anderen Konzept steht eine Ästhetisierung sozialer Beziehungen auf dem Programm. Beide Konzepte rufen bis auf den heutigen Tag gleichsam soziologische Urängste hervor: die Angst, daß gehaltvoll Soziales unter die Räder des technischen Fortschritts gerät, und die Angst, daß sich der Ernst des Sozialen im Spiel der ästhetischen Imaginationen verflüchtigt. Soziologie ist dort bis heute eine Wissenschaft des 19. Jahrhunderts geblieben, wo sie sich gerade von diesen Ängsten treiben läßt.

Das Konzept einer technischen Lösung sozialer Probleme findet sich z. B. bei Bentham. Sein Panopticum, jene von Foucault eindrucksvoll analysierte Überwachungsmaschine, stellt ein verallgemeinerungsfähiges technisches Funktionsmodell dar, anwendbar für die Organisation von Fabriken ebenso wie von Gefängnissen, von Schulen wie von Krankenhäusern.[17] In ihm spricht sich eine technische Rationalität aus, die, folgt man Cournot, einen irreversiblen Prozeß in Gang setzt, dem die Idee einer irgendwie ethisch oder politisch fundierten sozialen Ordnung zum Opfer fällt. Allenfalls könnte eine begleitende soziale Sinngebung für Zurückgebliebene den Anschluß an die sozialtechnischen Apparate erleichtern.

---

[17] Michel Foucault, *Überwachen und Strafen. Die Geburt des Gefängnisses*, Frankfurt a. M. 1976, S. 251 ff.

Das andere Konzept findet sich nicht nur in der deutschen Romantik. Eine „poetische Weltform"[18], wie sie dem kursächsischen Salinenbeamten Friedrich von Hardenberg und Dichter Novalis vorschwebt, hatten auch die englischen Künstler und Kunsttheoretiker John Ruskin und William Morris im Sinn. „Die Kunst eines jeden Landes ist Index seiner sozialen und politischen Tugenden"[19], schreibt Ruskin, und für Morris waren Dinge ohne Kunst notwendig aggressiv, allein die Kunst sei in der Lage, den „Fluch der Arbeit dadurch zu brechen, daß sie zur lustvollen Befriedigung unserer schöpferischen Impulse gemacht wird." Andernfalls wäre „der Fortschritt der Zivilisation (...) genauso grundlos (...) wie das Drehen eines Rades, das nichts tut."[20]

Die Entdeckung des Sozialen, d. h. jenes Dispositivs, das den Dualismus von politischer Gemeinschaft und Artefaktbeziehung in dubioser Weise „aufhob", d. h. so einebnete und verschmolz, daß gestaltbare Revisionen undenkbar wurden, diese Entdeckung des Sozialen verschob das politisch-anthropologische Problem des Verhältnisses zu Artefakten auf die Schiene einer gespaltenen Symbiose, nämlich der beiden symbiotischen Phantasien einer Reorganisation der Gesellschaft aus dem Geist der Technik und einer Reorganisation der Gesellschaft aus dem Geist der Kunst.

Die Gedanken sind frei – aber nicht folgenlos, vor allem dann nicht, wenn sie symbiotisch geladen sind, wenn der Diskurs die Symbiose behauptet. Die Selbstverständlichkeit, mit der sich neuzeitliche Gesellschaften einer werkheiligen Dingsymbiose verschrieben haben, bricht freilich im 20. Jahrhundert auf. Die Artefakte selbst, die Objekte der Kunst und der Technik, werden inevident. Zunächst ist es die Autonomisierung des Materials. Die künstlerische Avantgarde setzt elementare Materialwerte: Farbe, Linie, Ton, Buchstaben, frei, und sie schickt sich an, über sie mittels ästhetischer Konstruktionen zu verfügen. Die technische Avantgarde setzt in gigantischem Ausmaß Rohstoffe frei und schickt sich an, über sie mittels technischer Konstruktionen zu verfügen. Mit der Emanzipation des Materials und der Konstrukte verschwinden die evidenten Gestaltungen der Natur. Das Pferd galt jahrhundertelang als ein komplexes Symbol für nützliche Naturkraft, kriegerische Unternehmung und adliges Jagdspiel. In der expressionistischen Malerei Franz Marcs sind Pferde zu Farbflächen verfremdet; in den Materialschlachten und Stahlgewittern des Ersten Weltkriegs verenden die Pferde. Dieser Vorgang ist heute längst

---

[18] Novalis, *Das Allgemeine Brouillon*, in: ders., *Schriften*, hg. v. Richard Samuel, Bd. 3, ³Darmstadt 1983, S. 418.
[19] Zit. n. Raymond Williams, *Gesellschaftstheorie als Begriffsgeschichte. Studien zur historischen Semantik von „Kultur"*, München 1972, S. 173.
[20] Ebd., S. 193 u. 196.

vergessen. Die Generation der um 1900 Geborenen hat so viele Materialfrei-setzungen und technische und ästhetische Neukombinationen in ihrer Um-welt sich ausbreiten sehen, daß keine Kraft der Erinnerung ausreicht, davon zu erzählen. Dies ist unheimlich. Die glaubwürdige Erzählung kapituliert im 20. Jahrhundert.[21]

Die Individuen im 20, Jahrhundert stehen vor sich unheimlich wiederholen-den Ratlosigkeiten angesichts der jeweils gegebenen und jeweils absehbaren Ni-veaus der Ästhetisierung und Technisierung der Lebenswelt. Das neue Artefakt ist heute mit utopischen Hoffnungen umkränzt, oder es wird als Vorzeichen einer düsteren Zukunft gedeutet. Morgen ist aus der Utopie eine Banalität, aus dem Schrecken eine Gewohnheit geworden. Und in den Brutstätten der Technik und der Künste wartet schon das nächste Artefakt. Es wird einen Übelstand beseitigen oder eine Vision zerstören und zwei neue produzieren. Dies brennt auf den Nägeln.

Es ist diese unheimliche Bewegung, die den Begriff des Lebens im vergan-genen 20. Jahrhundert zum dominanten Bezugspunkt des Denkens gemacht hat. Die Liste der Diskurse, die sich des großen Referenten „Leben" virtuos und monoton bedienen, ist lang: Man hat Leben als vitalistische Kategorie zur Qualifizierung der Künstlichkeit der Apparate verwandt, über ihre Nähe oder ihre Entfernung vom Leben gerätselt. Wo man den Geist schlechthin mit der instrumentellen Vernunft in eins setzte, hat man den Geist als Widersacher des Lebens exponiert. Man hat die Künstlichkeit der Kulturformen danach befragt, ob sie gesunde Sublimate oder perverse Pathologien von Lebensenergien sind. Man hat den Boden der „Lebenswelt" als Maß zur Qualifizierung und Diffe-renzierung der wissenschaftlichen Konstrukte entdeckt. Im Streit um diese oder jene Technik gewann der, der nachweisen konnte, daß eine Technologie eine Steigerung der Lebenschancen und der Lebensqualität bewirkt. In den politischen Diskursen gelten die Fragen nach dem schieren Überleben als Krite-rium für Rüstungspolitik, Abrüstung, Kriegführung, und die Fragen nach dem Lebensstandard gelten als Kriterium für Wirtschaftspolitiken und Politiken der Versicherung gegen Lebensrisiken. Die Kunst wird danach differenziert und qualifiziert, ob sie als Anstiftung zur Lebenskunst oder zur Kompensation und Entschädigung von Lebensdefiziten dienen kann.[22] Sicher, „Leben" ist in diesen Diskursen verschieden gebraucht, aber der Gebrauch ist stets mit einem Ausschnitt aus dem Konglomerat der Artefakte und ihrer Problematisierung synthetisiert. Es brauchte nur noch eines kleinen Schrittes, um „Leben" so zu elementarisieren, daß es selbst als ein Code, als „Vier-Buchstaben-Sprache, die

---

[21] Das haben Walter Benjamin und Jean-François Lyotard intensiv wahrgenommen.
[22] Vgl. Kapitel 7 in diesem Buch.

sich in den Molekülen der Nukleinsäure verkörpert"[23], aufgefaßt werden konnte, – als ein Code, der als primäre Manifestation des Lebens mit der Sprache
als primärer Manifestation der Kultur strukturgleich ist.

Gütergemeinschaft und Soziologie der Artefakte – vielleicht kann man das,
was uns von der Gütergemeinschaft trennt, so beschreiben: Wir haben an die
Stelle einer diskutierbaren, offenen und reversiblen Dualität von politischer
Gemeinschaft und Artefaktbeziehung eine soziale Pluralität von bio-artifi-
ziellen Symbiosen gesetzt. Wer könnte es überhören, daß im Streit um die
Systeme der Beschäftigung, des Gesundheitswesens, der Erlebniswelt der
Medien etc. die Referenz auf Quantität und Qualität von „Leben" die bio-
artifiziellen Symbiosen auf Dauer stellt. Mit einer Soziologie, die okkasionell
sich mal antitechnischen, mal antiästhetischen Affekten hingibt, ist nicht weiterzukommen, wenn die plurale und heterogene Verwendung des Lebensbegriffs sich an die Pluralität und Heterogenität der Artefakte symbiotisch
heftet.[24] Fixe Umbenennungen in unklare Kultur- und Medienkonzepte helfen
da kaum weiter. Die Dekonstruktion des Kommunismus und der soziologischen Überdetermination des Sozialen, die das Technische und das Ästhetische
als im Prinzip sozialfremd bewertete, können helfen, die Erfahrungen der
Gegenwart zusammenzuhalten und Fragen zu entwerfen, auf die Antworten
zu finden sich lohnen könnte.

---

[23] Crick u. Yanofski, zit. n. Roman Jacobson, *Semiotik. Ausgewählte Texte 1919–1982,* hg. v. Elmar
Holenstein, Frankfurt a. M. 1988, S. 376.
[24] Es ist auch nicht weiterzukommen, wenn man Philosophien, die wie Gilles Deleuze und
Félix Guattari in *Mille plateaux* oder Jean-François Lyotard in *Le Différend* auf verschiedene Weise Heterogenitäten mit ihren vitalen und agonalen Seiten dem Denken zugänglich
machen, als sozialdarwinistisch und antidemokratisch diffamiert, wie dies Manfred Frank
wiederholt getan hat. (Vgl. ders., *Die Grenzen der Verständigung,* Frankfurt a. M. 1988, S. 16f.
und ders., *Wörter, Wörter, Wörter. Eine Abrechnung mit dem Poststrukturalismus,* in: *Die Zeit* vom
11. September 1992, S. 74f.). Der Pluralismus von Diskursuniversen ist unter den Bedingungen
der Dingsymbiose auf dem Wege einer identitären Hermeneutik deutscher Überlieferung, die
Frank predigt, wie historische Erfahrung lehrt, nur zu entkräften, wenn man den anderen
irgendwie zum Verstummen bringt und dabei selbst „rein" bleibt.

5. Elemente ideologischer Mengenlehren: Rasse, Klasse, Masse

Die Termini, die zur Benennung von Mengen und Teilmengen von Individuen und von Ordnungen der Vielen benutzt worden sind und benutzt werden, führen ideologische Frachten mit sich, derer sich zu entledigen nur vorübergehend gelingen wird. Soziologen können ein Lied davon singen, wie zäh in Gesellschaften an Semantiken von Großgruppenbezeichnungen festgehalten wird und wie schnell Menschen dabei sind, soziologisch neutralisierte Begriffe in Kampfvokabeln umzufunktionieren.

Um 2000 sieht es so aus, daß „Rasse" als wissenschaftlicher Begriff weitgehend ausrangiert ist und im Alltagsgebrauch zumindest in Deutschland geächtet wird, in den USA dagegen wohl noch toleriert ist. Stattdessen wird mehr von Fortpflanzungsgemeinschaften in biologischer Hinsicht, von Ethnien bzw. Kulturen in Geistes- und Sozialwissenschaften geredet.[1] „Klasse" wird als sozialwissenschaftlicher Begriff entweder streng, je nach den verschiedenen Schultraditionen definiert oder er wird benutzt, um an Charakteristika der europäischen Gesellschaften des 19. Jahrhunderts zu erinnern. Wer Klasse vermeiden möchte, redet von Stratifikation oder skaliert einzelne binäre Unterscheidungen wie ärmer und wohlhabender, prominenter und unbekannter, einflußreicher und ohnmächtiger usw. als Merkmale sozialer Differenzierung.[2] „Masse" ist in der Soziologie zur Individualisierung geadelt. Die einzelnen

---

[1] Zur Ächtung des Rassebegriffs vgl. Peter Weingart u. a., *Rasse, Blut und Gene. Geschichte der Eugenik und Rassenhygiene in Deutschland*, Frankfurt a. M. 1988, S. 602 ff. sowie allgemein Michael Banton, *Racial Theories*, Cambridge 1987; Léon Poliakov u. a., *Rassismus. 16 Kapitel zur Anatomie, Geschichte und Deutung des Rassenwahns*, Stuttgart 1979; R. Miles, *Rassismus. Einführung in die Theorie und Geschichte eines Begriffs*, Hamburg 1988 und H. Esser, *Ethnische Differenzierung und moderne Gesellschaft*, in: *Zeitschrift für Soziologie*, 17(4) (1988), S. 235–248.

[2] Für Bourdieu ist „Klasse" noch selbstverständlich. Vgl. Pierre Bourdieu, *Die feinen Unterschiede. Kritik der gesellschaftlichen Urteilskraft*, Frankfurt a. M. 1982. Geißler ruft das mehrfache Ende der Klassengesellschaft aus. Vgl. Rainer Geißler, *Das mehrfache Ende der Klassengesellschaft. Diagnosen sozialstrukturellen Wandels*, in: *Die Diagnosefähigkeit der Soziologie*, Sonderheft 38 der *Kölner Zeitschrift für Soziologie und Sozialpsychologie*, hg. v. Jürgen Friedrichs, Opladen, S. 207–235. Zur Bestandsaufnahme vgl. Stefan Hradil, *Soziale Ungleichheit in Deutschland*, ⁷Opladen 1999. Zum Wandel von stratifizierten zu differenzierten Gesellschaften vgl. Niklas Luhmann, *Gesellschaft*, in: ders., *Soziologische Aufklärung. Aufsätze zur Theorie Sozialer Systeme*, Bd. 1, ³Opladen 1972; ders., *Soziale Differenzierung. Zur Geschichte einer Idee*, Opladen

haben in sich modernisierenden Großgesellschaften die Chance, sich aus ethnischen und klassenmäßigen Bindungen zu emanzipieren und tun dies auch mengenweise in Schüben von Individualisierungsprozessen.[3] Es gibt noch Massenkultur in der Soziologie bei denen, die zwischen Wolfgang Rihm und Stefan Raab unterscheiden. Die Massen tauchen als Nicht-Eliten dort wieder auf, wo man sich für Avantgarden und Führungsschichten interessiert.[4]

Bis heute gilt jedoch: Die ideologischen Frachten der Großgruppenbezeichnungen sind schwer vernünftig zu handhaben. Sie haben nicht ganz kalkulierbare Nebenwirkungen und kaum übersehbare Langzeitwirkungen. Vor 25 Jahren klangen die Vokabeln noch etwas anders und auch das Bild um 2000 ist nur eine Momentaufnahme.

Weder Rasse, noch Klasse, noch Masse – so sieht es der französische Soziologe Michel Maffesoli in seinem 1988 erschienenen Buch *Le temps des tribus. Le déclin de l'individualisme dans les sociétés de masse* – wird in Zukunft bestimmend sein, wir seien bereits in das Zeitalter der Stämme eingetreten, der Netzwerke, der kleinen Gruppen, der ephemeren aber intensiven Treffen.[5] Wo solche neuen Qualitäten nicht bestimmt werden können, bleibt die Rede von Kollektiven, denen eine Identität zugesprochen wird oder die sich eine Identität zuschreiben. Lutz Niethammer ist den Stichwortgebern des Diskurses über kollektive Identität im 20. Jahrhundert nachgegangen.[6] Das Konzept entspringt den ungelösten gesellschaftlichen Integrationsproblemen, wie sie sich im Ersten Weltkrieg und danach darstellen. Kollektive Identität, die Niethammer bei seinen Protagonisten der Zwischenkriegszeit untersucht hat, trägt Züge einer postreligiösen

---

1985; zur Reformulierung der marxistischen Tradition siehe Antonio Negri u. Michael Hardt, *Empire*, Cambridge/London 2000.
[3] Stilbildend für die Masse-Individuum-Thematik in der Soziologie sind David Riesman u. a., *Die einsame Masse. Eine Untersuchung der Wandlungen des amerikanischen Charakters*, Hamburg 1958. Einflußreich in der heutigen Diskussion ist Ulrich Beck, *Risikogesellschaft. Auf dem Weg in eine andere Moderne*, Frankfurt a. M. 1986. Zum Zusammenhang von Individualismus, Massenproduktion und Massenkonsum vgl. Joachim Hirsch u. Roland Roth, *Das neue Gesicht des Kapitalismus. Vom Fordismus zum Post-Fordismus*, Hamburg 1986. Weiterführend und hilfreich: Hans-Paul Bahrdt, *Soziologische Überlegungen zum Begriff 'Massengesellschaft'*, in: *Hominisation und Verhalten*, hg. v. Gottfried Kurth, Stuttgart 1975, S. 281–296 und Helmut König, *Von der Masse zur Individualisierung*, in: *Leviathan* 2 (1988), S. 252–275; ders., *Zivilisation und Leidenschaften. Die Masse im bürgerlichen Zeitalter*, Reinbek 1992.
[4] Hermann Schwengel, *Wahl, Identität und Gemeinwohl. Werte- und Machteliten im Konflikt um den Charakter der guten Gesellschaft*, in: *Gute Gesellschaft? Verhandlungen des 30. Kongresses der Deutschen Gesellschaft für Soziologie in Köln*, hg. v. Jutta Allmendinger, Opladen 2000, S. 267–278.
[5] Michel Maffesoli, *Le temps des tribus. Le déclin de l'individualisme dans les sociétés de masse*, Paris 1988.
[6] Lutz Niethammer, *Kollektive Identität. Heimliche Quellen einer unheimlichen Konjunktur*, Hamburg 2000.

Religiosität. Es handelt sich um eine politische Prothesenbildung aus Imitaten der religiösen Tradition, eine immanente Religion unter der Tarnkappe der Identität, bei der der Bezug zum Jüdischen redundant ist, sei es als Verdrängung der Herkunft, sei es als neidvolle Faszination.

Heute hat sich der Begriff kollektive Identität von seinen Stichwortgebern längst emanzipiert und flottiert nicht ohne eigenartige Emphase als eine Art Tarnkappen-Begriff, worunter sich höchst Verschiedenes verbergen kann. Wer das Nutzungsverhalten genauer beobachtet, kann feststellen, daß kollektive Identität im Kern ein durchaus hilfreicher transitorischer Begriff ist, der gebraucht wird, wenn die überlieferten Vokabeln für Kollektive wie z. B. Rasse, Glaubensgemeinschaft, Nation, Klasse, Masse, Bevölkerung u. a. m., mit denen Menschen im Plural bisher bezeichnet wurden, nicht mehr passen, sei es, weil sie politisch-moralisch diskreditiert sind oder weil sie als bloß klassifikatorische Termini den Bezug zu den Bestrebungen von Gruppen, sich selbst zu beschreiben, verloren haben oder weil sie vielleicht auch zu fachidiotisch besetzt sind, als daß sie als Vokabeln herhalten könnten, die das universale Phänomen sozialer Kohäsion anzusprechen in der Lage sind.

In diesem Kapitel soll an einige Seiten der Vorgeschichte kollektiver Identitäten erinnert werden, in denen jenseits politischer Begriffe von Volk und Nation und diese unter- und überbietend Grenzen in den Begriff der Menschheit eingeführt werden.[7] Dabei interessieren insbesondere die Umbesetzungen, die Übergänge, die Verwicklungen und die Konkurrenzen innerhalb des Feldes, in dem von Rassen, Klassen und Massen gesprochen wird. Dies möchte ich am Beispiel Marx erläutern. Marx hat eine bestimmte Lehre vom Rassenkampf und gewisse Diskurse über die Massen transformiert und mit ihnen den Klassenbegriff der politischen Ökonomie folgenreich aufgeladen. Die Transformationen sind der das Marxsche Denken auszeichnenden Anstrengung geschuldet, drei sehr verschiedene Dinge zusammenzuhalten: eine Philosophie der Freiheit, eine öko-

---

[7] Zur Unterscheidung von ethnischem und politischem Volksbegriff vgl. Emerich Francis, *Ethnos und Demos. Soziologische Beiträge zur Volkstheorie*, Berlin 1965 und Rainer Lepsius, *„Ethnos" und „Demos". Zur Anwendung zweier Kategorien von Emerich Francis auf das nationale Selbstverständnis der BRD und auf die europäische Einigung*, in: *Kölner Zeitschrift für Soziologie und Sozialpsychologie* 39 (1986), S. 751–759. Darüber hinaus Anthony Smith, *The Ethnic Origins of Nations*, Oxford 1986; Benedict Anderson, *Die Erfindung der Nation*, Frankfurt a. M. 1988; Peter Fuchs, *Vaterland, Patriotismus und Moral. Zur Semantik gesellschaftlicher Einheit*, in: *Zeitschrift für Soziologie* 20(2) (1991), S. 89–103. Rasse, Klasse und Nation haben Balibar und Wallerstein diskutiert. Vgl. Etienne Balibar u. Immanuel Maurice Wallerstein, *Rasse – Klasse – Nation: ambivalente Identitäten*, ²Hamburg/Berlin 1992.

nomische Theorie der Reichtümer und eine Lehre vom Klassenkampf.[8] Seine Originalität besteht ohnehin vielleicht weniger in speziellen Innovationen der drei Gebiete als in den Koppelungen, deren beschwörende und verpflichtende Rhetorik Marx' Lesern vertraut ist: ohne Entwicklung der Produktivkräfte und ohne Klassenkampf, keine Entwicklung der Freiheit; ohne Freiheit und Klassenkampf, keine Entwicklung des Reichtums; ohne Reichtumsentwicklung und Freiheit, kein Ende des Klassenkampfs. Die Geschichte des Marxismus kennt allzuviele Beispiele dafür, wie eine Dimension so vorherrschend herausgestellt wurde, daß die negativen Auswirkungen zu Lasten der jeweils anderen Dimensionen gingen.

Dieses Kapitel kann als eine etwas unförmige Fußnote zu einer Vorlesung von Michel Foucault aus dem Jahr 1976 verstanden werden. In der Vorlesung *Il faut défendre la société*[9] entwickelt Foucault sehr weitreichende Thesen über die Ablösung einer an der römischen Antike orientierten Historiographie der europäischen Souveräne durch eine im 17. Jahrhundert auftauchende historiopolitische Gegengeschichte, die sich gegen juridische und philosophische Begründungen legitimer Herrschaft richtet und die im Rückgang nicht auf Rom, sondern auf die Geschichte der Invasionen und Überwältigungen des frühen Mittelalters die Legitimität politischer Einheiten radikal in Frage stellt, indem alles Geschehen unter den Verdacht gerät, es handle sich um Fortsetzungen eines Krieges zwischen zwei Lagern. Zu diesen Diskursen eines verkehrten Clausewitz, in denen die Politik die Fortsetzung des Krieges mit anderen Mitteln ist, gehört Foucault zufolge auch die Marxsche Klassenkampftheorie. Gegen Marx Transformation des alten Modells vom Krieg zweier Rassen

---

[8] Vgl. dazu auch: Jacques Derrida, *Marx Gespenster. Der verschuldete Staat, die Trauerarbeit und die neue Internationale*, Frankfurt a. M. 1995, S. 37; Wolfgang Eßbach, *Ende und Wiederkehr intellektueller Vergangenheit. Fukuyama und Derrida über Marxismus*, in: ders. (Hg.), *Welche Modernität? Intellektuellendiskurse zwischen Deutschland und Frankreich im Spannungsfeld nationaler und europäischer Identitätsbilder*, Berlin 2000, S. 435–450.

[9] Michel Foucault, *In Verteidigung der Gesellschaft*, Frankfurt a.M 1999 (französische Ausgabe 1996). Diese Vorlesung zirkulierte teils fragmentarisch auf Tonbändern und fünf Vorlesungsstunden waren an verstreuten Stellen auch als Text in Übersetzungen lesbar. Zwei Vorlesungsstunden erschienen in: Michel Foucault, *Dispositive der Macht*, Berlin 1978; zwei weitere Vorlesungsstunden als: Michel Foucault, *Vom Licht des Krieges zur Geburt der Geschichte*, Berlin 1986 sowie die Abschlußvorlesung: Michel Foucault, *Leben machen und sterben lassen: Die Geburt des Rassismus*, in: *Diskus* (1992), S. 51 ff. Foucaults Thesen sind auch in meine früheren Studien zum Thema eingegangen, vgl. Wolfgang Eßbach, *Kompakte Klassen und Klasseneffekte. Überlegungen zur Klassentheorie*, in: *SOG. Konvergenz und Peripherie der Systeme*, hg. v. Reiner Matzker, Heft 2, Berlin 1986, S. 5–15; ders., *Gemeinschaft-Rassismus-Biopolitik*, in: *Das Fremde – Der Gast*, Bd. 1, hg. v. Wolfgang Pircher, Wien 1993, S. 17–95 sowie ders., *Studium Soziologie*, München 1996, S. 82 ff.

in die Lehre vom Klassenkampf zwischen Bourgeoisie und Proletariat, d. h. gegen die Ökonomisierung der feindlichen Lager habe sich als Reaktion schon zum Ende des 19. Jahrhunderts ein Staatsrassismus gebildet, der sich die Aufgabe zuschrieb, die biologische Homogenität und die normale Identität der Bevölkerung gegen Fremde und Abweichler zu schützen und zu versichern. Nationalsozialismus und Bolschewismus, in Foucaults Termini ‚Staatsrassismus und Sozial-Rassismus‘, sind zwei konkurrierende Varianten, in denen die aufrührerischen Lieder und Erzählungen der Gegengeschichte totalitär pervertiert wurden: einmal zum Plan und zur Praxis, mit der Vernichtung der anderen Rasse auch die eigene Bevölkerung dem Tod auszuliefern, das andere Mal zur Staatsprosa für die Reinhaltung des sozialen Erbes gegen Geistesabweichler aller Art.

Die Transformationsgeschichten zwischen Rassen und Klassen, die aufzuarbeiten Foucault begonnen hatte, bedürfen heute einer Erweiterung um die Diskurse über die Masse, die nicht nur als Objekt der Regulierung oder als Projektionsfläche von Eliten, sondern auch als Träger der Freiheit in den Blick zu nehmen ist.[10] Die Erfahrung totalitärer Massengesellschaften hat im 20. Jahrhundert verständlicherweise Konzepte gefördert, in denen die Freiheit des Einzelnen, die Individualisierung, die Technologien des Selbst, *rational choice* und Willkür der Optionen so dargestellt wurden, daß der Massencharakter der einzelnen abgeblendet werden konnte. Die soziologisch relevanten Gemeinsamkeiten totalitärer und demokratischer Massengesellschaften im 20. Jahrhundert rücken erst langsam ins Blickfeld.[11] So ist auch der Drang, für die modernen Serialitäten eine kollektive Identität bestimmen zu wollen, ein

---

[10] Vgl. hierzu die neuere Diskussion um Gouvernementalität, Neoliberalismus und Selbsttechnologien bei Ulrich Bröckling u. a., *Gouvernementalität der Gegenwart. Studien zur Ökonomisierung des Sozialen*, Frankfurt a. M. 2000 und Jacques Donzelot u. a., *Zur Genealogie der Regulation. Anschlüsse an Michel Foucault*, Mainz 1994.

[11] Vgl. dazu die provozierende These von Agamben vom „Lager als biopolitischem Paradigma der Moderne". Als biopolitischen Berührungspunkt von Massendemokratie und totalitären Staaten stellt Agamben heraus: „Die Sache ist die, daß ein und dieselbe Einforderung des nackten Lebens in bürgerlichen Demokratien zu einem Vorrang des Privaten gegenüber dem Öffentlichen und der individuellen Freiheiten gegenüber der kollektiven Pflichten führt, in den totalitären Staaten dagegen zum entscheidenden politischen Kriterium und zum Ort souveräner Entscheidungen schlechthin wird. Und nur weil das biologische Leben mit seinen Bedürfnissen überall zum politisch entscheidenden Faktum geworden ist, besteht überhaupt die Möglichkeit, die sonst unerklärliche Geschwindigkeit zu begreifen, mit der in unserem Jahrhundert die parlamentarischen Demokratien in totalitäre Staaten haben umstürzen und die totalitären Staaten sich beinahe ohne Übergangslösung in parlamentarische Demokratien haben umwandeln können." Giorgio Agamben, *Homo sacer. Die souveräne Macht und das nackte Leben*, Frankfurt a. M. 2002, S. 129f.

Indiz für die Schwierigkeit, zwischen dem urdemokratischen *we, the people* und den gewaltträchtigen totalitären Identitäten zu unterscheiden.[12]

Man muß daran erinnern, daß die ideologischen Mengenlehren der Rasse, Klasse und Masse, deren Elemente heute unter dem transitorischen Decknamen kollektive Identität neu sortiert werden, die Legitimität der historisch vorgängigen Mengenlehre der europäischen Ständeordnung: Klerus, Adel, Dritter Stand unterminiert haben. Es handelt sich um Ausgänge aus dem lange dominierenden ideologischen Muster der „drei Ordnungen".[13] Diese von Georges Dumézil 1938 entdeckte trifunktionale Ideologie der indoeuropäischen Zivilisationen ist oft diskutiert.[14] Es handelt sich auch um eine ideologische Mengenlehre, die die inneren Grenzen der Menschheit aus der Perspektive religiöser Eliten bestimmt, was daran deutlich wird, daß die rangmäßig erste Funktion bei denen liegt, die sich durch Spiritualität auszeichnen. Die zweite Funktion ist durch Körperkraft charakterisiert und die dritte durch die Fruchtbarkeit.[15]

Zwischen dieser alten Ordnung von Spiritualität, bewehrtem Arm und friedlicher Arbeit und den Wagheiten heutiger kollektiver Identität liegen die Transformationen von Klasse, Rasse und Masse. Ich werde sie in fünf Schritten behandeln. Zunächst geht es um die Vorlagen für Marx: die Rasse bei Augustin Thierry, die Klasse bei François Quesnay und die Masse bei Taine und Tocqueville. Dann werde ich die beiden Marxschen Transformationen, die Transformation von Rasse in Klasse und die Transformation von Klasse in Masse mit ihren Sprengpulvern skizzieren und abschließend ein heuristisches Strukturmodell für Rasse, Klasse, Masse vorstellen.

---

[12] Vgl. die Ratlosigkeit bei Lutz Niethammer, *Kollektive Identität. Heimliche Quellen einer unheimlichen Konjunktur*, Reinbek 2000, S. 629.

[13] Georges Duby, *Die drei Ordnungen. Das Weltbild des Feudalismus*, Frankfurt a. M. 1981; Heinrich Fichtenau, *Lebensordnungen des 10. Jahrhunderts*, Stuttgart 1984.

[14] Georges Dumézil, *Mythos und Epos. Die Ideologie der drei Funktionen in den Epen der indoeuropäischen Völker*, Teil 1: Die erleichterte Erde, Frankfurt a. M. 1989; vgl. u. a. Jacques LeGoff, *Les trois fonctions indo-européennes, l'Europe feodal*, in: *Annales ESC* 34 (1979), S. 1187ff.; Frank Böckelmann, *Georges Dumézil. Historiker, Seher*, in: *Tumult. Schriften zur Verkehrswissenschaft* 18 (1993).

[15] In den Worten des Bischofs Adalbero von Laon: „Dreifach also ist das Haus Gottes, das man eines wähnt: Hier auf Erden beten (orant) die einen, andere kämpfen (pugnant), und noch andere arbeiten (laborant); diese drei gehören zusammen und ertragen nicht, entzweit zu sein; derart, dass auf der Funktion (officium) des einen die Werke (opera) der beiden anderen beruhen, indem alle jeweils allen ihre Hilfe zu Teil werden lassen." Zit. n. Duby 1981, a. a. O., S. 16; vgl. dazu auch Otto Gerhard Oexle, *Die funktionale Dreiteilung der ,Gesellschaft' bei Adalbero von Laon*, in: ders., *Ideologie und Herrschaft im Mittelalter*, Darmstadt 1982, S. 421ff.

Eroberung und Rassenkonflikt (Augustin Thierry)

An seinen nach Amerika emigrierten Freund und Mitstreiter Joseph Weydemeyer schreibt Karl Marx 1852 aus London anläßlich wiederkehrender Auffassungen vom Ende des Klassenkampfes in den Reihen der Linken und um den Verdacht abzuwehren, die Lehre vom Klassenkampf sei seine Erfindung: „Schließlich würde ich an Deiner Stelle den Herren Demokraten en général bemerken, daß sie besser täten, sich erst mit der Bourgeoisliteratur bekannt zu machen, ehe sie sich unterfangen, den Gegensatz zu derselben anzubellen. Die Herren sollten z. B. die historischen Werke von Thierry, Guizot, John Wade etc. studieren, um sich über die vergangene ‚Geschichte der Klassen' aufzuklären." Darüber hinaus seien in dem Hauptwerk der politischen Ökonomie David Ricardos gleich im Vorwort die Klassen der bürgerlichen Gesellschaft beschrieben, und zu seinem eigenen Anteil an der Klassenkampflehre schreibt Marx: „Was mich nun betrifft, so gebührt mir nicht das Verdienst, weder die Existenz der Klassen in der modernen Gesellschaft, noch ihren Kampf unter sich entdeckt zu haben. Bürgerliche Geschichtsschreiber hatten längst vor mir die historische Entwicklung dieses Kampfes der Klassen und bürgerliche Ökonomen die ökonomische Anatomie derselben dargestellt. Was ich neu tat, war 1. nachweisen, daß die *Existenz der Klassen* bloß an *bestimmte historische Entwicklungsphasen der Produktion* gebunden ist; 2. daß der Klassenkampf notwendig zur *Diktatur des Proletariats* führt; 3. daß diese Diktatur selbst nur den Übergang zur *Aufhebung aller Klassen* und zu einer *klassenlosen Gesellschaft* bildet."[16]

Halten wir uns an den Marxschen Lektüreplan und beginnen mit Augustin Thierry.[17] Geboren 1795 zu Blois an der Loire zwischen Tours und Orléans wurde Thierry als Neunzehnjähriger Sekretär Saint-Simons, ein Job, in dem er 1817 von dem drei Jahre jüngeren Auguste Comte abgelöst wird. Bei Saint-Simon und seinen Jüngern ist früh schon das Ensemble der postrevolutionären Konstellation präsent: die Idee der Industriegesellschaft, die Arbeiterfrage, der Feminismus und das Ziel einer Ersetzung der Herrschaft von Menschen über Menschen durch eine Verwaltung von Sachen. Saint-Simons Sekretäre gehen da teils mit, teils andere Wege. Comte erfindet die Soziologie als positivistische Wissenschaft und legt sich vor seinem Tod 1857 den Titel *Le Fondateur de la Re-*

---

[16] Marx an J. Weydemeyer, *Brief vom 05. März 1852*, in: MEW, Bd. 28, Berlin 1963, S. 507f.
[17] Zur Biographie siehe Augustin Thierry, *D'après sa correspondance et ses papiers de famille*, Paris 1922. Zum Werk vgl. Kiernan Joseph Carroll, *Some Aspects of the Historical Work of A. Thierry*, Washington D.C. 1951; Lionel Gossman, *Augustin Thierry and liberal Historiography*, History and Theory, in: *Studies in the Philosophy of History* 15(4) (1976), S. 1–83.

ligion Universelle. Grand-Prêtre de l'Humanité zu, Augustin Thierry wird freier historischer Schriftsteller und 1835 Bibliothekar des Palais-Royal.

Eduard Fueter vergleicht in seiner Historiografiegeschichte Thierry mit Ranke und zitiert auch die anerkennenden Worte, die der neunzigjährige Ranke gefunden hat: „Ich gestehe, daß Augustin Thierrys erste Bücher durch ihre Form meine Bewunderung erweckten. Ich sagte: So etwas können wir nicht zustande bringen."[18] Fast gleichzeitig mit Rankes *Germanische und Romanische Völker* (1824) erscheint Thierrys *Histoire de la conquête de l'Angleterre par les Normands* (1825, stark veränderte Auflage 1830). Beide folgen dem Darstellungsideal der Romantik, die Details werden verlebendigt, historische Gestalten reden und handeln aus ihrer Zeit heraus; aber bei Thierry sind die Epochen nicht unmittelbar zu Gott, sondern unmittelbar zu einer spannungsvollen Gegenwart. Ihn interessiert die Herkunft des Klassenkampfs zwischen Aristokratie und Bourgeoisie, der zur Revolution geführt hat. Woher rühren Haß und Verfeindung dieser beiden Klassen?

Die Antwort: „Die obern und die niedern Klassen, die heutzutage sich beobachten und miteinander um politische Systeme kämpfen, sind in mehreren Ländern nur die siegenden und die besiegten Völker einer früheren Periode. So hat das Schwert der Eroberung, als es die Gestalt Europas und die Einteilung seiner Bewohner in verschiedene Nationen umgewandelt hat, jeder durch die Vermischung mehrerer Stämme entstandenen Nation ihr altes Gepräge gelassen. Der Stamm der Eroberer ist eine bevorrechtigte Klasse von da an geblieben, wo er eine Nation für sich zu sein aufgehört hat. Er hat einen kriegerischen Adel gebildet, der sich, um nicht zu erlöschen, mit allen Ehrsüchtigen, Abenteurern und Unruhigen aus dem niederen Stande verstärkt hat, und er hat über die arbeitende und friedliche Volksklasse so lange geherrscht, als die von der Eroberung herrührende militärische Regierungsform gedauert hat. Der überwundene Stamm, des Eigentums des Bodens, der Gewalt und der Freiheit beraubt, nicht vom Kriege, sondern von der Arbeit lebend, nicht Burgen, sondern Städte bewohnend, hat einen anderen gesellschaftlichen Verein neben dem militärischen gegründet."[19]

Die binnengesellschaftliche Klassenspaltung seiner Gegenwart rührt für Thierry aus einem sehr alten Eroberungsgeschehen, bei dem zwei Rassen, die nicht denselben Raum besiedelt haben, die nicht dieselbe Sprache sprechen, die keine Fortpflanzungsgemeinschaft gebildet haben und die verschiedenen

---

[18] Leopold von Ranke an seinem neunzigsten Geburtstage (1886), zit. n.: Eduard Fueter, *Geschichte der Neueren Historiografie*, München/Berlin 1911, S. 448.
[19] Augustin Thierry, *Geschichte der Eroberung Englands durch die Normannen*, 2 Teile (aus dem Französischen von Bolzenthal), Berlin 1830, S. 3f.

Göttern opferten, durch die Gewalt der Sieger einen Herrschaftsverband gebildet haben, eine Einheit, in der sich der Haß vererbt. Bevor sie Klassen wurden, waren sie Rassen, so lautet die Thierrysche Entdeckung. Das Modell für dieses in der Bildung Europas verbreiteten Geschehens ist bei Thierry die Eroberung Englands durch die Normannen. Thierrys Absicht ist, „zu zeigen, so viel die Geschichte davon aufbewahrt, die feindlichen Verhältnisse der beiden gewaltsam auf einem und demselben Boden vereinigten Völker; ihnen zu folgen in ihren langen Kriegen und ihrer hartnäckigen Trennung bis dahin, daß aus der Vermischung ihrer Stämme, ihrer Sitten, ihrer Bedürfnisse, ihrer Sprachen sich ein einziges Volk mit einer gemeinschaftlichen Sprache und einer gleichförmigen Gesetzgebung gebildet hat."[20]

Die innenpolitischen Konflikte der englischen Geschichte, z. B. der Streit zwischen Heinrich II. und dem Erzbischof Thomas Beckett, zwischen Papstanhängern und Landeskirchen, zwischen Städten und Grundherren u. a. m. interpretiert Thierry auf der Folie eines fortwährend von der Eroberung herrührenden untergründigen Krieges zweier Lager, wobei seine ganze Sympathie den Unterdrückten gilt, „als wenn ich mich verpflichtet gehalten hätte, eine unverdiente Ungerechtigkeit wieder gut zu machen."[21] Kritik der Siegergeschichtsschreibung und Spurensuche des Widerstands der Entrechteten in der Volksdichtung, dies Programm findet sich bei Thierry konsequent ausgeführt. „Ein großes Volk unterwirft sich nicht so rasch, wie man es hat glauben machen wollen. Der patriotische Schmerz lebt noch im Herzen lange Zeit nachher, daß die Hoffnung gesunken ist, das alte Vaterland wieder aufzurichten; und dieses Gefühl erzeugt noch, wenn es nicht mehr die Gewalt Heere zu schaffen hat, Parteigänger – Haufen, in den Wäldern und auf den Bergen, und läßt diejenigen als Märtyrer verehren, die am Galgen sterben. Dies habe ich bei dem angelsächsischen Stamme gefunden, als ich Material zu seiner Geschichte sammelte, wo man es nicht gesucht hatte, in ganz besonderen Dingen, in Legenden und volkstümlichen Überlieferungen, die man bisher für unwürdig erklärte, als Grundlage zu einem ernsthaften Werke und zu einer glaubwürdigen Erzählung zu dienen."[22]

Das konfliktgeschichtliche Modell, nach dem Thierry arbeitet, geht vom Rassenkampf als einem ursprünglichen Geschehen aus. Aber im Unterschied zu gleichzeitigen und späteren bio-anthropologischen Rassenbegriffen ist die

---

[20] Ebd. S. 6.
[21] Ebd. S. 7.
[22] Ebd. S. 8f.

naturale Ebene nicht determinierend.[23] Thierry benutzt überwiegend – wie
ich es nennen möchte – einen historiographischen und einen politologischen
Rassenbegriff. Die historiographische Ebene zielt auf die formalisierbare
Urszene des Rassenkonflikts zwischen Autochtonen und fremden Eroberern.
Es ist dies ein historischer Konflikt, der verschwiegen ist, weil diese beiden
so zusammengestoßenen Rassen in einer politischen Einheit fortexistieren.
Thierrys Quellenkritik ist daher ganz besonders an der Restitution der alten
Namen interessiert. „Der englische Schreibgebrauch der Familiennamen der
Eroberer und ihrer Nachkommenschaft hat beigetragen, in der Erzählung der
Geschichtsschreiber den Unterschied der Stämme weniger sichtbar zu machen.
Ich habe allen diesen Namen ihre normännische Form wiedergegeben, um
dadurch einen höheren Grad jener eigentümlichen Farbe zu erhalten, die mir
nicht nur eine der Bedingungen des Interesses, sondern auch der historischen
Wahrheit scheint. Ich habe auf die gleiche Weise die Namen, welche der säch-
sischen Periode der Geschichte Englands und der germanischen Geschichte
Frankreichs angehören, in ihrem eigentlichen Charakter wiederhergestellt; ich
habe sogar den Schreibgebrauch dieser Namen dergestalt sich ändern lassen,
ihnen immer ihre gleichzeitige alte Form wiederzugeben, und bestimmt, ihren
Laut und ihre Zusammensetzung anzuzeigen. Ich habe aus demselben Grunde vermieden, in der einen Zeit mich der Sprache einer anderen zu bedienen,
für die Erscheinungen und die politischen Unterschiede des Mittelalters die
Formeln und Titel der neueren Zeit zu gebrauchen. Demnach habe ich mir
vorgesetzt, politische Erscheinungen, Sitten, Form, Sprache, Eigennamen, alles
wiederherzustellen; und indem ich jeder der von meiner Erzählung umfaß-
ten Perioden ihre eigentümliche Gestalt, ihre ursprünglichen Züge, mit einem
Wort ihr ganzes Wesen wiedergegeben, habe ich gesucht, in diesem Teil der
Geschichte die Gewißheit und Bestimmtheit zu bringen, die der Charakter der
positiven Wissenschaften sind."[24]

Der historiographische Rassenbegriff wendet gleichsam die affirmative Ge-
schlechterforschung der Aristokratie kritisch gegen diese, indem der fremdras-
sige Ursprung des Adels entlarvt wird. Zugleich verfolgt Thierry die Intention,
die Unglücksgeschichte der Autochtonen ans Licht zu bringen. Es muß erwähnt
werden, daß ohne Walter Scotts Romane die narrative, farbige Verlebendigung

---

[23] Gossman hat nur eine Passage angeführt, die eine biologisch-deterministische These enthält. „Les nouvelles recherches physiologiques (...) prouvent que la constitution physique et
morale des peuples dépend bien plus de leurs descendances et de la race primitive à laquelle
ils appartiennent, que de l'influence du climat sous lequel le hasard les a placés." Gossman
1976, a. a. O., S. 23.
[24] Thierry 1830, a. a. O., S. 14f.

vergessener Geschichte wohl nicht denkbar gewesen ist. Scotts *Ivanhoe* hat – was die Poetik des Erzählens angeht – für Thierry wahrscheinlich noch größere Bedeutung als Chateaubriands *Martyrs* (1807), in dem der *Clash of Civilisations* zwischen Römern und Franken mit allem Lokalkolorit präsentiert ist.[25]

Auf einer biologischen Ebene haben sich die historiographischen Rassen im Laufe der Zeit faktisch vermischt, ein Prozeß, der für Thierry deutlich dort erkennbar ist, wo die Erobererrasse sich durch die kriegerisch gesinnten und aufstiegsorientierten Personen der autochthonen Rasse verstärkt. Entscheidend ist, daß in der politischen Einheit sich nicht die Biologie der Herrenrasse erhält, sondern ihre Sitten und Gebräuche und ihr Geist der Herrschaft. An dieser Stelle greift der politologische Rassenbegriff, der auf die formalisierbare allgemeine Gegebenheit von „zwei Menschheitsrassen, von denen eine arbeitet, um Herr ihrer selbst zu sein, während die andere arbeitet, um Herrschaft über andere zu erreichen", zielt.[26] Diese Rassenspaltung der Gesellschaft folgt Ideen Saint-Simonistischer Prägung, wie sie bei dem politischen Ökonom Jean-Baptiste Say, aber auch bei Benjamin Constant *De l'Esprit de conquètes et de l'usurpation* (1814) zu finden sind. War in früheren Zeiten die gewaltsame Eroberung das Hauptmittel Reichtum zu gewinnen, so sind es – Constant zufolge – in einer friedlichen Zukunft Produktion und Handel.

Für unsere Untersuchung ideologischer Mengenlehren ist Thierrys Modell des Rassenkampfs von besonderer Bedeutung, weil sich das Übergangsfeld von Rasse und Klasse sehr deutlich zeigt. Der historiographische Rassenbegriff, der die genealogische Ideologie der Artistokratie beim Wort nimmt und der der Blutspur des Adels folgt, konstruiert die beiden Kollektive fremde Eroberer und Eingeborene und zwischen ihnen ein Unterdrückungsverhältnis. Dies wird dem politologischen Rassenbegriff, der im Kern schon auf soziale Kollektive zielt, historisch unterlegt, und dieser überblendet die Rassenverhältnisse der Urszene.

Die Fragen, die sich an Thierry anschließen und die hier nicht weiter verfolgt werden sollen, lauten: Wie verteilt Thierry in seiner Historiographie Kontinuität und Diskontinuität? Wie ist es mit der Identität des Dritten Standes, der bürgerlichen Arbeitsgesellschaft bestellt, als dessen Historiker sich Thierry begreift? Wie bestimmt sich die Einheit der Nation und ihr Geschichtsbewußtsein?[27]

---

[25] Zu den Austauschprozessen zwischen Literatur und Geschichte vgl. Dorothee Kimmich, *Wirklichkeit als Konstruktion. Studien zu Geschichte und Geschichtlichkeit bei Heine, Büchner, Immermann, Stendhal, Keller und Flaubert*, München 2002.

[26] Augustin Thierry, *Vue des révolutions de l'Angleterre* (1817), zit. n. Gossman 1976, a. a. O., S. 23.

[27] Vgl. dazu die Ausführungen bei Gossman 1976, a. a. O.

Ökonomische Klassen (Francois Quesnay)

Das lateinische *classis*, das bei den servianischen Vermögensklassen der Bürger auftaucht und als Teilungsbegriff von Schulen und Schiffen in der Neuzeit benutzt wird, dient zu Beginn des 18. Jahrhunderts zunehmend neben *ordo, species, sors* als Terminus, der hilft, Ordnung in die Naturgeschichte zu bringen. Klassifizieren wird zur Haupttätigkeit der Naturforschung, die sich an der damaligen Leitwissenschaft der Botanik orientiert. Ihr erkenntnistheoretischer Vorrang rührt daher, daß viele konstitutive Organe an der Pflanze sichtbar sind, die in der geschlossenen Form tierischer Körper nicht unmittelbar wahrgenommen werden können.[28] Linnés *classis plantarum* wurde paradigmatisch für Klasse als Teilungsbegriff der systematischen Wissenschaften.[29] Als solcher ist er in die Enzyklopädie von Diderot und D'Alembert aufgenommen.[30]

Etwa gleichzeitig übernimmt der Leibarzt der Pompadour und später auch des Königs François Quesnay den Terminus Klasse für seine Analyse der Reichtümer (18 Jahre vor Adam Smith).[31] Quesnay zielt auf eine Anatomie innerer ökonomischer Zusammenhänge, die die Frage nach den Ursachen des Reichtums aufklären soll. In seinem berühmten *Tableau économique* (1758) kursiert der Gesamtreichtum Frankreichs beständig zwischen drei durch Reichtumsarten bestimmten Großgruppen, die er Klassen nennt: produktive Klasse, Klasse der Grundeigentümer und sterile Klasse. Es handelt sich um ein funktionalistisches Kreislaufmodell, in dem die binnengesellschaftlichen ökonomischen Tauschvorgänge beschrieben sind. Der Ursprung des Reichtums liegt nicht in der Eroberung fremder Länder, auch nicht in der alchemistischen Goldmacherei, sondern in der angewandten Botanik und Zoologie, der Agrikultur und der Tierzucht. Produktive Klasse ist die, „die durch Bebauung des Bodens den jährlichen Reichtum des Landes erneuert, das Betriebskapital vorschießt und jährlich den Grundeigentümern Revenuen zahlt."[32] Produktiv sind allein die landwirtschaftlichen Pächter, weil ihr Kapital in Kontakt mit dem Boden sich als so wertschöpfend erweist, daß sie sich selbst und die beiden anderen Klassen: die Klasse der Grundeigentümer, dazu gehören König, Adel sowie

---

[28] Michel Foucault, *Die Ordnung der Dinge*, Frankfurt a.M 1974, S. 165 ff. u. 179.
[29] Carl von Linné, *Classis plantarum*, Leyden 1738.
[30] Denis Diderot, *Encyclopédie ou dictionnaire des sciences des arts et des métiers*, Bd. 8, Paris 1779, S. 219; hilfreich ist immer noch: Rudolf Hernstadt, *Die Entdeckung der Klassen*, Berlin 1965.
[31] Williams datiert für England das Auftreten von *class* im soziologischen Sinn auf 1792: Ramond Williams, *Gesellschaftstheorie als Begriffsgeschichte. Studien zur historischen Semantik von ‚Kultur'*, München. 1972, S. 15.
[32] Eugène Daire, *Physiocrates*, Bd. 1, Paris 1846, S. 58; zu F. Quesnay vgl. Gerhard Stavenhagen, *Geschichte der Wirtschaftstheorie*, ⁴Göttingen 1969, S. 35–46.

die Zehntherren (der Klerus), und ebenso die Klasse der Sterilen, d. h. die nichtlandwirtschaftliche, urbane Tätigkeiten ausübenden Personen, als bloß konsumierende Klassen am Leben hält.

Es ist hier nicht der Ort, einen Durchgang durch die Geschichte ökonomischer Klassendefinitionen vor Marx zu machen. Wichtig ist der Vergleich zwischen dem Thierryschen Modell des Rassenkampfes und den ökonomischen Klassenbestimmungen, wie sie mit Quesnay einsetzen. Thierry argumentiert durchgehend historisch, ja mehr noch, die historische Erinnerung selbst ist eingebunden in ein polemisches Feld, sie ist Rache und Wiedergutmachung für vergangenes Unrecht. Thierry schreibt die Kriegsgeschichte zwischen Rassen. Anders Quesnay, sein Tableau ist genuin systematisch, die Geschichte der Klassen interessiert ihn nicht. Seine Ursprungsfrage geht nicht in den unendlichen Regress vergangener Eroberungen, sondern er forscht nach den Quellen des Reichtums in einer geschlossenen Ordnung. Quesnay, der „Konfuzius Europas", wie er genannt wurde, orientierte sich an Kreislauflehren und Regierungskünsten chinesischer Herkunft. Ihm gelang es sogar, Ludwig XV. dazu zu bewegen, gemäß einem Ritual der chinesischen Kaiser nach der Ernte 1756 feierlich einen Acker umzupflügen.[33] Nicht der Krieg, sondern die Übungen des Friedens bilden für Quesnay die Grundlage.

Städtische Massen (Taine, Tocqueville)

Im Prozeß der Auflösung der Ständeordnung erhalten nicht nur Rasse und Klasse als Termini ideologischer Mengenlehren eine neue Kontur, die aus ständischen Bindungen freigesetzten Individuen erscheinen auch als Masse. Sie ruht freilich älteren Phänomenen auf und hat ein ambivalentes Erscheinungsbild. Vorindustrielle Städte kannten seit langem den Mob, d. h. die nicht klassifizierbaren Stadtarmen, eine Mischung aus Lohnarbeitern, Handwerkern und Kleineigentümern, die von den wirtschaftlichen Schwankungen besonders betroffen waren und in Zeiten der Arbeitslosigkeit und Teuerung der Lebensmittel sich zusammenrotteten, um einen Aufruhr zu machen. Hobsbawm nennt drei Charakteristika der Manifestationen des städtischen Mobs: Erstens sein Anspruch war, gehört zu werden, zweitens die Aktionen waren stets gegen die Reichen und Mächtigen gerichtet, und als dritten konstanten Faktor nennt

---

[33] Die Zeremonie gehörte zum Ritualbestand sich aufgeklärt empfindender Despoten. 1768 führte der Dauphin einen Spielzeugpflug mit rosa Schleifen. Auch Joseph II. von Österreich schloß sich dieser Praxis an. Vgl. Eva Hesse, *Die Wurzeln der Revolution. Theorien der individuellen und kollektiven Freiheit*, München 1974, S. 202.

Hobsbawm die Feindschaft gegen solche Fremde, die nicht zur Stadt gehören.[34] Im Bewußtsein der Stadtbürger war der Mob ein permanent existierendes Wesen, mit dem jede Regierung rechnen musste. Die bemerkenswerte Anzahl derer, die auf die Straße gingen, und das bemerkenswerte Maß ihrer Gewalttätigkeit konstituierten diese Großgruppe.

Beim Sturm auf die Bastille machte die städtische Volksmenge Weltgeschichte. Die Namen von 800–900 Personen wurden zum Teil in Listen aufgezeichnet und 1790 von der Konstituante als „Sieger der Bastille" bestätigt. Es waren 4 Fabrikanten, 8 Kaufleute und 3 Marineoffiziere, die man zu den Wohlhabenderen rechnen durfte; 61 Soldaten, 15 Kavalleristen und eine Menge von Kleinhändlern, Handwerkern und Angestellten: 49 Schreiner, 48 Kunsttischler, 41 Schlosser, 28 Schuster, 20 Bildhauer und Modellierer, 11 Metallarbeiter, 10 Drechsler, 10 Friseure und Perückenmacher, 7 Töpfer, 9 Fassadenarbeiter, 9 Nagelschmieder, 9 Modeartikelhändler, 8 Drucker usw., usw.[35] Über die wirtschaftliche Situation dieser Leute sind keine Angaben überliefert. Für die antirevolutionäre Geschichtsschreibung von Hippolyte Taine handelt es sich bei dieser Menge um den Abschaum der Stadt: „Die Hefe der Gesellschaft steigt an die Oberfläche (...); die Hauptstadt scheint den Banditen und dem niedrigsten Pöbel ausgeliefert (...) Lumpenpack, Vagabunden, etliche kaum Bekleidete; die Mehrzahl bewaffnet wie die Wilden, mit Physiognomien, die Schrecken einjagen. Sie gehören zu denen, die sonst das Tageslicht scheuen."[36] Zum Stereotyp der aufrührerischen städtischen Menge bei Taine gehören Kriminelle aller Art: Diebe, Piraten, Banditen, Schmuggler, Leute, die von üblen Geschäften leben usw., dazu die Nichtsesshaften, Unterstandslosen, Vagabunden, Herumlungerer, aus ihren Heimatländern Verjagte und schließlich die Bettler.[37] Es ist dies die Menge, die Marx das Lumpenproletariat nennt.

Wichtig ist, daß diese Masse schon früh in mythischen Bildern gefaßt wird. So wird die königliche Familie im Oktober 1789 bei Edmund Burke von „unsagbar verabscheuungswürdigen Furien der Hölle in Gestalt allerübelster Weiber" nach Paris zurückgebracht. Bei Thomas Carlyle mutiert die aufrührerische städtische Menge zum „gereizten Tiger der Nation", zur „Weltchimäre mit der Fackel in der Hand", zur „siegreichen Anarchie" und zum „Bestattungs-

---

[34] Eric Hobsbawm, *Sozialrebellen. Archaische Sozialbewegungen im 19. und 20. Jahrhundert*, Neuwied 1971, S. 142f.

[35] George Rudé, *Massen in der Französischen Revolution*, Wien 1961, S. 82 u. 86.

[36] Hippolyte, *Les Origines de la France contemporaine. La Révolution*, Bd. 1, Paris 1876, zit. nach Rudé 1961, a. a. O., S. 12f.

[37] Ebd.

feuer, das alles umlodert ... der Totenvogel einer Welt."[38] Susanne Frank hat die literarischen und diskursiven Strategien analysiert, die zusammen mit der sozial-strukturellen Stadtkrise des 19. Jahrhunderts auf eine Feminisierung und Sexualisierung der Masse hinausliefen. Die städtische Menge erscheint als triebhaftes weibliches Untier. Die literarischen Bilder der schmutzigen, wilden Frau sind dabei zum Teil Verarbeitung der Erfahrung des Anwachsens der Prostitution und der überwiegend von Arbeiterinnen besorgten Reinigung der städtischen Kloaken und der Kanalisation.[39]

Aber die Massen in der Stadt kennen zwei Zustände. Es gibt nicht nur den triebhaften Aufruhr, sondern auch den verstreuten harmlosen Zustand, in dem die einzelnen geschäftig ihren verschiedenen Tätigkeiten nachgehen, die zwar nicht allen moralischen oder gesetzlichen Ansprüchen genügen mögen, aber die dennoch kein Aufsehen erregen. Diese privatisierenden Vielen sind zwar als Gewühl der Straßen sichtbar, als herumeilende Passanten, aber es sind atomisierte Massen, die sich zu keiner kohärenten Gestalt fügen. Das Bild der zerstreuten Massen ist wesentlich durch Tocqueville geprägt, dessen Amerikareise den Zweck hatte, Informationen und Anregungen für die Reform des französischen Gefängnissystems zu gewinnen. „In Amerika ist es äußerst interessant, die Neigungen und Instinkte der sich selbst überlassenden Demokratie zu untersuchen und zu sehen, zu welcher Ordnung sie die Gesellschaft, die sie beherrscht, zwangsläufig führt."[40] Als ihm der französische Konsul New Orleans als einen lärmenden Haufen vorstellt, in dem man immer bereit sei, die ganze Gesetzgebung in Frage zu stellen, sieht Tocqueville mit realistischem Blick ein geschäftiges und prosperierendes Gemeinwesen, in das die Legislative nur selten eingreift.[41]

Negative Wirkungen der „Tyrannei der Mehrheit" sind für Tocqueville eher politische Apathie und Konformismus, die die Freiheit bedrohen. „Heutzutage jedoch, da sich alle Klassen vollends vermischen, da der einzelne sich immer mehr in der Masse verliert und leicht in der allgemeinen Anonymität untergeht, heute, da die monarchische Ehre ihren Einfluss fast verloren hat, ohne durch die Tugend ersetzt worden zu sein, und nichts den Menschen über sich hinaus

---

[38] Nachweise bei ebd., S. 12 u. 14; vgl. auch Helmut König, *Zivilisation und Leidenschaften. Die Masse im bürgerlichen Zeitalter*, Reinbek 1992; John Carey, *Haß auf die Massen. Intellektuelle 1880–1939*, Göttingen 1996.
[39] Susanne Frank, *Stadtplanung im Geschlechterkampf*, Opladen 2003.
[40] Alexis de Tocqueville zit. n. André Jardin, *Alexis de Tocqueville. Leben und Werk*, Frankfurt a. M./New York 1991, S. 147.
[41] Ebd. S. 156f.

hebt – wer kann sagen, wo die Ansprüche der Macht und die Willfährigkeit der Schwäche Halt machen würden?"[42]

Von der Rasse zur Klasse (Karl Marx)

Die Übergänge zwischen den ideologischen Mengenlehren Rasse, Klasse und Masse lassen sich am Beispiel Marx trefflich zeigen. Denn Marx hat Thierrys Modell des Rassenkampf ebenso rezipiert wie den ökonomischen Klassenbegriff von Quesnay bis Ricardo, und er hat sein Bild der Arbeiterklasse gegen die Theorie der Masse profiliert, die sein Freund und Konkurrent Bruno Bauer aus der Geschichte der französischen Revolution und der Lektüre von Tocqueville entwickelt hat.

Dabei ist zu berücksichtigen, daß die drei ideologischen Mengenlehren in ihrer langen Geschichte verschiedene Schwerpunkte aufweisen. Die Idee des Krieges zweier Rassen ist schon bei Edward Coke und John Lilburne im 17. Jahrhundert ausgeprägt. Thierry steht gleichsam am Ende dieser Diskurslinie. Die Idee der ökonomischen Klassen ist in den merkantilistischen Geld- und Preislehren und in der fiskalischen Literatur der Kameralistik präfiguriert, setzt aber als Klassentheorie mit Quesnay im 18. Jahrhundert ein. Was später nach Marx folgt, sind Verfeinerungen und Variationen im analytischen Instrumentarium. Die Idee der Masse als einer Menge zwischen Apathie und Aufruhr ist bei Taine und Tocqueville prägnant profiliert, aber die sozialpsychologische Vertiefung des Konzepts erfolgt erst gegen Ende des 19. Jahrhunderts bei Gustave Le Bon, Gabriel de Tarde und Sigmund Freud.[43] Mit Blick auf Marx Lehre vom ökonomisch fundierten Klassenkampf der Arbeitermassen haben wir es mit zwei historisch verschobenen Abgrenzungsproblemen zu tun: eines gleichsam rückwärts gewandt zu Thierry, das andere vorwärtsgewandt ins 20. Jahrhundert, in dem die Führer ihre Massen im Namen von Rasse und Klasse mobilisierten.

Marx hat nicht nur Thierrys Normannenbuch gelesen, sondern rasch nach Erscheinen auch Thierrys *Essay sur l'histoire de la formation et des progrès du tiers-état* (1853) und an Engels geschrieben „Sonderbar, wie dieser Herr le père des ‚Klassenkampfes' in der französischen Geschichtsschreibung sich in der Vorrede über die ‚Neuen' erzürnt, die nun auch einen Antagonism zwischen Bourgeoisie und Proletariat sehen und die Spuren dieses Gegensatzes selbst schon in der Geschichte des tiers-état bis 1789 entdecken wollen. Er gibt sich

---

[42] Alexis de Tocqueville, *Über die Demokratie in Amerika*, Stuttgart 1997, S. 195.
[43] Serge Moscovici, *Das Zeitalter der Massen. Eine historische Abhandlung über die Massenpsychologie*, Wien 1984.

viel Mühe zu beweisen, daß der tiers-état alle Stände, die nicht noblesse und clergé, umschließt und die Bourgoisie ihre Rolle spielt als Repräsentant aller dieser andern Elemente. (…) Hätte Herr Thierry unsere Sachen gelesen, so wüßte er, daß der entschiedene Gegensatz der Bourgeoisie gegen den peuple natürlich erst anfängt, sobald sie aufhört, als tiers-etat dem clergé und der noblesse gegenüberzustehen. Was aber die ‚racine dans l'histoire' angeht, ‚d'un antagonisme *né d'hier'*, so liefert sein Buch den besten Beweis, daß diese ‚racines' entstanden sind, sobald der tiers-état entsteht.'[44] Entgegen der Abschlussformel Thierrys, die sich in ähnlicher Form auch bei Guizot findet, die bürgerlich liberal von der Vollständigkeit der französischen Nation und ihrer schließlich erreichten Homogenität ausgeht, verweigert sich Marx dieser Figur des Posthistoire. Die Geschichte des Kampfes zweier Lager geht weiter, freilich unter den Bedingungen der bürgerlichen Gesellschaft, nicht als Kampf zweier Rassen, sondern als Kampf zweier Klassen.[45]

Marx gehört zu denjenigen, die die Fackel des Befreiungskrieges auch nach dem Sieg der bürgerlichen Gesellschaft nicht niederlegen wollen. Auf die Binarität der Klassen Adel und Bourgeoisie folgt die von Bourgeoisie und Proletariat. Im *Kommunistischen Manifest* formuliert er: „Die aus dem Untergang der feudalen Gesellschaft hervorgegangene moderne bürgerliche Gesellschaft hat die Klassengegensätze nicht aufgehoben. Sie hat nur neue Klassen, neue Bedingungen der Unterdrückung, neue Gestaltungen des Kampfes an die Stelle der alten gesetzt. Unsere Epoche, die Epoche der Bourgeoisie, zeichnet sich jedoch dadurch aus, daß sie die Klassengegensätze vereinfacht hat. Die ganze Gesellschaft spaltet sich mehr und mehr in zwei große feindliche Lager, in zwei große einander direkt gegenüberstehende Klassen: Bourgeoisie und Proletariat.'[46]

Aber das ist nicht alles. Marx transformiert Thierrys Klassen mit Hilfe der Tradition, die Quesnay begründete, ins Ökonomische. Bei Marx ist die Exis-

---

[44] *Brief Marx an Engels vom 27. Juli 1854*, in: MEW, Bd. 28, S. 381 f.

[45] Und noch der alte Marx erinnert sich 1882, ein Jahr vor seinem Tod auf einer Reise nach Algier konfrontiert mit der Gerichtspraxis der französischen Kolonialisten gegenüber den Arabern, an Thierry und schreibt seinem Freund Engels: „Doch wissen wir, daß, wo ein europäischer Kolonist angesiedelt oder auch nur geschäftshalber unter den ‚unteren Racen' verweilt, er im allgemeinen sich unantastbarer betrachtet als der schöne Wilhelm I. Die Briten und die Holländer übertreffen die Franzosen jedoch an schamloser Arroganz, Prätention und grausamer Moloch-Sühne-Wut gegenüber den ‚unteren Racen'." *Brief Marx an Engels vom 8. April 1882*, in: MEW, Bd. 35, S. 54. Die Rede von den unteren Rassen ist so vertraut, daß Marx den Namen Thierrys nicht einmal erwähnen muß. So haben die Editoren der Foucault-Vorlesung vom 28. Januar 1976 es auch schwer gehabt, diese von Foucault aus dem Gedächtnis zitierte Briefstelle aufzufinden. Vgl. Michel Foucault, *In Verteidigung der Gesellschaft*, Frankfurt a. M. 1999, S. 93; vgl. auch Karl Korsch, *Karl Marx*, Frankfurt a. M. 1967, S. 165.

[46] MEW, Bd. 4, 1971, S. 463.

tenz der Klassen an historische Entwicklungsphasen der Produktion gebunden. Klassen existieren nur, weil die ökonomische Struktur einer Gesellschaft so und nicht anders verfaßt ist; sie sind bei Marx zuerst und zuletzt ökonomisch determiniert. An diesem Ökonomismus der Marxschen Klassentheorie haben sich Generationen von Marxisten aufgerieben. Mit Blick auf die Revolutionäre im 20. Jahrhundert, die unbedingt Arbeiterrevolutionen in agrarischen Ländern haben wollten, kann man die Geschichte des Marxismus im 20. Jahrhundert als einen Triumph des Willens zur Revolution beschreiben. Die Rache des Ökonomischen haben wir zum Ausgang des 20. Jahrhunderts erlebt. An Marx Klassendefinition sei hier erinnert. Im *Kapital* heißt es: „Braucht der Arbeiter alle seine Zeit, um die zur Erhaltung seiner selbst und seiner Race nötigen Lebensmittel zu produzieren, so bleibt ihm keine Zeit, um unentgeltlich für dritte Personen zu arbeiten. Ohne einen gewissen Produktivitätsgrad der Arbeit keine solche disponible Zeit für den Arbeiter, ohne solche überschüssige Zeit keine Mehrarbeit und daher keine Kapitalisten, aber auch keine Sklavenhalter, keine Feudalbarone, in einem Wort keine Großbesitzerklasse."[47]

Voraussetzung für die Entstehung von Klassen ist der Überschuß. Klassen entstehen an der Stelle, wo über das Notwendige hinaus produziert wird. Marx hat den physiokratischen Grundgedanken Quesnays übernommen: es gibt einen privilegierten Ort, dem Reichtumsvermehrung entspringt, aber es muss nicht das Erdreich bleiben. Der Überschuß, das sind die Dinge, die man zum Tausch anbieten kann und die auf die Bedürfnisse derer passen könnten, denen es an diesen Dingen mangelt. „Nur sobald die Menschen sich aus ihren ersten Tierzuständen herausgearbeitet, ihre Arbeit selbst also schon in gewissem Grad vergesellschaftet ist, treten Verhältnisse ein, worin die Mehrarbeit des einen zur Existenzbedingung des anderen wird. In den Kulturanfängen sind die erworbenen Produktivkräfte der Arbeit gering, aber so sind die Bedürfnisse, die sich mit und an den Mitteln ihrer Befriedigung entwickeln. Ferner ist in jenen Anfängen die Proportion der Gesellschaftsteile, die von fremder Arbeit leben, verschwindend klein gegen die Masse der unmittelbaren Produzenten. Mit dem Fortschritt der gesellschaftlichen Produktivkraft der Arbeit wächst diese Proportion absolut und relativ."[48]

---

[47] *MEW*, Bd. 23, 1957, S. 534.
[48] Ebd. S. 534f. Explizit gegen die Dominanz des Eroberungsthemas, die Marx' Rivale Max Stirner im Anschluss an Thierry behauptet, ist die berühmte Passage in der ‚Deutschen Ideologie' gerichtet: „Und endlich hat das Nehmen überall sehr bald ein Ende, und wenn nicht mehr zu nehmen ist, muß man anfangen zu produzieren." Marx, Engels 1969, *MEW*, Bd. 3, S. 64, vgl. auch ebd. S. 23.

Drei Motive der Klassenbildung bei Marx sind bemerkenswert: 1. Sie wird nicht von der Eroberung her gedacht, sondern entsteht gleichsam systemisch in dem Moment, da ein wilder Naturzustand verlassen wird. 2. Klassenbeziehungen sind Verhältnisse gegenseitiger Abhängigkeit, in der sich Fähigkeiten, Überschüsse und Bedürfnisse entwickeln. 3. Klassenbeziehungen haben einen quantitativen Aspekt, der Gesichtspunkt der Masse kommt herein. Der Tausch führt zu Disproportionen zwischen den Wenigen und den Vielen. Wo die unmittelbaren Produzenten nur wenig Überschüsse produzieren, können keine Klassen entstehen. Die Abhängigkeit vom Tausch ist gering. Erst wo sich Tausch und Arbeitsteilung verquicken, sodaß mehr Arbeit stattfindet und Überschuß entsteht, wo also mehr Wert geschaffen wird, entstehen Klassen. So haftet die Klassenstruktur bei Marx an einer Mehrwerttheorie, die in das dornige Feld des Verhältnisses von Werten und Preisen führt. Die Frage der Messbarkeit des Wertes, praktisch gesehen die Frage nach dem gerechten Lohn, wird seit Marx periodisch immer wieder traktiert. Wie immer man es aber auch bei Marx hin- und herrechnet, die Arbeit hat immer einen Preis, aber der Wert der Ware Arbeitskraft ist unsichtbar.[49]

Zwischen der historiographischen und politologischen Erbschaft von Thierry und der ökonomietheoretischen von Quesnay besteht bei Marx somit eine Grundspannung. Einerseits trägt Marx die Fackel des binären Schemas sozialer Differenzierung weiter. Er ist bestrebt, wo immer es möglich ist, die Klarheit des Gegensatzes von Unterdrücker und Unterdrückten hervortreten zu lassen; andererseits ist Marx ein viel zu scharfsinniger Beobachter und Analytiker der modernen Gesellschaft gewesen, als daß er nicht gesehen hätte, wie unendlich kompliziert die ökonomischen Interessengegensätze in urbanisierten Gesellschaften tatsächlich gewesen sind. So ist er stets gezwungen, Komplikationen in sein binäres Schema einzubauen. Übergangsklassen, Quasiklassen und wiedergängerische Mittelklassen verwischen den binären Grundriß.[50]

---

[49] Genau gelesen hat Mehrwert bei Marx nichts mit dem Einkommen zu tun. Zwei Personen mit identischem Einkommen können verschiedenen Klassen angehören. Der Mechaniker einer Flugzeugbaufirma mit 2000 Euro monatlich und der Oberamtmann bei der Kultusbehörde mit ebenfalls 2000 Euro monatlich gehören verschiedenen Klassen an, der Mechaniker der Produzentenklasse, der Oberamtmann der Klasse der Nichtproduzenten. Für die Marxsche Wertlehre spielt auch die Berufsgleichheit keine Rolle, der Taxifahrer des Ministerpräsidenten gehört der Ausbeuterseite an, der Betriebsfahrer, der in seinem PKW die PCs von einer Werkstatt zu anderen desselben Betriebs fährt, gehört der Produzentenseite an. Entscheidend bleibt bei Marx die physiokratische Grundidee: Wo ist in einer historischen Epoche der Ort der Wertschöpfung und welche Klasse beutet die Wertschöpfung zu ihren Gunsten aus.

[50] Vgl. Michael Mauke, *Die Klassentheorie von Marx und Engels*, Frankfurt a. M. 1973.

Von der Klasse zur Masse (Karl Marx)

Der Übergang von Rasse zu Klasse ist nicht die einzige Operation, die von Marx im Feld ideologischer Mengenlehren vorgenommen wird. Hinzu tritt die Transformation von Klasse zu Masse. „Die Theorie ist fähig, die Massen zu ergreifen, sobald sie *ad hominem* demonstriert, und sie demonstriert *ad hominem*, sobald sie radikal wird."[51] Diese Verwendung von „Massen" von 1843 steht noch ganz im Kontext der Idee von Moses Hess, die französische revolutionäre Volksmenge mit der deutschen Philosophie zu verbinden.[52] Zugleich ist Marx im Radikalisierungswettbewerb bemüht, seinen Konkurrenten Edgar Bauer zu überrunden, der gerade in einer anarchistischen Schrift das revolutionäre Proletariat ins Spiel der junghegelianischen Debatten gebracht hatte: „Keine Vandalen, keine barbarischen Haufen gleich denen, welche der alten Welt ein Ende machten, sind nötig, um den jetzigen Weltzustand zu zerstören. Unbekannte Waldungen brauchen nicht halbnackte Eroberer auszusenden, um auf den Trümmern einer abgelebten und desto stolzeren Bildung eine neue Lebensform zu begründen. Wir haben unseren nackten Wilden unter uns selbst, wir brauchen nicht weit zu suchen nach den Barbaren, an denen unsere aristokratische Bildung spurlos vorübergegangen. Im Innern der Staaten wird sich ein Schlund auftun, der bisher verachtete Flammen ausspeit; mit einer Erschütterung, vor der unsere aristokratischen Bauwerke erzittern und in sich zusammensinken, wird er die Scharen der Unterdrückten gegen den rechtlich und gesetzlich geschützten Egoismus aussenden. Es sind die Besitzlosen, welche dem hochmütigen Vorrechte ein Ende zu machen berufen sind."[53]

Gegen dieses Bündnis von Theoretikern und Massen hat der Tocqueville-Leser Bruno Bauer, der ältere Bruder des Anarchisten Edgar, eingewandt, daß jede Verbindung von Theorie und Masse notwendigerweise zur Schwächung des Denkvermögens führe, da der Theoretiker vom Beifall der Massen abhängig werde: „Alle großen Aktionen der bisherigen Geschichte waren deshalb von vornherein verfehlt und ohne eingreifenden Erfolg, weil die Masse sich für sie interessiert und enthusiasmiert hatte – oder sie mussten ein klägliches

---

[51] *MEW*, Bd. 1, 1974, S. 385.
[52] Wolfgang Eßbach, *Moses Hess' Projekt einer deutsch-französischen Arbeitsteilung*, in: *Marianne-Germania. Deutsch-französischer Kulturtransfer im europäischen Kontext*, hg. v. E. Francois u. a., Bd. 2, Leipzig 1998, S. 617–628.
[53] Edgar Bauer, *Der Streit und die Kritik mit Kirche und Staat*, Charlottenburg 1843, S. 314 f.; vgl. auch Wolfgang Eßbach, *Die biographische und die historische Wende. Rückblick auf Edgar Bauer*, in: *Die Unruhe und die Zufriedenheit*, hg. v. Andreas Vowinckel (Katalog zur Ausstellung des Badischen Kunstvereins Karlsruhe zu den 14. Europäischen Kulturtagen, Karlsruhe: „1848"), Karlsruhe 1998, S. 82–94.

Ende nehmen, weil die Idee, um die es sich in ihnen handelte, von der Art war, daß sie sich mit einer oberflächlichen Auffassung begnügen, also auch auf den Beifall der Masse rechnen mußte. Sie scheiterten, weil ihr Prinzip oberflächlich, also auch nicht gegen die Oberflächlichkeit der Masse gerichtet war. Der Geist weiß jetzt, wo er seinen einzigen Widersacher zu suchen hat – in den Phrasen, in den Selbsttäuschungen und in der Kernlosigkeit der Masse."[54]

Die enthusiasmierten Massen sind die Verderber vernünftiger Praxis; wahre Theorie ist davon freizuhalten und Intellektuelle haben die Aufgabe, als Kritiker des Massenkonformismus aufzutreten. „Die Masse als solche ist eine Erscheinung, die erst eintreten konnte, nachdem die spezifischen Unterschiede, in welchen sich die Gattung bisher dargestellt hatte, erblaßt waren. Sie ist der Verfall der Gattung in die Menge der einzelnen Atome, die Auflösung der besonderen Schranken, welche die Individuen bisher zwar trennten, aber auch verbanden und in eine mannigfaltige Beziehung setzten; sie ist ein bloß elementarischer Stoff, der Niederschlag einer zersetzten organischen Gestalt."[55]

Gegen diese Bruno Bauersche These von 1843/44 konturiert Marx einen demokratisch bestimmten Massenbegriff, der das Kriterium der Mehrheit in Anschlag bringt. „Nicht weil die Masse sich für die Revolution ,enthusiasmierte' und ,interessierte', sondern weil der zahlreichste, der von der Bourgeoisie unterschiedene Teil der Masse in dem Prinzip der Revolution nicht sein *wirkliches* Interesse, nicht *sein eigentümliches* revolutionäres Prinzip, sondern *nur* eine ,Idee', also nur einen Gegenstand des momentanen *Enthusiasmus* und einer nur scheinbaren *Erhebung* besaß."[56] Und später heißt es: „Alle bisherigen Bewegungen waren Bewegungen von Minoritäten oder im Interesse von Minoritäten. Die proletarische Bewegung ist die selbständige Bewegung der ungeheuren

---

[54] Bruno Bauer, *Neueste Schriften über die Judenfrage*, in: *Allgemeine Literaturzeitung* 1 (1843), S. 3; vgl. dazu auch Wolfgang Eßbach, *Die Junghegelianer. Soziologie einer Intellektuellengruppe*, München 1988, S. 280ff.

[55] Bruno Bauer, *Die Gattung und die Masse*, in: ders., *Feldzüge der reinen Kritik*, hg. v. Hans-Martin Sass, Frankfurt a. M. 1968, S. 215. Die kritische Theorie könne Bruno Bauer zufolge in diesen Massen keinen Bündnispartner finden. Eher sei an andere Entwicklungen zu denken. „Die Ermattung, die auf die Illusionen der Aufklärung gefolgt ist, macht die Ausbildung einer unbeschränkt gebietenden und alles Denken und Wollen umfassenden industriellen Behörde, wie sie auch der erwähnte (frühsozialistische, W.E.) Vorschlag im Sinn hat sehr wahrscheinlich, ja gewiss." Falls diese sozialistische Lösung ausbleibe, wäre auch ein anderer Ausgang denkbar. „Die Konkurrenz führt zur einseitigen Ansammlung von Kapitalien, die sich zuletzt einem einzigen Werden unterwerfen müssen, und die Masse, die nichts Höheres kennt als ihre sinnliche Existenz – wird sie zögern, sich dem Kapital unterzuordnen, welches ihr Beschäftigung und das Leben sichert?" Ebd., S. 221.

[56] *MEW*, Bd. 2, 1962, S. 85f.

Mehrzahl im Interesse der ungeheuren Mehrzahl."[57] Zur Sicherung des demo-
kratischen Fundaments der massenhaften Arbeiterklasse nimmt Marx eine
weitreichende naturphilosophische Produktivkrafttheorie in Anspruch. Es
sind die vorgefundenen Lebensbedingungen, die jeweils den revolutionären
Ausschlag geben. „Wenn diese materiellen Elemente einer totalen Umwälzung,
nämlich einerseits die vorhandenen Produktivkräfte, andererseits die Bildung
einer revolutionären Masse, die nicht nur gegen einzelne Bedingungen der
bisherigen Gesellschaft, sondern gegen die bisherige ‚Lebensproduktion' selbst,
die ‚Gesamttätigkeit', worauf sie basierte, revolutioniert – nicht vorhanden sind,
so ist es ganz gleichgültig für die praktische Entwicklung, ob die *Idee* dieser
Umwälzung schon hundert Mal ausgesprochen ist – wie die Geschichte des
Kommunismus dies beweist."[58] Die ungeheure Mehrzahl totalisiert sich in
Marx' Perspektive zur gesamten Menschengattung.

Marx' Konzept der Masse wird stets an drei Stellen greifbar. Erstens dort,
wo es um das Verhältnis von Philosophie und Proletariat, von Intellektuellen
und revolutionärer Bewegung, von Theorie und Masse geht; zweitens dort, wo
er bemüht ist, das Proletariat in quantitativer Hinsicht demokratisch als Mehrheit zu bestimmen; schließlich dort, wo es um das Verhältnis von Zerstreuung
und Organisation der Massen geht. In allen drei Aspekten gerät der Diskurs
über die Massen in eine Spannung zu den ökonomischen Klassendefinitionen.
Es sei daran erinnert, daß das Kapitel über die Klassen am Schluß des *Kapitals*
nach wenigen Absätzen der Aufzählung der Zersplitterung der Berufe abbricht.

So schwankt der Marxsche Massenbegriff zwischen einer zerstreuten
Masse, die entweder Resultat der Auflösung älterer Sozialformen oder durch
die Konkurrenz zersplittert ist, und einer sich bildenden, lernenden und sich
organisierenden Masse, wobei freilich die Funktion der Intellektuellen in diesem Prozess zwischen Überflüssigkeit und Überbeanspruchung schwankt. In
diesen ungeklärten Ambivalenzen wird zum Ende des 19. Jahrhunderts die
Massenpsychologie ihr Forschungsfeld finden, um die Mechanismen aufzu-
hellen, die eine vielköpfige Menge an einen Führer binden: die Suggestivität
und die Nachahmung, das Vergnügen gemeinsamer Träume und die Motorik
politischer Leidenschaft u. a. m.[59]

Heute wird die Massenpsychologie in dem Maße durch die verschiedenen
Medienwissenschaften fortgesetzt, in dem das Charisma der Politiker durch
die Technisierung der Massenführungsleistungen in Funk und Fernsehen er-

---

[57] *MEW*, Bd. 4, 1971, S. 272.
[58] *MEW*, Bd. 3, 1969, S. 38f.
[59] Vgl. dazu Moscovici 1984, a. a. O.

gänzt ist.[60] Die neuen Massenmedien ermöglichen dabei auf digitaler Grundlage eine Partizipation, deren Vielstimmigkeit und Unüberschaubarkeit den Massencharakter des Mitmachens verdeckt.[61] Diese Massen, die „Massen" zu nennen *political correctness* wegen des elitären Beigeschmacks unterbinden möchte, erscheinen heute mehr und mehr in der Metapher eines Netzes oder der Vernetzung vielfältigster Interaktivitäten von Individualisierungen, in denen die traditionelle bürgerliche Bindung durch Assoziation zu fluktuierenden und ephemeren Resonanzen beschleunigt ist. In Erneuerung der marxistischen Tradition haben Antonio Negri und Michael Hardt vorgeschlagen die interagierenden Online-Massen als ein Ensemble gesellschaftlicher, immaterieller Arbeit anzusprechen, das dabei sei, als neues historisches Subjekt in Erscheinung zu treten. Unter den Bedingungen der Globalisierung sei der historische Gegenspieler von kapitalistischem „Empire" die ihm immanente revolutionäre „Multitude".[62]

Modell dreier Ur-Szenen

Um die komplexen Verflechtungen der Elemente ideologischer Mengenlehren aufzuklären ist es hilfreich, den Versuch zu machen, sie auf die verschiedenen Urszenen hin, mit denen sie häufig in Verbindung gebracht werden, zu vereinfachen und zu typisieren. So könnte, Michel Foucault folgend, Thierrys Kampf zweier Rassen als Erzählung vom Einfall der Barbaren gelesen werden.[63] Die Konflikte zwischen ökonomischen Klassen dagegen sind in eine andere Erzählung verflochten. Sie handelt von den Wilden der Juristen, die als Naturmenschen anfangen, Eigentum zu erwerben, und die sich vertraglich einigen, wie sie untereinander Rechte und Güter tauschen und wie in diesem Prozess Arbeitsteilung und Klassenbildung erfolgt. Von Rousseau bis zur *rational choice theory* bildet der Wilde als der politisch-anthropologisch auf seine elementaren

---

[60] Vgl. Christa Karpenstein-Eßbach, *Mediale Wirkungsästhetik: Formierung von Reiz und Gefühl*, in: *Buchstaben, Bilder, Bytes*, hg. v. Projekt Wahrnehmung, Basel 2002.

[61] Vgl. Hans Kleinsteuber u. Martin Hagen, *Interaktivität – Verheißungen der Kommunikationstheorie und das Netz*, in: *Das Netz-Medium*, hg. v. Irene Neverla, Opladen 1998.

[62] Negri u. Hardt 2000, a. a. O.; vgl. auch die Überlegungen zur Masse bei Klaus Theweleit, *Canettis Masse-Begriff: Verschwinden der Masse? Masse & Serie*, in: ders., *Ghosts: drei leicht inkorrekte Vor-Schläge*, Frankfurt a. M./Basel 1998, S. 175–207 mit Bezug auf Elias Canetti, *Masse und Macht*, München 1974 und Gilles Deleuze u. Félix Guattari, *Tausend Plateaus*, Berlin 1992, S. 283–316 und Elaine Showalter, *Hystorien: hysterische Epidemien im Zeitalter der Medien*, Berlin 1997.

[63] Michel Foucault, *In Verteidigung der Gesellschaft*, Frankfurt a. M. 1999, S. 224 ff.

Bedürfnisse reduzierte Mensch den Startpunkt aller Sorten von gemeinsamen Interessen in ökonomischen Lagen. Die Bilder von Aufruhr und Zerstreuung der Masse schließlich könnten die Geschichte von der psychomoralischen Ansteckung erzählen. Ansteckend ist die Panik der Plünderung der Bäckereien in den städtischen Hungersnöten; ansteckend ist auch der Enthusiasmus der entflammten revolutionären Menge oder die Führerbegeisterung der Massen. Ansteckend ist aber auch der Konformismus, das herdenhafte Mitläufertum, die süße Sucht der Moden und der bequemen Zerstreuungen sowie das Fest der Interaktiven.

Rasse, Klasse, Masse, man könnte auch sagen: Die einfallenden Barbaren, die tauschenden Naturmenschen und die sich ansteckenden Großstädter. Die Barbaren sind nur Barbaren, weil es eine Zivilisation gibt, die sie zerstören oder sich einverleiben wollen. Dagegen ruht der Wilde als Naturmensch einem Naturgrund auf, den er in dem Moment verläßt, da er das Produkt seiner Arbeit vertraglich gegen ein anderes tauscht. Die Ansteckenden wiederum entspringen dem verfemten Triebgeschehen städtischer Ordnung. Sie sind die unheimlichen Erreger der Pathologien des Sozialen. Hier tut sich ein buntes Reich des Irrationalen und Imaginären auf. Es sind Anormale, die sich der Klassifizierung entziehen, wahnsinnige Enthusiasten, mit krimineller Energie Geladene, charakterschwache Verführte, privat Sich-Einhausende, die sich plötzlich entflammen lassen. Es sind Erregungen, die Fanatismus und atavistische Instinkte bei ganz normalen Menschen ebenso zu wecken wissen wie elargiertes Mitleid und apokalyptische Stimmungen.

Die ideologischen Mengen folgen diesen drei Urszenen entsprechend unterschiedlichen Eigengesetzlichkeiten. Die Barbaren tauchen auf der Grundlage der Geschichte auf. Mit der Eroberung stellt sich die Dauerfrage nach der Konstitution der Herrschaft. Wie barbarisch ist sie noch oder wie zivilisiert? Oder wie überzivilisiert ist Herrschaft, sodaß eine Dosis Barbarei etwa in Form einer Revolution als gefilterte barbarische Revitalisierung heilsam und kräftigend wirken könnte? Auf die ganz ungeschichtlichen juristischen Wilden, auf den natürlichen Menschen politischer Anthropologie, seine Naturrechte und seine unverfälschten Bedürfnisse muß zurückgegangen werden, wenn durch Tauschprozesse und Arbeitsteilungen Klassenlagen entstanden sind, in denen die einen auf Kosten der anderen leben oder in denen eine Klasse vom wesentlichen Reichtum ausgeschlossen ist. Was die sich Ansteckenden in der Großstadt betrifft, so ist das Augenmerk auf die Gesetze der sexuellen Reproduktion, die Wunschträume und die Gesetze der Nachahmung zu richten. Schlechte Veranlagung, unerwünschte Dispositionen der Massen gehören statistisch erfaßt und überwacht. Gegen den Nachahmungstrieb des egalitären

‚Ich auch!' ist die Autonomie der Massenatome, ihre selbstregulative Ich-Stärke z. B. als Inkorporation einer kollektiven Identität zu pflegen. Das historische Modell der Barbarei, das staatswissenschaftliche Modell der Wilden und das sozialpathologische Modell der Ansteckenden finden sich selten in Reinform, wie überhaupt Mischungen die gesellschaftsgeschichtliche Regel sein dürften. Schließlich muß die Frage offen bleiben, inwieweit diese heute sich in Diskursen kollektiver Identität verlierenden Formen die alt-europäische Ständegliederung, in denen Dumézil eine trifunktionale Ideologie indo-europäischer Zivilisationen entdeckt hat, nur ablösen oder nicht auch auf irritierende Weise kontinuieren. Könnte man sagen, Thierry fundamentalisiert in seiner Geschichte vom Rassenkampf die Ebene der zweiten kriegerischen Funktion, und Quesnay macht die dritte fruchtbare Funktion zur Grundlage seines Modells? Birgt genau betrachtet die Dumézilsche Trifunktionalität nicht zwei Sollbruchstellen: eine an der Rangspitze der Position der Souveränität, die eine Ambivalenz zwischen magisch-religiösen und juridisch-herrschaftlichen Anteilen beinhaltet, und eine Sollbruchstelle ganz unten in der dritten Funktion, in der sich die fruchtbaren Tätigkeiten pluralisieren, je nach dem, wo die Quellen des Reichtums, die Quellen des sich verwertenden Werts lokalisiert werden? Bei Quesnay war es ausschließlich die Agrikultur, bei St. Simon die Produktivität der Industrie und überhaupt der schöpferischen Tätigkeiten, dem die besondere Verehrung der Frau entspricht, bei Marx war es das Industrie-proletariat. Bei Negri/Hardt sind heute Anteile der ersten und dritten Funktion gemischt. Die „Multitude" immaterieller Arbeit ist gleichsam spiritualisiert. Es sind im Unterschied zur Kulturkritik verblödeter Massen geisterfüllte Massen, in ein pfingstliches Geschehen eingebunden, das eine die babylonische Sprachverwirrung aufhebende kommunikative Transparenz verspricht. Wie auch immer die ideologischen Mengenlehren fortgeschrieben werden, es wird wohl auch in Zukunft dabei bleiben: Die ideologischen Frachten der Großgruppenbezeichnungen sind schwer vernünftig zu handhaben. Sie haben nicht ganz kalkulierbare Nebenwirkungen und kaum übersehbare Langzeitwirkungen.

6. Die Universität als institutionelle Fiktion

Zugang und Mitbestimmung

Könnte es sein, daß die mal verrottete, mal zerschlagene und restlos zerstörte, dann wieder totgesagte Universität in Deutschland ihr fortdauerndes Dasein dem verdankt, was Karl-Siegbert Rehberg „die realitätsschaffende Macht institutioneller ‚Fiktionen'" genannt hat?[1] Wie kann es dann aber geschehen, daß eine so unwahrscheinliche und vor allem in sich paradoxe Fiktion wie die „Idee der Universität" sich durch institutionelle Mechanismen überhaupt darstellen kann? Paradox sind die Ordnungsbehauptungen ebenso wie die Geltungsansprüche nicht allein in dem, was als universitäre Idee der Einheit der Wissenschaft gelten soll, sondern vor allem auch im Verhältnis von Universität und Gesellschaft. Der von politischen und ökonomischen Machtansprüchen möglichst weitgehend ausgesparte akademische Raum soll gerade besonders wertvolle Ergebnisse für Gesellschaft, Staat und Wirtschaft liefern. Beide Seiten, das Interesse an starker Funktionalisierung und die Strukturbedingung der Entlastung der Universität von gesellschaftlichen Dringlichkeiten, stehen in schwer zu stabilisierender Spannung zueinander. Es gilt: Ohne Muße, keine wissenschaftliche Kreativität; ohne wissenschaftliche Kreativität, keine Leistungssteigerungen – es gilt aber auch: Ohne Respekt vor den gesellschaftlichen Ansprüchen degeneriert die Universität zu einem verantwortungslosen Professorenclub. Die europäische Universitätsgeschichte ist randvoll mit bewundernswerten und mißratenen Gestaltungen dieses Paradox.

Nach der nationalsozialistischen Funktionalisierung der Hochschulen konnten die Professoren der fünfziger Jahre noch einmal – ob verdient oder unverdient sei zunächst dahingestellt – die Universität bürgerlichen Stils restaurieren. Gesellschaftliche Ansprüche vermittelten sich in der Universität über den Zugang der Kinder der oberen Klassen, die, wenn es sich nicht um Versager handelte, im ersten Semester sicher sein konnten, später hochwertige Stellen in den Hierarchien der verschiedenen gesellschaftlichen Arbeitsgebiete einzunehmen. Aus dieser Elite selektierten die Ordinarien diejenigen heraus,

---

[1] Karl-Siegbert Rehberg, *Die stabilisierende ‚Fiktionalität' von Präsenz und Dauer. Institutionelle Analyse und historische Forschung*, in: *Ereignis und Institutionen*, hg. v. Berhard Jussen u. Reinhard Blänkner, Göttingen, S. 11.

die ihr Leben nicht hauptsächlich mit Geld oder Macht verknüpfen wollten, sondern mit Geist und Wissenschaft. Die *Idee der Universität*, wie sie in Deutschland durch die preußische Hochschulreform vor 200 Jahren formuliert wurde, umfaßt bekanntlich eine vierfache Wissenschaftsfreiheit: die freie Verfügbarkeit von Wissen durch Trennung von Wissen und Eigentum, die zweckfreie Suche nach Wahrheit durch Ablösung von Interessen, die Handlungsentlastung der Wissenschaftler, die durch staatliche Alimente garantiert ist, und die Autonomie gegenüber Kirche und Staat. Solch radikale Freiheit ist ohne Religion nicht zu beanspruchen. Jacob Taubes und Klaus Heinrich haben die religionsgeschichtlichen Linien dieser Idee vom fioritischen *spiritus scientiae* bis zur Entlassung dieses Geistes aus der Universität in die Massenmedien aufgezeigt, wo das pneumatische Ereignis in Ketten horrender Katastrophen-News alltäglich geworden ist.[2] Die elementare Figur ‚Institution statt Parusie‘, die aus der Kirchengeschichte überliefert ist, bietet freilich immer noch einen guten Schlüssel zur Analyse der Institutionalisierungen von *Geist*.

Um das Ausmaß der Paradoxie dieser institutionellen Fiktion aufzuzeigen, sollte man hinzunehmen, daß das Projekt der Institutionalisierung radikaler Wissenschaftsfreiheit, wie es die preußischen Hochschulreformer mit Bezug auf Kant, Fichte, Schleiermacher u. a. realisierten, kurz gesagt die Universitäten humboldtscher Prägung vor den Herausforderungen gesellschaftlichen und politischen Wandels eigentlich von Anfang an regelmäßig versagte: sei es nun in den rasanten Modernisierungsprozessen des 19. Jahrhunderts vor der Arbeiterfrage oder der Frauenfrage, sei es vor dem im ersten Weltkrieg kulminierenden Nationalismus und Imperialismus, sei es schließlich die Selbstaufgabe vor der nationalsozialistischen Bewegung. Um so bemerkenswerter ist, daß in der großen Hochschulreformbewegung der sechziger Jahre des 20. Jahrhunderts diese Idee der Universität eine unerwartete Renaissance erlebte. Legt man Helmut Schelskys Universitätsbuch und die Denkschrift des *Sozialistischen Deutschen Studentenbundes* (SDS) vom Anfang der sechziger Jahre nebeneinander, so beziehen sich beide trotz der unterschiedlichen politischen Lagerung im Prinzip auf Humboldts Idee.[3] Sie reflektieren im zeitlichen Abstand den gesellschaftlichen Wandel, aber die institutionelle Fiktion wird noch

---

[2] Vgl. Jacob Taubes, *Die Intellektuellen und die Universität* (1963), in: ders. *Vom Kult zur Kultur. Bausteine zu einer Kritik der historischen Vernunft*, München 1996, S. 319–339; Klaus Heinrich, *Zur Geistlosigkeit der Universität heute* (1987), in: ders., *der gesellschaft ein bewußtsein ihrer selbst zu geben. Reden und Kleine Schriften*, Bd. 2, Basel/Frankfurt a. M. 1998, S. 69–91.
[3] Vgl. Helmut Schelsky, *Einsamkeit und Freiheit. Idee und Gestalt der deutschen Universität und ihrer Reformen*, Rheinbek 1963; Wolfgang Nitsch u. a., *Hochschule in der Demokratie. Kritische Beiträge zur Erbschaft und Reform der deutschen Universität*, Neuwied 1965, (zuerst SDS-Denkschrift 1961).

einmal realitätsschaffend für einen hochschulpolitischen Prozeß, der heute als
die gescheiterte Hochschulreform diagnostiziert wird.[4]

Die Soziologie hat nicht nur mit den genannten Schriften die Reformdiskus-
sion der sechziger Jahre kräftig angestoßen, sie war auch in den Prozeß des
Scheiterns verstrickt. Aus ihren Reihen kamen nicht nur die studentischen Kul-
turrevolutionäre des SDS, die für die Utopie einer *Kritischen Universität* kämpf-
ten, sondern auch die soziologischen Anti-Soziologen Schelsky, Tenbruck u. a.,
die eine Bedrohung darin sahen, daß Soziologie zur Schlüsselwissenschaft für
Sinngebungseliten avanciert.[5] Die zeitgeschichtliche Erforschung der Konflikte
zwischen Studenten und Professoren hat erste Resultate gezeigt.[6] Noch offen
ist freilich die soziologische Grundfrage, ob die Universität überhaupt noch
eine Transformation ihrer institutionellen Fiktion benötigt oder ob sie, in die
Teilsysteme höherer Erziehung und wissenschaftlicher Forschung ausdifferen-
ziert, nur noch als Organisation funktionieren muß. Für Jürgen Habermas ist es
die Bündelungsnotwendigkeit der Funktionen von Ausbildung, Sozialisation
des wissenschaftlichen Nachwuchses, kultureller Selbstverständigung und
Öffentlichkeit, die einen institutionalisierten, lebensweltlichen Zusammenhang erfordert, der nur über eine Idee der Universität als einer Lebensform
zusammenzuhalten ist.[7] Für Niklas Luhmann hat der Verlauf des Großexpe-
riments der Gründung der Universität Bielefeld, das Helmut Schelsky selbst
vorangetrieben hatte, praktisch gezeigt: „Das Soziotop Universität hat gegen
Institution und für Organisation optiert."[8]

Den Spielraum und die Kampfzone für die Chancen, die die deutschen
Universitäten sei es für die Reformulierung einer institutionellen Fiktion oder
die Option für eine funktionale Organisation von Forschung, Nachwuchsför-

---

[4] Wie sehr die Problemlage anhält, zeigt Wolf-Dieter Narrs Diktum „Der neuhumanistische
Gedanke ist nicht zu erneuern. Welten liegen zwischen ihm und uns. Und doch ist in seinem
Kern ein Anspruch formuliert, der nur um Willen der Selbstpreisgabe aufgegeben werden
kann. Diesen Kern bedarf eine Anstalt wie die Universität als raison d'être." Vgl. Wolf-Dieter
Narr, *Wider die restlose Zerstörung der Universität. Ein Aufruf zu ihrer Neu- und Wiederbelebung.*
(1987), hg. v. AStA der FU Berlin, ²Berlin 2000, S. 79 f.
[5] Vgl. Karl-Siegbert Rehberg, *Deutungswissen der Moderne oder ‚administrative Hilfswissenschaft'?*
Konservative Schwierigkeiten mit der Soziologie, in: *Ordnung und Theorie. Beiträge zur Geschichte*
der Soziologie in Deutschland, hg. v. Sven Papcke, Darmstadt 1986, S. 7–47.
[6] Vgl. Richard Faber u. Erhard Stölting (Hg.), *Die Phantasie an die Macht? 1968. Versuch einer*
Bilanz, Berlin/Wien 2002; Wolfgang Kraushaar, *Der Zeitzeuge als Feind des Historikers? Neuer-*
scheinungen zur 68er-Bewegung, in: *Mittelweg 36* (Beilage) (1999/2000).
[7] Vgl. Jürgen Habermas, *Die Idee der Universität – Lernprozesse* (1986), in: ders., *Eine Art Scha-*
densabwicklung. Kleine politische Schriften VI, Frankfurt a. M. 1987, S. 80.
[8] Niklas Luhmann, *Die Universität als organisierte Institution*, in: ders., *Universität als Milieu.*
Kleine Schriften, hg. v. André Kieserling, Bielefeld 1992, S. 98.

derung und Massenausbildung überhaupt ergreifen konnten, hat im letzten Vierteljahrhundert in zentraler Hinsicht das Bundesverfassungsgericht mit seinen Urteilen vorgegeben. Die Effekte dieser Normsetzung auf die Entwicklung der Universitäten sind allzu selten untersucht und kaum konzeptionell aufgearbeitet worden.[9] Sowenig aber eine Selbstreflexion der Soziologie ohne Bezug zu ihrer universitären Institutionalisierung Sinn macht, sowenig eine Selbstreflexion der Idee der Universität ohne ihre Einbettung in die Verfassung und die Setzungen des Hüters der Verfassung.

In der Hochschulreformbewegung der sechziger Jahre wurde das hier in Frage stehende Verhältnis von Institution und Konstitution unter dem Schlagwort *Demokratisierung der Universität* verhandelt. Darunter verbarg sich vieles. Zwei Dimensionen interessieren besonders, weil ihre Geschichte Resultate gezeitigt hat, die für die institutionelle Fiktion der Universität und Hochschulpolitik heute besonders in Rechnung zu stellen sind: *Zugang* und *Mitbestimmung*. Das begabte, katholische Bauernmädchen sollte eine Chance haben, Professorin zu werden, und die Materien, die der Selbstbestimmung der Universität überlassen sind, sollten von allen Angehörigen verhandelt, entschieden und verantwortet werden. Die Parole „Bildung für alle" betraf das faktische Bildungsmonopol der Oberklassen, die Parole „Drittelparität" sollte die drei funktionalen Gruppen der Institution, die Studierenden mit ihren Bildungs-, Ausbildungs- und Berufsinteressen, die Assistenten mit ihren Interessen an Karriere und zukünftiger Universität und die Professoren mit ihren Interessen an Wissenschaftsfreiheit, Niveau und Renomée gleichgewichtig in die Verantwortung für die Universität bringen.

Das BVG hat mit seinen Urteilen zum *numerus clausus* und zur Drittelparität eine Lösung der Krise praktiziert, die dem Grundkonflikt, insofern als man ihn situationsbezogen als Konflikt zwischen Professoren und Studierenden interpretierte, gerecht wurde. Jede Seite bekam einmal Recht und einmal Unrecht. Zur Erinnerung: 1972 erging das BVG-Urteil zum Komplex *Zugang*, hier bekamen die Studierenden Recht; 1973 folgte das BVG-Urteil zum Komplex *Mit-*

---

[9] Auch in dem die Soziologie der Universität weiterführenden von Erhard Stölting und Uwe Schimank herausgegebenem Band *Die Krise der Universitäten* gerät die Rechtssprechung des BVG zur Institution Universität nicht in den Horizont. Vgl. Erhard Stölting u. Uwe Schimank (Hg.), *Die Krise der Universitäten als Leviathan*, in: *Zeitschrift für Sozialforschung*, Sonderheft 20, Wiesbaden 2001. Eine übersichtlich gegliederte Zusammenstellung der Regelungsmaterien, die in Folge der Rechtsprechung des BVG entstanden sind, gibt George Turner, *Hochschule zwischen Vorstellung und Wirklichkeit. Zur Geschichte der Hochschulreform im letzten Drittel des 20. Jahrhunderts*, Berlin 2001. Die historischen Tiefendimensionen sind dargestellt bei Ludwig von Friedeburg, *Bildungsreform in Deutschland. Geschichte und gesellschaftlicher Widerspruch*, Frankfurt a. M. 1989.

bestimmung, hier bekamen die Professoren Recht. Heute, nach mehr als einem Vierteljahrhundert, lohnt sich das Gedankenexperiment, nach den Prozessen zu fragen, die sich hätten entwickeln können, wenn das BVG umgekehrt entschieden hätte. An den durch die BVG-Urteile zu Zugang und Mitbestimmung ausgelösten Mechanismen lassen sich beispielhaft Verhältnisse zwischen funktionaler Organisation, institutioneller Fiktion und nationalstaatlicher Konstitution untersuchen.

„Unter erschöpfender Nutzung der vorhandenen Ausbildungskapazitäten"

In der Rechtsordnung der Bundesrepublik gilt, daß das Recht auf freie Wahl des Berufs und der Ausbildungsstätte, der allgemeine Gleichheitssatz und das Sozialstaatsprinzip ein Recht auf Zulassung zum Hochschulstudium begründen, das nur durch Gesetz einschränkbar ist. Im BVG-Urteil zum NC heißt es: „Je stärker der moderne Staat sich der sozialen Sicherung und kulturellen Förderung der Bürger zuwendet, desto mehr tritt im Verhältnis zwischen Bürger und Staat neben das ursprüngliche Postulat grundrechtlicher Freiheitssicherung vor dem Staat die komplementäre Forderung nach grundrechtlicher Verbürgung der Teilhabe an staatlichen Leistungen."[10] Die Einlösung von Teilhaberechten ist zwar nicht einklagbar, aber wenn Ausbildungseinrichtungen geschaffen sind, ergeben sich Ansprüche auf Zugang. Damit wäre nicht nur jede Art von öffentlicher Berufslenkung im Sinne einer Anpassung von Abschlüssen an den Arbeitsmarkt verfassungswidrig, sondern auch alle Regelungen, durch Beschränkung des Zugangs eine Verbesserung von Forschung und Lehre zu erreichen. Da Hochschulausbau nicht einklagbar ist, kann es nur um die Kapazität vorhandener Einrichtungen gehen. Hier sollte nicht wenigen viel, sondern vielen wenig gegeben werden. Der NC ist verfassungswidrig. Er kann verfassungsmäßig in Notlagen nur toleriert werden, wenn die Zulassungsbeschränkungen „in den Grenzen des unbedingt Erforderlichen unter erschöpfender Nutzung der vorhandenen Ausbildungskapazitäten angeordnet werden."[11]

Mit diesem Urteil wurde ein vorher in der Universitätsgeschichte unbekannter Zwang zur Ausschöpfung etabliert. An der Festlegung der Kapazitätsgrenzwerte durften die Universitäten mitwirken, aber ihnen waren alle vernünftigen Instrumente aus der Hand genommen, Zugangsfragen zu regeln.

---

[10] *Entscheidungen des Bundesverfassungsgerichts*, hg. v. Mitgliedern des Bundesverfassungsgerichts, 33. Bd., Nr.22, 18.7.1972, S. 330.
[11] Ebd., S. 303.

So heißt es im Urteil: „Zur selbständigen Entscheidung über die anzuwenden Auswahlkriterien (für den Zugang zur Hochschule, W. E.) ist die Universität auch deshalb weniger berufen, weil bei diesen Kriterien in der Regel auch sozialstaatliche Belange berücksichtigt werden, die keine innere Beziehung zum Lehrauftrag der Universität aufweisen, und über deren Anwendung zum Nachteil anderer Bewerber eher staatliche, die Allgemeinheit repräsentierende Organe entscheiden sollten."[12] Die Kapazitätsnormen für die Auslastung von Studiengängen sollten jeweils erschöpfend sein, das heißt so kalkuliert, daß bei Übernachfrage nach Studienplätzen nicht die gute, sondern die gerade noch ausreichende Ausbildung vermittelt wird. Seit 1972 wirkt dieser Mechanismus der programmierten Qualitätsminderung der Studienbedingungen.

Das programmierte *down-sizing* der Qualität in den NC-Fächern ist vielleicht nicht einmal der schwerwiegendste Effekt des BVG-Urteils von 1972. Kaum erkannt sind die Folgen für die Einheit der Universität und das Gesamtbild universitärer Lehre, d. h. für die institutionelle Fiktion. Denn mit dem Kapazitätsausschöpfungsgebot begann der Prozeß, in dem die Universitäten sich in Forschungsparadiese und Prüfungs- und Lehrhöllen spalteten. Nachgefragt wurden ja nicht Studienplätze schlechthin, sondern einzelne Fächer und Fachkombinationen. Im Kosmos der Universität waren nur wenige Fächer als Medien für sozialen Aufstieg durch Bildung geeignet. So entstanden *Massenfächer*, deren Probleme nach und nach ganz andere wurden als die, mit denen Universitäten bisher zu tun hatten. Rechnet man nach Disziplinen, so bestand und besteht bei über der Hälfte der Fächer einer großen Universität kein Bedarf, aus Gründen der Kapazität irgend etwas an Studium und Lehre zu ändern. Die stark nachgefragten und daher überlasteten Fächer dagegen mußten, ob sie es wollten oder nicht, ihre Lehre den Quantitäten anpassen. Dies geschah bestenfalls mit maßvoller Verschulung des Studiums, schlechtestenfalls ignorierte man das Kapazitätsproblem und duldete anomische Zustände.

Mit dem Beschluß von Bund, Ländern und der Rektorenkonferenz von 1977, trotz der unerträglichen Lehr- und Studienbedingungen in den Massenfächern die Universitäten offenzuhalten, wurde nicht nur die Linie des BVG-Urteils von 1972 fortgesetzt, mehr noch, mit der Bereitschaft, die sogenannte *Überlast-Quote* zu akzeptieren, bis der Staat mit dem Hochschulausbau nachgekommen sei, wurden die Probleme der Massenfächer zu allgemeinen Universitätsproblemen gemacht. Allein von 1977 bis zur Wiedervereinigung stieg die Zahl der Studienanfänger an Hochschulen um 73 Prozent, die Personalstellen um sieben Prozent (Deutsche Universitätszeitung 10/93). Dabei gibt es bekanntlich bis heute zahlreiche Fächer an den Universitäten, in denen die Relation von

---

[12] Ebd., S. 347.

Lehrenden und Studierenden optimal ist, in denen Humboldts forschendes Lernen ebensogut funktionieren kann wie wirksame Leistungskontrollen, weil die Lehrenden ihre Studierenden nicht nur namentlich kennen, sondern so weit über die individuellen Studieninteressen informiert sind, daß sie die Curricula den Schwächen und Begabungen anpassen können. Das Gesamtbild der Universität in der Öffentlichkeit wird freilich nicht mehr von diesen heilen Fächern bestimmt. Manche Hochschulplaner, die nicht mehr wissen, was eine Universität ist, glaubten auch noch, gerade bei intakten Fächern, das heißt bei den sogenannten *Orchideenfächern*, Stellen abbauen und Studiengänge schließen zu müssen, weil sie nicht mehr in eine von Massenfächern geprägte Universität passen.

Welchem Leitbild folgte der Schildbürgerplan einer *Unterminierung* des *Studentenberges*? Die institutionelle Fiktion der Universität sollte durchgehalten und gleichzeitig unter Berufung auf die Verfassung die Selektionsmechanismen der Klassengesellschaft außer Kraft gesetzt werden. Am Horizont stand darüber hinaus die erkennbar unbegründete Hoffnung auf ein Nachlassen der Studierwilligkeit. Die Idee einer Universität in der Demokratie wurde somit politisch als Entprivilegierung des Zugangs zur Universität gefaßt. Wer das liberale Element hervorhob, sah die Sache ähnlich wie beim Fall des Jagdprivilegs des französischen Adels in der Revolution. Wer das soziale Element hervorhob, schrieb diese Hochschulpolitik in das reformsozialistische Projekt einer Verbesserung der Lage der Unterschichten durch Bildung ein, das der Austromarxismus der Jahrhundertwende gegen die revolutionäre Arbeiterbewegung entwickelt hatte. Kinder aus einem bildungsfremden Milieu sollten möglichst keine entmutigenden Schul- oder Studienerfahrungen machen. Bildung als Bürgerrecht wurde nach und nach als Recht auf einen guten Bildungserfolg angesehen. Das Bundesverfassungsgericht erklärte in seiner weiteren Rechtsprechung das Abitur zum Berechtigungsschein und forderte die zentrale Bewirtschaftung der Studienplätze in den NC-Fächern. Den Hochschulen wurde untersagt, „bloße Niveaupflege zu betreiben".[13]

Mit dem Gebot „Offenhalten der Universitäten" wurde die institutionelle Fiktion bedient. Darunter verschwand die ganz neue Aufgabe der Institutionalisierung des Aufstiegs durch Bildung, für den sich nach Einschätzung der Aufsteigenden, so wie sie in ihrer Studienfachwahl zum Ausdruck kam, nicht jede Disziplin, jeder Inhalt und jedes Studienkonzept eignete. Blockiert wurde ein Institutionenwandel durch Differenzierung, die dem Transformationsprozess

---

[13] Manfred Erhard, *Mehr Qualität und Leistung durch Wettbewerb und Eigenverantwortung. Zur Erneuerung deutscher Hochschulen*, in: *Aus Politik und Zeitgeschichte*. Beilage zur Wochenzeitung *Das Parlament*, 1 (B26/2002), S. 3–6.

der bürgerlichen Klassengesellschaft in die demokratische Massengesellschaft Rechnung tragen konnte. Dabei fehlte es nicht an Möglichkeiten. Das Spektrum von Differenzierungswegen, das diskutiert wurde und das genau gesehen bis heute seine Gültigkeit hat, umfaßte vier Möglichkeiten:

1. Die Expansion akademischer Bildung und Ausbildung konnte durch eine Vermehrung größenbeschränkter Universitätsstandorte erfolgen. Wolf-Dieter Narr hat die Vorteile dieser Differenzierung nachdrücklich herausgestellt: Kleine Universitäten können kostengünstig teuere überregulierende Verwaltungen entbehren und damit akademische Selbstverwaltung inhaltlich dynamischer machen. Sie sind besser gegen die massenbedingten Verwahrlosungen gerüstet und können die Zentrifugalkraft der Spezialisierungen abbremsen.[14] Dieser Differenzierungsweg wurde mit der geringen Zahl der Gründung neuer Universitäten seit den sechziger Jahren nur sehr halbherzig beschritten. Ein Erfolg hätte er aber auch nur werden können, wenn durch Festlegung von Obergrenzen der Studierendenzahlen an attraktiven Standorten der Wucherung von Universitäten mit über 5000 Mitgliedern Einhalt geboten worden wäre. Als in den achtziger Jahren bei Studierenden der Event-Charakter der kontrollarmen Mammutuniversität in der Großstadt entdeckt wurde, litten nicht wenige neue Standorte ohne entsprechendes Image unter einem Mangel an Studierenden. Die Idee eines lokalen Differenzierungsweges in der Bildungsexpansion wurde durch die Streichung nicht ausgelasteter, verwaltungsarmer, kleiner Studienstandorte bei gleichzeitigem Ausbau der verwaltungsreichen Riesenorganismen schließlich weitgehend aufgegeben, obwohl alle Beteiligten ahnten, daß die institutionelle Fiktion *Idee der Universität* in einem Gebilde von 20 000 Studierenden eine Absurdität darstellt.

2. Die Expansion akademischer Bildung und Ausbildung konnte durch eine Hierarchisierung der Hochschultypen Gestalt gewinnen. Die Ausdifferenzierungsprozesse hatten mit der Einrichtung Technischer Hochschulen, Pädagogischer Hochschulen und den in den sechziger Jahren entstandenen Fachhochschulen von der Elektrotechnik bis zur Sozialarbeit rasch ein komplexes Niveau erreicht. Dies konnte man zu einer leistungsdifferenzierten pyramidalen Struktur mit einem breiten Fachhochschulsockel, einer mittleren Ebene berufsbezogener Hochschulen für Lehrer, Architekten, Ärzte, etc. und einer entsprechend kleineren Zahl von Universitäten mit wissenschaftsbezogenen

---

[14] Vgl. Wolf-Dieter Narr, *Weg aus der Krise – eine systematische Fülle von kleinen Universitäten*, in: *Begriff und Wirklichkeit der kleinen Universität. Hildesheimer Universitätsschriften*, Bd. 2, hg. v. Tilman Borsche u. a., Hildesheim 1998, S. 109–123.

Studiengängen ausbauen.[15] Diesem Differenzierungsweg wurde erbitterter Widerstand entgegengesetzt, so als ob sich die Gesellschaft in Deutschland gegen die Theorie funktionaler Differenzierung verschworen hätte. Bis auf Baden-Württemberg und Bayern wurden die Pädagogischen Hochschulen in Universitäten integriert. Mit der eigentümlichen Vorstellung einer *Gesamthochschule* wurden an vielen Standorten funktionsfähige selbständige Einrichtungen eingeschmolzen. Befriedigt wurden damit Bedürfnisse nach Statusverbesserung der dann in die Universität integrierten Lehrpersonen. Rahmenordnungen der Kultusministerkonferenz für alles und jedes sollten dafür Sorge tragen, daß in den gleichgeschalteten, ihrer Tradition beraubten, unförmigen Gebilden sich keine Differenzierung kenntlich machen konnte. In diesem Prozeß der Vereinheitlichung, zu der das Verwaltungsinteresse an kontrollverstärkender Homogenisierung ebenso wie der *academic drift* der Lehrenden beigetragen hat, wurde die institutionelle Fiktion der Universität Zug um Zug entcharismatisiert. Der Staat verlor schließlich sein Interesse an der *Idee der Universität* und half mit, die Bezeichnung für alle möglichen Berufsschulen zu inflationieren. Daß diese Entdifferenzierung sich in der Folge als Förderung anomischer Zustände ausgewirkt hat, ist an den grassierenden hilflosen Symbolgesten abzulesen, mit denen kuriose neue Hochschulstudiengänge mit vollmundigen Versprechungen, modischen Titeln und nur noch sehr schwachem Wissenschaftsbezug vorgestellt werden. Diese aleatorischen Fachkreationen indizieren nur das Ausmaß der Blockierung institutioneller Differenzierung.[16]

3. Die Einführung von Studiengebühren unterschiedlicher Höhe, deren Effekte im internationalen Vergleich gut belegt und abschätzbar sind, konnte ein Mittel sein, die Expansion zu differenzieren. Wenn dabei großzügige Quoten für zu stipendierende Studierende aus Unterschichten festgelegt sind, können Studiengebühren Kindern aus sozial schwachen Elternhäusern bekanntlich mehr Aufstiegschancen bieten als ein System mit einem formell kostenlosen Studium. Es war vielleicht weniger die politische Angst vor den möglichen Protesten der besserverdienenden Eltern von Studierenden als vor dem Anspruch auf eine gute Ausbildung, die bei denen sich bildet, die dafür zahlen.[17] Dieser

---

[15] Zum Prozeß der Spezialisierung und Enttheoretisierung der Fächer und den Differenzierungsnotwendigkeiten zwischen Universitäten und Fachhochschulen ist unvermindert aktuell: Werner Hofmann, *Die Krise der Universität* (1967), in: ders., *Universität, Ideologie, Gesellschaft: Beiträge zur Wissenschaftssoziologie*, Frankfurt a. M. 1968, S. 9–34.

[16] Vgl. die luzide Analyse von Jürgen Kaube, *Jodeldiplom. Jeden Tag ein neues Fach an deutschen Universitäten*, in: *Frankfurter Allgemeine Zeitung*, 19.09.2002, S. 37.

[17] Mitte der neunziger Jahre waren sich der bayrische Wissenschaftsminister Zehetmair (CSU) und seine Nordrhein-Westfälische Kollegin Brunn (SPD) darin einig, keine Studiengebühren

Anspruch kann sich durchaus als wichtiges Movens für die Anpassung der Institution an eine sich verändernde Wissens- und Berufswelt erweisen. Statt diese Dynamik auszulösen, folgten einige Bundesländer dem baden-württembergischen Beispiel der Einführung von sogenannten *Langzeitstudiengebühren*, mit denen einerseits Ressentiments gegen studentisches Lotterleben bedient werden konnten und sich andererseits die Studierendenstatistik korrigieren ließ, so daß das Bild der Überlast ein wenig gemildert werden konnte.[18]

4. Schließlich blieb der Differenzierungsweg durch Selbstselektion. In den Massenfächern setzte sich ein Profil von Studienabbrüchen durch, bei dem die Beteiligten ihren Studierendenstatus solange aufrechterhielten, bis sie einer Einfädelung ins Berufsleben oder auch der Arbeitslosigkeit den Vorzug vor einer Fortsetzung des Studiums gaben. Der Vorschlag von Niklas Luhmann, dieser Realität durch ein doppeltes Angebot von *harten* Studiengängen mit stärkerer Fremdselektion und größerer Zukunftssicherheit einerseits und *weichen* Studiengängen mit mehr Selbstselektion und mehr Zukunftsunsicherheit gerecht zu werden, wurde nicht aufgegriffen.[19] Die Selbstselektion, die noch in den achtziger Jahren unter der Parole „Lieber zwei Jahre Student als zwei Jahre arbeitslos – ohne Job kein Studienende" akzeptiert war, wurde in den neunziger Jahren zunehmend als Versagen der Professoren umgedeutet, die sich nicht um die Lernfortschritte der Studierenden kümmerten, sondern Studienabbrecher produzierten. Dann wurde von Hochschulplanern die doch wohl trügerische Hoffnung genährt, daß die Selbstselektion durch Einführung von Kurzzeitstudiengängen nach dem BA-Modell gemindert werden könnte.[20]

Bekanntlich sind die möglichen Differenzierungswege nicht ernsthaft und standfest beschritten worden. In der Hauptsache stand ihnen das BVG-Urteil von 1972 entgegen. Ohne dies Urteil und den darauf aufbauenden Überlast-

---

einzuführen. Beiden war klar, daß die Universitäten sich in einem Zustand befanden, daß die Studierbarkeit innerhalb einer Regelstudienzeit nicht gewährleistet werden konnte. Vgl. die Darstellung bei Turner 2001, a. a. O., S. 175–187.

[18] Wie sehr die Einführung der Langzeitstudiengebühren Ressentiment-Kalkülen entsprang, ist auch daran abzulesen, daß die Zahlen der Verluste, die einzelne Fächer an hochsemestrigen Scheinstudenten verzeichnen mußten, nur sehr zögerlich bekannt wurden. Insider wußten, daß die naturwissenschaftlichen Fächer schlagartig weitaus mehr Studierende verloren hatten als die Geistes- und Sozialwissenschaften, die viele Überlastfächer in ihren Reihen haben.

[19] Vgl. Niklas Luhmann, *Perspektiven für Hochschulpolitik* (1983), in: ders., *Universität als Milieu. Kleine Schriften*, hg. v. André Kieserling, Bielefeld 1992, S. 80–89.

[20] Inzwischen halten auch viele Befürworter des „Bologna-Prozesses" diesen für gescheitert.

beschluss von 1977 hätten die Universitäten in Zugangsfragen handeln können. Es wäre entscheidbar geworden, nur soviel und nur solche Studierende
zuzulassen, die die Universitäten nach ihren Maßstäben auszubilden in der
Lage sind, ohne sich zu erschöpfen. Dabei wäre sehr schnell der grundlegende
Zusammenhang von Selektion und Förderung sichtbar geworden, der für alle
Bildungsprozesse gilt. Mit guten Ausstattungen können mehr Studierende gefördert werden, schlechte Ausstattungen dagegen erhöhen den Selektionsdruck,
da der Ressourcenverbrauch an Lehre mit dem Grad der Leistungsschwäche der
Studierenden steigt. Zugangsfragen haben im Kern mit der Abwägung zu tun,
ob die Förderung eines Studierenden ein Ergebnis erwarten läßt, bei dem eine
positive Selektion auf den verschiedenen Niveaus vorgenommen werden kann.
Die Zugangsfrage, die für die Universität in der Demokratie zentral ist, konnte
bis heute nicht mit der institutionellen Fiktion der Universität zum Ausgleich
gebracht werden. Die Spannung zwischen Institution und Konstitution ist nicht
stabilisiert. Auf der Oberfläche sind die klassengesellschaftlichen Bildungsprivi-
legien erodiert. Ideenpolitische Innovationen für eine Institutionalisierung von
Differenzen, in denen die Unterschiede von Talent und Fleiß bearbeitet werden
können, werden mit der verfassungsrechtlichen Festschreibung von Abitur und
universitärem Erschöpfungsgebot weiterhin ins Reich der Utopie verwiesen.

„Oligarchische Strukturen" – Stillstellung inneruniversitärer Reformprozesse

Zur institutionellen Fiktion der Universität gehört nicht nur eine Korrespon-
denz von Zugang und Funktionsfähigkeit im Sinne der Leitidee, sondern auch
Vorstellungen, die die Mitsprache in universitären Angelegenheiten betreffen.
In einer langen europäischen Konfliktgeschichte hat sich als Gegenstück zur
Gewerbefreiheit das Prinzip der Wissenschaftsfreiheit durchgesetzt und zu
einem Regelungsgeflecht geführt, in dem die korporative Selbstverwaltung
der Universität und die Mitbestimmung der Regierung auf eine gesetzliche
Grundlage gestellt wurde. Gesellschaftliche Ansprüche konnten, vermittelt
über gewählte Parlamente und Regierungen, an die Hochschulen herangetra-
gen werden. Wenn heute, angesichts des offenkundigen Scheiterns staatlicher
Hochschulpolitik, Überlegungen Platz greifen, den Ministerien die Regierung
der Universitäten ein Stück weit zu entziehen und unabhängigen Gremien
aus verdienten oder erfahrenen oder charismatischen Persönlichkeiten aus
verschiedenen gesellschaftlichen Sphären zu übertragen und so einen anderen
Vermittlungsmodus gesellschaftlicher Ansprüche an die Universität zu etablieren (Board-Modell, Universitätsrat, etc.), so ist an das zweite BVG-Urteil zu

erinnern, mit dem die Konflikte der endsechziger Jahre juristisch gelöst werden sollten, das Urteil zum sogenannten *Vorschaltgesetz* des Landes Niedersachsen aus dem Jahre 1973.[21]

Der niedersächsische Wissenschaftsminister und Hochschullehrer Peter von Oertzen hatte, noch bevor die Bundesregierung ihr Hochschulrahmengesetz durchgebracht hatte, die Mehrheit der Landtagsabgeordneten für ein Vorschalt- gesetz zum Hochschulrahmengesetz gewonnen, in dem die Forderung von Studierenden, Assistenten und progressiven Hochschullehrern nach einer drit- telparitätischen Beteiligung der funktionalen Gruppen der Universität an den Selbstverwaltungsgremien der Universität modifiziert aufgegriffen wurde.[22] Dem Gesetz lag die Reformidee der Gruppenuniversität zugrunde, nach der die drei funktionalen Gruppen (Professoren, wissenschaftlicher Nachwuchs und Studierende) die Chance erhalten sollten, ihre unterschiedlichen Perspektiven und Interessen in Gremien der akademischen Selbstverwaltung einbringen zu können und zu verantworten. Es ging nicht um eine *one-man-one-vote*-Demo- kratisierung, sondern um eine quasi funktional-ständische Repräsentation der Gruppen, die die verschiedenen Blickweisen auf die Idee der Universität und ihr Verhältnis zur Gesellschaft darstellen konnten, und die anders als äußer- liche Regierung eine inneruniversitäre Vermittlungsebene entwickeln konnten.

Die Karlsruher Richter erklärten das niedersächsische Gesetz in wesentlichen Teilen für verfassungswidrig. Sowohl der Urteilstext als auch das Minderheiten- votum von zweien der Senatsmitglieder eignen sich sehr gut als Einstieg in die Soziologie der Universität. Denn in Urteil und Minderheitenvotum kommen alle Probleme zur Sprache, die institutionelle Fiktion der Universität für demo- kratische Massengesellschaften erträglich zu machen. Ausgegangen wurde von der soziologischen Diagnose: „Die Selbstbeschränkung der Universität auf eine Stätte der reinen und zweckfreien Wissenschaft geriet in ein Spannungs- verhältnis zu den Ansprüchen der zunehmend technologisch organisierten Industriegesellschaft, zu der wachsenden Bedeutung einer wissenschaftlichen Ausbildung für beruflichen Aufstieg und gesellschaftliche Emanzipation, zu der erschwerten Studiensituation in der modernen Massenuniversität und zu dem gesteigerten Bedürfnis, die Wissenschaft in den gesellschaftlichen Bereich

---

[21] Vgl. *Entscheidungen des Bundesverfassungsgerichts*, hg. v. Mitgliedern des Bundesverfassungs- gerichts, 35. Bd., Nr.10, 29.5.1973, S. 79 ff.
[22] Das niedersächsische Gesetz sah vor, daß in akademischen Gremien die Stimmanteile für wichtige Entscheidungen der Gruppe der Hochschullehrer 50 Prozent, der Gruppe der wissenschaftlichen Mitarbeiter und der Gruppe der Studierenden jeweils 25 Prozent betru- gen, und daß auch nicht-wissenschaftlich Bedienstete Mitsprache und Entscheidungsrechte erhielten.

zu integrieren."[23] Bemerkenswert ist, daß das BVG die Idee der Gruppenuniversität, die der SDS 1961 propagiert hatte, im Prinzip übernahm. Im Urteil wird die „Forderung nach einer ausschließlich nach den Bedürfnissen der einzelnen Wissenschaftler ausgerichteten Hochschulorganisation"[24] zurückgewiesen. Die Legitimität studentischer Mitsprache in Wissenschaftsangelegenheiten wird ausführlich begründet.[25]

Freilich hat das BVG die Chance vertan, die institutionelle Form der Gruppenuniversität so anzulegen, daß eine kontinuierliche Stabilisierung von Spannungen erwartbar wurde. Ordnungserfolge des Institutionellen – darauf hat Karl-Siegbert Rehberg eindrücklich hingewiesen – sind nur zu erreichen, wenn sie der Realität sozialer Kämpfe und der Vielzahl oftmals unvereinbarer Orientierungsmöglichkeiten ausgleichend gerecht werden.[26] Statt dessen konstruierte die Senatsmehrheit eine Rechtsstellung der Hochschullehrer, derzufolge sie als Gruppe grundsätzlich nicht überstimmt werden dürften. In den Gründen zeigt sich die akute Angst, daß es dauerhaft zu Blockabstimmungen von Assistenten und Studierenden gegen die Professoren kommen würde. Dieses BVG-Urteil hat die Ordinarien-Universität zu einer Gruppenuniversität mit so zementierter Professorenherrlichkeit gemacht, daß alle anderen Gruppen in eine permanente Minderheitenposition verwiesen wurden. Im Minderheitenvotum der Senatsmitglieder Rupp-v.-Brünneck und Simon findet sich die treffende Charakterisierung, wonach „die verfassungskräftige Institutionalisierung unüberstimmbarer Mehrheitspositionen zugunsten bestimmter Gruppen charakteristisch für ‚oligarchische Strukturen'"[27] ist. Darüber hinaus sei „die

---

[23] Ebd., S. 109f.

[24] Ebd., S. 122.

[25] „Mag auch nur ein verhältnismäßig kleiner Teil der Studenten zur aktiven Beteiligung am Wissenschaftsprozess gelangen, so ist doch das Studium an der Universität auf solche Teilnahme hin angelegt. Studenten sind keine Schüler und nicht bloße Objekte der Wissensvermittlung, sondern sie sollen selbständig mitarbeitende, an den wissenschaftlichen Erörterungen beteiligte Mitglieder der Hochschule sein. Deshalb kann die studentische Mitsprache nicht generell als ‚wissenschaftsfremd' angesehen werden. Außerdem sind sie durch die Art und Weise, in der die Universität ihre Ausbildungsfunktion erfüllt, unmittelbar betroffen. Schließlich rechtfertigt das Interesse der Studenten an einem Ausgleich und Gegengewicht zu der sozialen Abhängigkeit, in der er sich zur Universität als der Vermittlerin seiner Berufs- und Lebenschance befindet, grundsätzlich eine Mitsprache bei der Erfüllung der der Universität gestellten Aufgaben" Ebd., S. 125f.

[26] Vgl. Karl-Siegbert Rehberg, *Institutionen als symbolische Ordnungen. Leitfragen und Grundkategorien zur Theorie und Analyse institutioneller Mechanismen (TAIM)*, in: *Die Eigenart der Institutionen. Zum Profil politischer Institutionentheorie*, hg. v. Gerhard Göhler, Baden-Baden 1994, S. 47–84.

[27] *Entscheidungen des Bundesverfassungsgerichts 1973*, a. a. O., S. 160.

Kumulierung von Grundrechtsschutz und Mehrheitsposition geradezu ein verfassungsrechtlicher Widerspruch"[28]. Die Mehrheitsentscheidung lasse keinen gesetzgeberischen Spielraum für „eine Reform der Reformen". Das wesentliche Bedenken gegenüber dem Mehrheitsurteil bleibe, „daß verfassungsgerichtliche Verbote im Unterschied zu inhaltsgleichen Gesetzesregelungen nur schwer korrigierbar sind und die weitere Entwicklung in ihrem Geltungsbereich auch dann zementieren, wenn sie auf Fehleinschätzungen beruhen"[29].

Man kann sagen, daß es so gekommen ist, wie im Minderheitenvotum befürchtet. Die Beschränkung der wesentlichen inhaltlichen und strukturellen Reformrechte auf die Gruppe der Professoren ließ den Dauerminderheiten nur die Chance, ihr Rederecht in Gremien exzessiv zu nutzen. Dies taten sie bisweilen zur Erschöpfung. Es waren oft die vorab feststehenden Mehrheitsverhältnisse, die den Sitzungsmarathon verursacht haben, der dann zynischerweise als Argument gegen die Mitbestimmung verwandt wurde. Niklas Luhmann hat diese Konflikte 1975 ebenso ironisch wie bitter als Effekte von „Wabuwabu"-Praktiken analysiert, als „scharfe Praktiken im Rahmen und unter Ausnutzung von fortbestehenden institutionellen Bindungen."[30] Dabei dominieren gruppenmäßige Bindungen diejenigen, die auf die Mitgliedschaft in der Universität bezogen sind. Fremdgruppe und Eigengruppe werden primitiv kontrastiert und die Praktiken sind scharf, weil sich sie sich auf der Grenze von rechtmäßig und rechtwidrig bewegen. Luhmann nahm an, daß solche Entindividualisierung bei zunehmender sozialer Distanz ebenso einen langfristigen Strukturwandel bewirkt wie die Partikularisierung durch kurzzeitige taktische Vorteile. Einer Erneuerung der bindenden Kraft der Idee der Universität stand er skeptisch gegenüber und projizierte dabei sogleich das Problem auf die mit der Theorie der modernen Gesellschaft schwer erreichbaren Dimensionen der Annahme von Recht. Luhmann hielt es für wenig sinnvoll, „die Universitäten mit neuen normativen Ordnungsmodellen zu füttern, die dann vor Ort konsensuell unterlaufen oder, soweit brauchbar, aufgebrochen und auf die Arsenale verteilt werden. Solange die Prämissen für die Aufnahme von Recht nicht gegeben sind, vermehrt die Vermehrung des Normbestandes nur die Möglichkeit, Rechtsverstöße zu begehen oder feststellen zu lassen – sofern jemand daran ein taktisches Interesse hat."[31]

---

[28] Ebd., S. 161.
[29] Ebd., S. 169.
[30] Niklas Luhmann, *Wabuwabu in der Universität* (1975), in: ders., *Universität als Milieu. Kleine Schriften*, hg. v. André Kieserling, Bielefeld 1992, S. 30–48. Der Terminus Wabuwabu ist der Sprache des Dobu-Volkes entnommen.
[31] Ebd., S. 43.

Die Vermutung einer „regressiven Gesellschaftsentwicklung (...), die zivilisatorische Errungenschaften aufgibt und zu unmittelbarer motivierbaren Verhaltensweisen zurückkehrt, ist vielleicht auch schon damals zu hoch angesetzt."[32] Realistischer ist die Feststellung: Das BVG-Urteil hat jeden denkbaren inneruniversitären Reformmechanismus stillgestellt. Eine funktionierende Verantwortlichkeit der Universität gegenüber gesellschaftlichen Ansprüchen wäre schon in den siebziger Jahren möglich gewesen, wenn die Zukunft der Wissenschaft, die in Assistenten und wissenschaftlichen Mitarbeitern verkörpert ist, und die Bildungs- und Ausbildungsinteressen, die in werdenden Hochschulabsolventen verkörpert sind, wirksame Stimmrechte bekommen hätten.

Der große Gewinner der Universitätskonflikte in den siebziger Jahren war die staatliche Verwaltung. Ihr waren gesetzlich Eingriffsrechte in universitäre Angelegenheiten ermöglicht, wie sie zuvor in Deutschland – selbst unter der NS-Diktatur – kaum vorstellbar waren. Die politischen Parteien zeigten nach der Demoralisierung der hochschulpolitischen Reformbewegung wenig Interesse am tertiären Sektor. Die *Idee der Universität* lag zu sehr abseits vom politischen Tageskampf. Sie war vielleicht auch bei den jüngeren, die in ihrem Studium zum Teil desolate Erfahrungen gemacht hatten, kaum noch lebendig. Freilich waren es nun die Wissenschaftsminister, die mit ihren Reformprogrammen an den Hochschullehrermehrheiten scheiterten. Die Forderungen nach Strukturierung des Studiums, Verläßlichkeit der Prüfungsorganisation, Verbesserung der Qualität der Lehre und mehr Präsenz der Professoren in der Universität, prallten so lange an den Universitätsmauern ab, bis die Ministerien zur sachfremden Kopplung von „Reformnachweisen" mit Forschungsgeldvergabe übergingen. Schließlich blieb nur das Geld als einzig noch verbliebener Reformhebel.

In den neunziger Jahren gingen die Bundesländer auch dazu über, die kollegialen Strukturen der akademischen Selbstverwaltung zugunsten einer Stärkung der Rektoren und Dekane zu demontieren. Pate standen dabei Modelle des *new public management,* bei denen die Eigenart der Universität schon vom Ansatz her keine Rolle mehr spielt.[33] An einigen Orten kam es zur Entfremdung der Universitätsleitung von den Fakultäten. Der Phase der Professoren-Demokratie sollte die Phase einer Führungsdiktatur folgen. Da die substantiellen Entscheidungen an den Universitäten, die den Inhalt des wissenschaftlichen

---

[32] Zu Luhmanns „Überwindung" des Institutionellen, die vielleicht untergründig mit derartigen kulturpessimistischen Attacken zusammenging vgl. Rehberg 1994, a. a. O., S. 52.

[33] Vgl. Dietmar Braun, *Regierungsmodelle und Machtstrukturen an Universitäten*, in: *Zeitschrift für Sozialforschung*, Sonderheft 20: Die Krise der Universitäten als Leviathan, hg. v. Erhard Stölting u. Uwe Schimank, Wiesbaden 2001, S. 243–262.

Handelns betreffen, sich in ihrem wesentlichen Gehalt unter allen Regimen
der Kontrolle entziehen und wie bisher auf kollegialen Zweifel und kollegiale
Ermutigung in einem subtilen Geflecht von geistigen Beeinflussungen angewiesen sind, ist das Scheitern dieses Übergangs absehbar.

Die staatlichen Maßnahmen des Jahres 2002, die 5. und 6. Novellierung
des HRG, zielten auf eine Destruktion der Kernelemente, die die Gruppe der
Professoren bislang definierte: das Institut der Kooptation in den Kreis der
Hochschullehrer durch die Habilitation und die Abgrenzung von unabhän-
gigen Inhabern von Lebenszeitprofessuren und wegen ihrer Beschäftigung
auf Zeit abhängigen Wissenschaftlern. Bezogen auf die Mitbestimmungsfrage
stellten diese Maßnahmen das Prinzip der Gruppenuniversität überhaupt in
Frage, da wesentliche Gruppenmerkmale zum Verschwinden gebracht werden.
Daß der Angriff der Definition der Professur galt, ist eine späte Folge des BVG-
Urteils zur Mitbestimmung, das die unüberstimmbare Mehrheitsposition der
Professoren institutionalisiert hatte.[34]

„Die unbedingte Universität"

Die Deutschen haben in ihrer Geschichte meist Pech mit ihren Ideen für Institutionen gehabt und in vielen Bereichen des gesellschaftlichen Lebens und der
politischen Einrichtungen letztlich von Engländern, Franzosen und schließlich Amerikanern die Modelle übernommen. Zu den wenigen Ausnahmen
institutioneller Erfindungen aus Deutschland, die in sehr vielen Ländern
Bewunderung hervorgerufen haben und zur Nachahmung anregten, gehört
die humboldtsche Art und Weise, das Haus der Weisheit einzurichten. Und
während die politische Klasse und ihre oft bildungsfernen Kommunikatoren
in der BRD eine pseudo-ökonomische Amerikanisierung des deutschen Hoch-
schulsystems betreiben, hinter der sich ein rigider Thatcherismus verbirgt, und
die institutionelle Fiktion der Universität mangels ihrer sichtbaren Effizienz
auslöschen wollen, mehren sich die Stimmen derer, die anderswo ein „back to
Humboldt" einfordern. Beispielhaft dafür steht Jacques Derridas Vortrag vom
April 1998 an der Universität Stanford in Kalifornien. *Université sans condition* ist eine Anrufung der institutionellen Fiktion der Universität, wie sie von
Deutschland ausgestrahlt ist. „So sehr diese Unbedingtheit prinzipiell *de jure*
die unüberwindbare Kraft der Universität ausmacht, sowenig war sie jemals

---

[34] Die sich hier anschließenden hochschulpolitischen Entwicklungen habe ich mit diversen
öffentlichen Interventionen begleitet. Sie können auf meiner Homepage nachgelesen werden:
http://www.soziologie.uni-freiburg.de/Personen/essbach/publikationen.php.

Wirklichkeit. Aufgrund dieser abstrakten und hyperbolischen Uneinnehmbarkeit, aufgrund ihrer Unmöglichkeit selbst, offenbart diese Unbedingtheit auch die Schwäche und Verletzlichkeit der Universität. Sie kehrt ihre Ohnmacht hervor, die Hilflosigkeit, mit der sie sich gegen jene Mächte zur Wehr setzt, die über sie verfügen, sie belagern und sie einzunehmen trachten. Weil sie der Macht fremd, dem Machtgefüge gegenüber heterogen bleibt, verfügt die Universität auch über keine eigene Macht."[35] Der privilegierte Ort der Präsentation dieser Unbedingtheit sind für Derrida die *humanities*. Dies muß sich nicht in der herkömmlichen Topologie darstellen. „Die unbedingte Universität hat ihren Ort nicht zwangsläufig, nicht ausschließlich innerhalb der Mauern dessen, was man heute Universität nennt. Sie wird nicht notwendig, nicht ausschließlich, nicht exemplarisch durch die Gestalt des Professors vertreten. Sie findet statt, sie sucht sich ihre Stätte, wo immer diese Unbedingtheit sich ankündigen mag."[36] Es ist vornehmlich diese paradoxe institutionelle Fiktion, durch die sich Universitäten erhalten können und für die Zugang und Mitbestimmung stets neu organisiert werden muß.

---

[35] Jacques Derrida, *Die unbedingte Universität* (1998), Frankfurt a. M. 2001, S. 16.
[36] Ebd., S. 77.

7. Vernunft, Entwicklung, Leben

Schlüsselbegriffe der Moderne

Die gegenwärtige europäische Debatte um Modernität ist beherrscht von einer Vielzahl von Themen. Strittig ist so ziemlich alles. Die grundlegenden Ideologien: Ihre motivierenden Kräfte sind hier zu schwach und dort zu einseitig. Die integrativen Mechanismen: Sie rufen mal das Schreckbild eines würdelosen Konformismus, mal das einer anomischen Zerrüttung hervor. Die Zieldefinitionen praktischer Politik: Diese kapitulieren einmal vor der Unregierbarkeit moderner Gesellschaften, und ein anderes Mal laufen sie entschlossen in Fehlplanungen aus. Die gewohnten Ressourcen – die Erde und der Mensch als Quellen des Reichtums: Sie bergen hier ökologische Katastrophen und Gesundheitsrisiken und führen dort zu Wohlstand und Lebensqualität.

Zu den meistgebrauchten diagnostischen Adjektiven für die verschiedensten Gebiete des modernen Lebens gehören: *überfordert, unübersichtlich, riskant*. Neben diese drei Adjektive treten die drei Operationen: Versicherung der *conditio humana*, Versprechen einer Verständigung, Ermutigung zur Bewältigung. Ich möchte noch drei Fragen danebenstellen, die in der Modernitätsdiskussion gegenwärtig höchst umstritten sind: Welche Rationalitätsauffassung soll gelten? In welche Entwicklungsrichtung bewegt sich unsere moderne Gesellschaft, und welche ist wünschenswert? Welche Effekte hat Modernität für die Verwaltung und Steigerung oder auch Schwächung und Destruktion von Lebensprozessen? Diese Fragen betreffen drei Streitfelder, in denen sich die Adjektive *überfordert, unübersichtlich, riskant* wiederholen und in denen durchaus wechselnd jene drei Modelle der Versicherung, des Versprechens und der Ermutigung Platz greifen können.

Den entscheidenden Hinweis zur Herkunft der drei Streitfelder fand ich bei Helmuth Plessner. 1928 eröffnet er sein Werk *Die Stufen des Organischen und der Mensch* mit den Worten: „Jede Zeit findet ihr erlösendes Wort. Die Terminologie des achtzehnten Jahrhunderts kulminiert in dem Begriff der Vernunft, die des neunzehnten im Begriff der Entwicklung, die gegenwärtige im Begriff des Lebens."[1] *Vernunft, Entwicklung, Leben* – in der heutigen Zeit sind sie umstellt mit

---

[1] Helmuth Plessner, *Die Stufen des Organischen und der Mensch. Einleitung in die Philosophische Anthropologie* (1928), in: ders., *Gesammelte Schriften*, Bd. 4, hg. v. Günter Dux u. a., Frankfurt a. M. 1981, S. 37; vgl. auch Kapitel 2 in diesem Buch.

den Adjektiven „überfordert", „unübersichtlich", „riskant". Plessner hat sie in eine bestimmte historische Reihe gebracht. Die Erinnerung an den spezifischen Zeitdruck, der mit diesen Begriffen verbunden ist, kann helfen, ihre erstmalige Färbung wahrzunehmen.

„Jede Zeit findet ihr erlösendes Wort." Was ist ein erlösendes Wort? Für Plessner eine Art *Mittel*, eine Art *Symbol* und eine Art *Vorwand* für eine sich selbst tragende Gewißheit. Erlösende Wörter sind brauchbare Mittel, sie identifizieren Zerbrochenes, und sie verkleiden etwas. Erlösenden Wörtern eignet eine gewisse Prominenz. „Erlösend", so Plessner, „wirkt ein Wort nur, wenn die Zeit sich zugleich in ihm ihre Rechtfertigung und ihr Gericht spricht."[2] Modernität – so möchte ich Plessners Hinweis verwenden – wird im 18. Jahrhundert im Namen der Vernunft diskutiert, im 19. Jahrhundert im Namen der Entwicklung, im 20. Jahrhundert im Namen des Lebens. Die europäische Moderne kann als Abfolge und Kumulation dreier Modernitätsdiskurse begriffen werden. Vernunft, Entwicklung, Leben sind Schlüsselbegriffe unserer Moderne.

Mit einem Schlüssel kann man Türen öffnen und in Räume und Horizonte einer bislang verschlossenen Theorie und Praxis eintreten. Mit einem Schlüssel kann man aber auch die Tür hinter sich verschließen. Vernunft, Entwicklung, Leben sind aufschließende und abschließende Begriffe. Wie kann Vernunft gefaßt werden, wie Entwicklung, wie Leben? Von was für einem Übel soll denn jeweils erlöst werden; für welche Übelkeiten, für welche Ratlosigkeit bedeutet der jeweilige kulminierende Schlüsselbegriff eine Erlösung? Für welche „brennenden" Probleme taugen Vernunft, Entwicklung, Leben als Mittel, Symbol, Vorwand? Die Übel und Ratlosigkeiten sind empirischer Natur und kollektiver Art. Welche real-historischen Erfahrungen bilden nun den dramatischen Hintergrund für die Schlüsselbegriffe der europäischen Moderne?

Im 18. Jahrhundert ist „Vernunft" das erlösende Wort für die realhistorische Erfahrung der *Religionskriege*. Im 19. Jahrhundert ist „Entwicklung" das erlösende Wort für die realhistorische Erfahrung der *Auflösung traditioneller Gesellschaftsformen*. Im 20. Jahrhundert ist „Leben" das erlösende Wort für die realhistorische Erfahrung umfassender *Technisierung und Ästhetisierung der Lebensumwelt*. Die historische Reihe: „Vernunft, Entwicklung, Leben" übersetze ich in eine Reihe vorgängig unabweisbar gewordener Ratlosigkeiten, zerbrochener Evidenzen. *Vernunft* ist der passende Schlüsselbegriff für die *Inevidenz des Religiösen*. *Entwicklung* ist der passende Schlüsselbegriff für die *Inevidenz des Sozialen*. *Leben* ist der passende Schlüsselbegriff für die *Inevidenz des Artifiziellen*.

---

[2] Plessner 1981, a. a. O.

Gegen diesen Vorschlag könnte man einwenden: Ist in menschlichen Lebensformen nicht immer profanes Wissen und sakrale Sphäre gegeben? Haben Menschen nicht immer in sozialen Lebensformen sich entwickelt? Waren sie nicht immer schon Artefakte herstellende Lebewesen? Dies ist zweifellos richtig. Es ist zu richtig oder maßlos richtig. Denn von der Frühen Neuzeit bis ins 18. Jahrhundert steht der Mensch in Europa vor folgendem Problem: Obwohl er sehr gut weiß, daß die Gegebenheit von profaner und sakraler Sphäre seit Menschengedenken evident ist, sind die europäischen Staaten in der Neuzeit von nicht enden wollenden Religionskriegen durchzogen. In dieser realhistorischen Erfahrung wird Religion inevident. Im 19. Jahrhundert stehen die Menschen in Europa vor dem Problem: Obwohl man sehr gut weiß, daß Menschen sich immer soziale Ordnungen gegeben haben, zerreißen die gesellschaftlichen Bande, und es sind seltsame asoziale Kräfte am Werk. In dieser realhistorischen Erfahrung wird Sozialität inevident. Im 20. Jahrhundert stehen die Menschen in Europa vor dem Problem: Obwohl man sehr gut weiß, daß Menschen immer schon Artefakte herstellende Lebewesen gewesen sind, zeigen die eigenen Artefakte sich in einem unentwirrbaren Zugleich von lebensspendenden und lebensbedrohenden Effekten. In dieser realhistorischen Erfahrung werden Artefakte inevident.

Inevident heißt, die Routine stockt. Angesichts der Religionskriege kann man mit Religion, angesichts des Zerfalls sozialer Bindungen kann man mit Gesellschaft, angesichts umfassend artifizieller Lebensumwelten kann man mit Artefakten nicht mehr so weitermachen wie bisher. Die Schlüsselbegriffe der Moderne sind ihrer Herkunft nach unter Zeitdruck bestimmten Ratlosigkeiten entsprungen.

Die drei Modernitätsdiskurse haben nicht nur ihren Platz in der historischen Reihung, sondern als Mittel, Symbol und Vorwand können sie auch deplaziert werden. Die Parole des 18. Jahrhunderts „Nie wieder Glaubenskrieg, schließen wir den Fanatismus ab, nehmen wir die Vernunft in Gebrauch!" – diese Parole ist deplazierbar, wenn zum Beispiel in der Mitte des 19. Jahrhunderts angesichts der Inevidenz des Sozialen das Thema des Egoismus oder des Kampfes der Klassen wie ein verkappter Glaubenskrieg wahrgenommen wird. Die Parole des 19. Jahrhunderts „Begreifen wir Fragen der sozialen Ordnung und Unordnung als Entwicklungsfragen!" ist deplazierbar, wenn zum Beispiel rückblickend die Religionskriege der Frühen Neuzeit nun als soziale Konflikte einer bestimmten Stufe der gesellschaftlichen Entwicklung gelten.

In diesem großen Spiel der Deplazierungen können die erlösenden Worte, wenn sie sich einmal als brauchbares Mittel, symbolische Fügung und schützender Vorwand gezeigt haben, erneut den Anfang der Modernität markieren. So können wir sagen: Modernität beginnt dort, wo Vernunft den Aberglauben besiegt hat. Und wir können sagen: Modernität beginnt dort, wo Sozialität aus einer Ruhelage geworfen sich entwickelt und die Triebkräfte ihrer Entwicklung kennenlernt. Und wir können sagen: Modernität beginnt dort, wo die künstlichen Bedingungen der Existenz die Definition des Lebens abgeben. Ich will nun die drei Modernitätsdiskurse in ihrer erstmaligen Semantik als Effekte eines spezifischen Komplexes skizzieren.

Religionskriege und Vernunft

Es ist ein Effekt der Deplazierung, wenn im 20. Jahrhundert die Aufklärung vorrangig als Wegbereiterin des naturwissenschaftlich-technischen Fortschritts angesprochen wird. In ihrer Erstmaligkeit als Ereignis war sie auf das Phänomen der Religionskriege bezogen. Die Freiheiten, die die Aufklärung errungen hat, gleichen konzentrischen Ringen um den Kern der Glaubensfreiheit.

Die Religionskriege, die seit 1500 bis in das frühe 18. Jahrhundert hinein die europäische Welt erschütterten, unterscheiden sich wesentlich von den vorgängigen Ausscheidungskämpfen konkurrierender Grundherren, weil sie zugleich das Territorium und die Verfassung des Geistes betreffen. Zwei ältere Streitfelder überlappen sich: Der Dualismus von weltlicher Herrschaft und religiöser Autorität und die differenten Positionen in Fragen des religiösen Heils, zu der die christliche Religion als eine Mysterienreligion notorisch einlädt. Diese Streitfelder sind bereits in der Spätantike präsent. Sie artikulieren sich durch das Mittelalter hindurch. Aber sie finden ihre Ziele und Auswege in den beachtlichen Wanderungsbewegungen der Ethnien und den Pilgerschaften der Gläubigen. Die neuzeitlichen Religionskriege entflammen in dem Augenblick, in dem der religiöse Praktikant in seinem Glauben und auf seinem Platz standfest wird. In den nicht enden wollenden neuzeitlichen Religionskriegen, in die Reiche und Konfessionen untrennbar verwickelt sind, geht es um die Konfessionalisierung des Platzes, um die Identität von Territorium und geistiger Verfassung.

Vernunft ist die Antwort auf die Frage, wie die differenten Glaubensstandpunkte in einem Staate ansässig sein können. Die Religionskriege können beendet werden, wenn vernünftigerweise anerkannt wird, daß niemand mit Gewalt zu einem Andersgläubigen gemacht werden kann; daß religiöse Praktiken die Grenzen der allgemeinen Gesetze nicht überschreiten dürfen; daß jeder Konfession unterstellt wird, an der einen Transzendenz zu partizipieren. Vernünftig ist: Glaubensfreiheit innerhalb allgemeiner Gesetze bei unterstellter Teilhabe an einer Transzendenz. Dies bringt die Erlösung von den Schrecken der Religionskriege. So können die großen Emotionen, die der Glaube weckt, verräumlicht werden, und zwar als Nationalgefühl im Territorialstaat und als Privatpriestertum im eigenen Herzenstempel. Und immer, wenn wir Geschehnissen begegnen, die uns an unsere Religionskriege erinnern, werden wir diese Lösungen präsentieren.

Rationales Recht, rationaler Staat sind nur konfessionsindifferent möglich. Es ist gleichgültig, was Individuen als Zeichen ihrer Konfession annehmen. Rationale Auffassungen sind im Innern des Staatsgebiets mit Waffen nicht herstellbar, sondern nur im ungehinderten Austausch der Ideen. Außerhalb des Staatsgebiets partizipiert jedes Exemplar der menschlichen Gattung virtuell an der allgemeinen Vernunft, in deren Ratschluß die Differenz zwischen dem gerechten und ungerechten Krieg beschlossen ist.

Vernunft schließt den Glaubenskrieg ab, indem die sich fanatisch befehdenden Integrale von Heilsgewißheit und konsequentem Tun aufgespalten werden. Die sichtbaren Handlungen folgen allgemeinen Gesetzen des Wirtschaftens und den staatsbürgerlichen Pflichten, der Glaube soll nur im Herzen brennen. Es ist vernünftig, Werte, die nur in der Diskussion zirkulieren können, von Werten abzuspalten, die in Geldform auf dem Markte zirkulieren. Vernünftig ist die Aufteilung des Kosmos in Diskussion und Markt, Verwaltung und Kunst. Die Verwaltung wacht über den Markt, die Kunst stimuliert die Diskussion, die Diskussion wacht über die Verwaltung, der Markt stimuliert die Kunst. Diese Balancen herzustellen, bedarf eines andauernden Gebrauchs der verständigen Unterscheidung.

Auflösung traditionaler Gesellschaftsformen und Entwicklung

Wollte man die Probleme des 19. Jahrhunderts mit den Kategorien des 18. Jahrhunderts formulieren, müßte man sagen: Die Verwaltung kapituliert vor der Anarchie des Marktes. Die Kunst wird einsam und beginnt, sich der Diskussion zu verweigern. Die Diskussion entkräftet sich in einem notorischen Ideologieverdacht. Der Markt barbarisiert den künstlerischen Geschmack.

Was den Individuen im 19. Jahrhundert auf den Nägeln brennt, ist jedoch die Inevidenz des Sozialen. Jahrhundertelang war es selbstverständlich, daß Menschen einander brauchen, um existieren zu können, daß sie ihr Handeln in eine Ordnung bringen müssen, daß sie eine Grenze zwischen ihren Regeln und der Wildnis ziehen müssen. Das Soziale wird unheimlich, wenn Gesellschaft auch als etwas ganz anderes erscheint, als etwas, das den einzelnen freisetzt, seine selbstgesetzten Zwecke zu verfolgen und sich im Bruch mit alten Sozialordnungen willkürlich zu assoziieren. Sozialität wird nun als beides erfahren: als Zusammenhang von Menschen *und* als Dunkelfeld, aus dem unberechenbare Kräfte hervortreten. Die Erfahrung der Inevidenz des Sozialen läßt sich auf die paradoxe Formel bringen: Kräfte, die aus dem Zusammenwirken von Individuen herrühren, bedrohen das Zusammenwirken von Individuen.

Im Mittelpunkt der Klagen des 19. Jahrhunderts stehen die sozialen Bindungen, die sozialen Bänder. Entweder werden sie zu Fesseln, die gesprengt werden müssen, oder sie zerreißen unter den Händen, die sie knüpfen wollen. Zur Disposition stehen traditionale Familienbande – Urbild der Sozialität –, in denen der Hunger gestillt, die Lust befriedigt, die Vergangenheit geehrt und für die Zukunft gesorgt wurde. Diese Selbstgewißheit löst sich auf.

Hunger und Lust treten als autonome Fragen auf: als Pauperismus und Entsittlichung der Gesellschaft. Wachsendem Reichtum zum Trotz vermehrt sich das Elend. Wachsender Verflechtung der Individuen zum Trotz vermehrt sich die Sittenlosigkeit. Und die Sozialtheorien reagieren darauf mit einer Anthropologie, die den einzelnen als durch Hunger und Lust motiviertes Wesen denkt. In Hunger und Lust werden dunkle, materielle Kräfte entdeckt, die die Individuen antreiben. Es sind dieselben Kräfte, die in unübersichtlicher Doppelung dazu antreiben, soziale Bande aufzulösen und Vereinigungen zu bilden.

Neben die Kräfte des Hungers und der Lust treten die Kräfte des Alten und des Jungen. Paradigmatisch ist der Streit um die industrielle Kinderarbeit. Für die einen sind Kinder die idealen Agenten der neuen Produktionsprozesse, frei vom Ballast des Stolzes auf traditionales Können; für die anderen sind sie wehrlose Opfer, des Schutzes der Familie beraubt, Symbole des physischen und moralischen Bankrott des Sozialen. Kinder werden ein soziales Problem; ob sie nun der zweifelhaften Freiheit der Straße preisgegeben werden oder im Brutkasten der Familie nicht minder zweifelhafte Imaginationen ausbilden. Die Alten werden ein soziales Problem. Das Wissen und die Weisheit des Alters werden einer Zeit zugerechnet, die sterben muß.

Kindheit und Alter, Hunger und Lust werden soziale Probleme, weil die sozialen Bindungen nicht mehr dem familialen Muster folgen. Die moderne Gesellschaft ist keine Familie. Vielmehr gibt es zwei konkurrierende Weisen von Sozialität: die Gemeinschaft und die Gesellschaft. Gemeinschaft, das ist jene kreishaft geschlossene Sphäre der Vertrautheit, verwurzelt in den imaginierten Traditionen der Sachen und des Blutes, getragen von einem Gefühl der Zusammengehörigkeit, in dem sich die Gegenseitigkeiten der Personen fraglos ereignen. Gemeinschaft meint vollständige Integration aller Sozialbezüge. Gesellschaft, das ist jene linear offene Sphäre der Anonymität, bodenlos sich selbst tragend, in der die vereinzelten Individuen nach immer neuen Rollen und Funktionen streben, hinter denen die Unmittelbarkeit verschwindet. Gesellschaft meint prinzipiell unvollständige Sozialintegration. In dieser Doppelung vermehren sich die Krisen. Sozialität und Krise verschmelzen.

Entwicklung ist die Antwort auf die Frage, wie mit sozialen Krisen umgegangen werden kann. Die Krise selbst ist ein Zeichen der Entwicklung. Soziale Krisen sind die Wachstumsschmerzen des Sozialen. Gemeinschaft und Gesellschaft scheinen im 19. Jahrhundert mit einer dreifachen Entwicklungspotenz begabt. Als *Entwicklung der Abfolge*: Gesellschaft ist jene neue Stufe des Sozialen, die über die alte Gemeinschaft sich triumphierend erhebt, weil das Neue unvollständig ist. Es gibt einen sozialen Krieg des integralen Alten und unvollkommenen Neuen, in dem es um Fragen des Tempos – der Retardierung oder Beschleunigung geht. Hier greifen die großen Muster des Progressiven und Konservativen. Als *Entwicklung der Verlagerung*: Gemeinschaft und Gesellschaft sind bleibende Strukturelemente der Moderne. Entwicklungen finden an den Grenzen beider statt. Aufgaben, die die traditionale Gemeinschaft besorgt hat, werden gesellschaftlich veräußert. Aufgaben, die gesellschaftlich veräußert wurden, werden an Gemeinschaften zurückgegeben. Diese Entwicklung durch Verlagerung findet ihren Ausdruck in dem Streit um die Vergesellschaftung oder Privatisierung, um die Verstaatlichung oder Entstaatlichung von sozialen Feldern. Als *Entwicklung von Differenzen*: Gemeinschaft und Gesellschaft ermöglichen die Etablierung von Differenzen der Intelligenz. Gemeinschaft gilt als das große utopische Reservoir für die Erneuerung des Sozialen, Gesellschaft gilt als das endgültige, aber stets zurückweichende Ziel der menschlichen Entwicklung.

Artifizielle Umwelt und Leben

Im 20. Jahrhundert werden Artefakte inevident. Dies gilt für Verfahren und Objekte der Kunst und der Technik, für schöne und für nützliche Artefakte. Zu Beginn des 20. Jahrhunderts wird dies zunächst als Autonomisierung des Materials wahrgenommen. Die künstlerische Avantgarde setzt elementare Materialwerte – Farbe, Linie, Ton, Buchstaben – frei, und sie schickt sich an, über sie mittels ästhetischer Konstruktionen zu verfügen. Die technische Avantgarde setzt in gigantischem Ausmaß Rohstoffe frei und schickt sich an, über sie mittels technischer Konstruktionen zu verfügen. Mit der Emanzipation des Materials und der Konstrukte verschwinden die evidenten Gestaltungen der Natur. Das Pferd galt jahrhundertelang als ein komplexes Symbol für nützliche Naturkraft, kriegerische Unternehmung und adeliges Jagdspiel. In der expressionistischen Malerei Franz Marcs sind Pferde zu Farbflächen verfremdet; in den Materialschlachten und Stahlgewittern des Ersten Weltkriegs verenden die Pferde.

Dieser Vorgang ist heute längst vergessen. Die Generation der um 1900 Geborenen hat so viele Materialfreisetzungen und technische und ästhetische

Neukombinationen in ihrer Umwelt sich ausbreiten sehen, daß keine Kraft der Erinnerung ausreicht, davon zu berichten. Das ist unheimlich.

Man hat versucht, die Inevidenz von Artefakten auf dreierlei Weise zu begreifen: erstens durch einen Rückgriff auf den Schlüsselbegriff der Vernunft. Vernunft sei im 20. Jahrhundert pervertiert. Sie steht unter Anklage, bloße technisch-instrumentelle Vernunft zu sein. Demgegenüber seien die ethischen Dimensionen der Vernunft marginalisiert. Zweitens durch einen Rückgriff auf den Schlüsselbegriff der Entwicklung. Entwicklung sei im 20. Jahrhundert pervertiert. Sie steht unter Anklage, reine Technikentwicklung zu sein. Demgegenüber sei die soziale Entwicklung ein bloßer Effekt. Drittens durch eine Erneuerung der Dichotomie von Ästhetik und Technik. Gegenüber der Herrschaft der instrumentellen Vernunft und dem Siegeszug des technologischen Entwicklungsdeterminismus seien im ästhetischen Bereich Spielräume gegeben, die zur Bewältigung der Inevidenz des Artifiziellen hilfreich sein könnten. Die Inevidenz des Artifiziellen im 20. Jahrhundert hat die vorgängigen Modernitätsdiskurse des 18. und 19. Jahrhunderts in ihren Bann gezogen, und in der Dichotomie von Kunst und Technik wurde eine alte Differenz entdeckt an der sich aufzurichten Hoffnung versprach.

Perversion der Vernunft, Perversion der Entwicklung, Ersatzfunktion des Ästhetischen: Diese drei Themen konnten zu einem Schema verdichtet werden. Dies lautete: Soziale Entwicklung ist ein Effekt vorgängiger Technikentwicklung. Diese ist assoziiert mit der Herrschaft der instrumentellen Vernunft, die für die Ethik keinen Platz läßt. Allein die Kunst birgt ein Versprechen. Wer nicht auf Kunst setzte, war verwiesen auf eine Propaganda für die Wiederkehr der Religion oder auf eine Propaganda für die Wiederkehr des Maschinensturms: entweder auf eine sakrale Abstützung ethischer Normen oder auf eine gewaltsame Fesselung der Ausbreitung und Innovation der Artefakte.

Wie immer hier gedacht wurde, in diesem Schema vermehrt sich die Resignation. Die Schlüsselbegriffe „Vernunft" und „Entwicklung" passen nicht für das Problem der Inevidenz der Artefakte. Es fällt schwer, dies einzusehen. „Vernunft" und „Entwicklung" sind primär Mittel, Symbol und Vorwand in anderen Komplexen und dort unverzichtbar. Denn ohne Vernunft keine Menschenrechte, keinen rationalen Staat, sondern die Wiederkehr fundamentalistischer Glaubenskriege. Ohne Entwicklung keinen Fortschritt der Kräfte der Selbstorganisation und keinen Fortschritt der Öffnung der sozialen Beziehungen, d. h. keine Möglichkeit, mit sozialen Konflikten umzugehen.

Das Unheimlichwerden der Artefakte selbst jedoch hat dem Schlüsselbegriff „Leben" eine noch ungeklärte Konjunktur im 20. Jahrhundert bereitet. Für Marx war es selbstverständlich, daß die Herrschaft des toten Kapitals über die lebendige Arbeit in der sozialen Revolution der Produzentenklasse beseitigt werden kann. Für ihn war ebenso selbstverständlich, daß die Entfremdung im Kapitalismus reversibel ist, daß nämlich irgendwann „unsere Produktionen ebenso viele Spiegel wären, woraus unser Wesen sich entgegenleuchtete"[3]. Heute wissen wir, daß der Tod im toten Kapital fortwirkt, in welchem politischen oder sozialen System auch immer die genetische oder atomare Fabrik verwaltet wird. Heute wissen wir, daß uns Artefaktewelten, die wir produziert haben, irreversibel fremd bleiben werden, gleichgültig, wie wir uns assoziieren und regieren.

Verfolgt man die Konjunktur des Begriffs „Leben" im 20. Jahrhundert, so stellt man fest, daß mit diesem Begriff in vielfältiger und einander widersprechender Weise versucht wird, Artefakte zu differenzieren und zu qualifizieren. Einige Beispiele dafür: Man hat das Leben als vitalistische Kategorie zur Qualifizierung der Künstlichkeit der Apparate verwandt und über ihre Nähe oder ihre Entfernung vom Leben gerätselt. Wo man den Geist schlechthin mit der instrumentellen Vernunft in eins setzte, hat man den Geist als Widersacher des Lebens exponiert. Man hat die Künstlichkeit der Kulturformen danach befragt, ob sie gesunde Sublimate oder perverse Pathologien von Lebensenergien sind. Man hat den Boden der Lebenswelt als Maß zur Qualifizierung und Differenzierung der wissenschaftlichen Konstrukte entdeckt. Im Streit um diese oder jene Technik gewann der, der nachweisen konnte, daß seine Technologie eine Steigerung der Lebenschancen und der Lebensqualität bewirkt. In den politischen Diskursen gelten die Fragen nach dem schieren Überleben als Kriterium für Rüstungspolitik und für Abrüstung, die Fragen nach dem Lebensstandard als Kriterium für Wirtschaftspolitiken und Politiken der Versicherung gegen Lebensrisiken. Die Kunst wird danach differenziert und qualifiziert, ob sie als Anstiftung zur Lebenskunst oder zur Kompensation und Entschädigung von Lebensdefiziten dienen kann.

„Leben" ist in diesen Diskursen höchst verschieden gebraucht, jedoch stets verknüpft mit einem Ausschnitt aus dem Artefakteproblem. Vielleicht kann man es so sagen: *Die plurale und heterogene Verwendung des Lebensbegriffs koinzidiert mit der Pluralität und Heterogenität der Artefakte.* Jahrhundertelang haben Menschen wie selbstverständlich sich mit Artefakten umgeben und in ihnen ein in sich geordnetes einheitliches Phänomen gesehen. Artefakte waren Mittel zu etwas. Im 20. Jahrhundert entpuppen sich Artefakte als in sich heterogen.

Artefakte sind *teils* verfügbares Lebensmittel, *teils* unverfügbarer Lebensgrund, *teils* eine unaufhebbare Hypothek für künftige Generationen. Ein Werkzeug kann man ergreifen und aus der Hand legen. Die Hand ist dann frei für

---

[3] Karl Marx, *Auszüge aus James Mills Buch „Éléments d'économie politique"* (1844), in: *MEW*, Ergänzungsband, 1. Teil, Berlin (Ost) 1968, S. 463.

Gesten der Ermahnung oder Versöhnung. In modernen Artefaktewelten gibt es neben den Werkzeugen technische Systeme, deren Abschaltung Verderben bringt. Und es gibt nutzlos gewordene artifizielle Ruinen, die jetzt und über Generationen behütet und versorgt werden müssen, weil in ihnen Stoffe freigesetzt sind, mit denen Menschen nicht existieren können. Angesichts dieser Gegebenheiten versagen einheitliche und kompakte Vorstellung von Artefakten *und* integrale Lebensdefinitionen.

Im 20. Jahrhundert wächst nicht zuletzt auch die Ungewißheit, in welchen Artefaktbereichen gesagt werden soll, die Artefakte seien ein Risiko für die Reproduktionsgrundlagen der menschlichen Gattung, und in welchen Artefaktebereichen gesagt werden soll, der einzelne Mensch sei ein Risiko für den Automatismus der Anlagen. Weite Partien der Ästhetisierung der Lebensumwelt sind auf die Reduktion des Risikofaktors Mensch gerichtet, sei es, daß funktionelles Design seine Körperbewegungen leitet, sei es, daß in audiovisuellen, elektronischen Durchflutungen seine sensuelle Reaktionsgeschwindigkeit getestet wird, sei es, daß er sich in den Werken der hohen Kunst der Riskantheit seines Lebens bewußt wird.

Leben ist keine einheitliche Kategorie, sondern verweist auf plurale Existenzen, auf Vielfalt und Besonderheit. Die Anstrengungen der postmodernen Philosophie, Pluralismus gegen Homogenisierung zu denken, die Versuche einer Erneuerung des Polytheismus von irreduziblen, nichtsubstituierbaren und nichthierarchischen Qualitäten, sie legen den Begriff des Lebens im Angesicht in sich heterogener Artefaktewelten aus. Die politische Dimension dieser Fragen und dieser Antworten hat Michel Foucault mit bewundernswerter Klarheit ausgesprochen: „Jahrtausende hindurch ist der Mensch das geblieben, was er für Aristoteles war: ein lebendes Tier, das auch einer politischen Existenz fähig ist. Der moderne Mensch ist ein Tier, in dessen Politik sein Leben als Lebewesen auf dem Spiel steht."[4]

Vernunft, Entwicklung, Leben sind Antworten. Die Kenntnis der Fragen, auf die sie sich beziehen, und die Erinnerung an ihre erstmalige Semantik gehört zu den Dingen, die wir aus der Europäischen Moderne als Mittel, Symbol und Vorwand in die unbekannte Zukunft mitnehmen. Vielleicht können wir erst zum Ende des 20. Jahrhunderts denken, daß sie füreinander nicht substituierbar sind, sondern kopräsent gehalten werden müssen: die Universalität der Vernunft, die Gespaltenheit der Entwicklung und der Pluralismus des Lebens.

---

[4] Michel Foucault, *Sexualität und Wahrheit*, Bd. 1: Der Wille zum Wissen, Frankfurt a. M. 1977, S. 171; vgl. Wolfgang Eßbach, *Gemeinschaft – Rassismus – Biopolitik*, in: *Das Fremde – Der Gast*, Bd. 1, hg. v. Wolfgang Pircher, Wien 1993, S. 17–35.

8. Radikalismus und Modernität bei Jünger und Bloch, Lukács und Schmitt

Ist es richtig, daß wir uns unaufhaltsam von der Epoche entfernen, in der radikale Theorie die gewaltsame Umformung der Welt dachte oder herbeisehnte oder bekämpfte? Bezeugt radikales Denken einen Mangel an Modernität? Sind wir heute in einer Lage, die schöne Einfalt der radikalen Geste wie eine ferne Wildheit sehen zu müssen, der wir glücklich entronnen sind? Oder täuschen wir uns, wie sich diejenigen auf etwas längere Sicht stets getäuscht haben, die den Gipfel gewaltsamer Barbarei nicht vor sich, sondern in der Vergangenheit wähnten? Tut nicht radikale Theorie gerade jetzt Not, wo selbst die Regierenden sich mit dem empirisch konstatierbaren „Aus-den-Fugen-geraten" der Biosphäre, der Lebenswelt der Gattung befassen müssen? Bezeugt der Mangel an radikalem Denken ein unhaltbares Verfehlen von Modernität?

Die Fragen betreffen das Verhältnis von Radikalismus und Modernität. Wie immer wir diese Fragen beantworten werden, ob wir in die Verzeitlichung flüchten, alte Modernität und alten Radikalismus typisieren, um Erneuerungen zu imaginieren, oder ob wir uns in der Territorialisierung sichern, radikale Regionen und Gebiete der Modernität abgrenzen, die Spiegel, in denen wir eine moderne Radikalität und eine radikale Modernität wiedererkennen könnten, reflektieren nicht mehr. Dies ist eine Erfahrung, die postmodernes Denken auszeichnet. Wir wissen, daß unsere Selbstverständlichkeiten Konstruktionen sind. Mit der Frage, ob Radikalismus zu den konstruktiven Elementen von Modernität gehört, haben wir bereits implizit eine postmoderne Blickstellung eingenommen.

Postmoderne Diagnostik ermöglicht es, Modernität so in den Blick zu nehmen, *als ob* es sich um ein endliches Ensemble von hergestellten Wirklichkeiten und Konzepten handelt. Postmoderne Theorie hält sich strikt auf dem Niveau des „Als ob". Sie bietet keine Alternative, sie ist kein Ersatz für die zerborstenen Spiegel. Sie erfindet Spielzüge im Medium des „Vielleicht". Dies vielleicht Viel-zu-leichte postmodernen Denkens erklärt die primär pädagogische Sorge ihrer Verächter. Eine postmoderne Diagnostik des Verhältnisses von Radikalismus und Modernität ist nach Lage der Dinge an Konzepten zu bewähren, deren Widerständigkeit außer Frage steht und mit denen bis heute in den Genealogien der Rechten und Linken gedacht wird: Ernst Jünger und Carl Schmitt, Ernst Bloch und Georg Lukács. Wer im 20. Jahrhundert hätte nicht aus erster, zweiter oder dritter Hand von ihnen gelernt, wenn es um Radikalismus und Modernität geht. Ihnen verdanken wir einige zentrale Beiträge zum Bild einer *ungeliebten Moderne.*

Von der unvollendeten Moderne zur schwierigen Moderne

Die Kontur dieses Bildes wird sich deutlicher abheben, wenn wir unsere Analyse mit jenem Diktum beginnen, das in kaum einer Arbeit über radikales Denken fehlt: „Radikal sein ist die Sache an der Wurzel fassen. Die Wurzel für den Menschen ist aber der Mensch selbst." Bei genauerem Hinsehen ist dieser „Mensch selbst" der arbeitende Mensch, der Mensch, der seine Gattungskräfte arbeitend vergegenständlicht.

Radikales Denken nimmt hier seinen Startpunkt in der Sphäre der Arbeit. Arbeit ist die zentrale Emanzipationskategorie. Dies gilt nicht nur für Marx, der den Hegelschen Fund radikalisierte, daß sich wahres Selbstbewußtsein im vorbürgerlichen Kampf der Herren auf Leben und Tod letztendlich nicht erweisen kann, sondern allein im formenden Tun, in der bürgerlichen Arbeitsgesellschaft. In weiten Partien radikaler Theorie im 19. Jahrhundert gilt es als evident: Einzig im Brennpunkt der Arbeit sind jene Kräfte zu finden, die das Schicksal der modernen Gesellschaft bestimmen. Es ist dies noch keine *ungeliebte Moderne.* Der erste Typus radikaler Theorie moderner Gesellschaft spricht von einer *unvollendeten Moderne.* Das emanzipatorische Prinzip Arbeit ist noch umstellt von den Mächten der Vergangenheit, die seinen Fortschritt aufhalten wollen.

Wenn heute in der Soziologie die Frage diskutiert wird, ob moderne Gesellschaften noch von der Zentralität der Arbeit her begriffen werden können, so ist daran zu erinnern, daß diese Zweifel schon für Nietzsches Modernitätsauffassung bestimmend gewesen sind. Den Hegelschen Ausgang der Herr-Knecht-Dialektik, die Wahrheit des knechtischen Selbstbewußtseins, und das sozialistische Axiom von der Emanzipation der Arbeit ins Auge fassend, fragt Nietzsche: Wo sind die, für welche sie arbeiten? Sicher, das Prinzip Arbeit ist allgemein geworden, aber wofür? Wozu? Und was das Resultat des Klassenkampfes angeht, so kann es nicht befriedigen, wenn – wie Nietzsche notiert – der Sieger meist dumm, der Besiegte meist bösartig wird. Moderne ist aus dem Prinzip Arbeit nicht mehr sinnvoll zu begreifen.

Wenn nicht Arbeit, was dann? Wo ansetzen, um die rational/irrationalen Verkehrungen der Moderne zu begreifen? Vielleicht muß man zurückgehen, historisch oder ontogenetisch zurückgehen bis zu den Startpunkten, die vor jener unsicher gewordenen Rationalität der Arbeitsgesellschaft liegen. Es sind dies die Fragen, die Max Weber und Sigmund Freud vor dem Ersten Weltkrieg aufwerfen. Weber im historischen Rückgang auf den Startpunkt der Berufs- und Arbeitethik in der Sorge ums Seelenheil, die die gläubigen Puritaner nicht in Ruhe ließ. Freud im ontogenetischen Rückgang auf die dunklen Triebhintergründe von Inzest- und Tötungswünschen, die im Seelenleben auch der modernsten Kulturpraxis nicht verschwunden sind. Bei Weber und Freud finden wir angesichts der Frage, ob die moderne Gesellschaft sinnvoll aus dem Prinzip Arbeit zu begreifen sei, eine rückverweisende Erinnerung an die beiden Dimensionen des Irrationalen, die sich uns stets in einer wiederkehrenden Metaphorik darbieten, wenn uns Rationalität zweifelhaft wird: Das Irrationale ganz oben in der Helligkeit religiöser Sinnsetzungen und das Irrationale ganz unten in der Dunkelheit der Triebe.

Die rückverweisenden Erinnerungen, die Weber und Freud anmahnen, führen zu einem zweiten Typus von Modernitätstheorie: Keine *unvollendete Moderne*, sondern eine höchst *schwierige Moderne. Schwierige Moderne*, weil, mit Weber gesagt, aus dem „ großartigen Rationalismus der ethisch-modernen Lebensführung, der aus jeder religiösen Prophetie quillt",in modernen Gesellschaften profaner Alltag geworden ist, in dem eine Pluralität unpersönlicher Mächte ihre widerstreitenden Forderungen an den Einzelnen stellt, für den die Frage nach dem Einen, das not tut, unbeantwortbar geworden ist. „Das aber, was gerade den modernen Menschen so schwer wird, und der jungen Generation am schwersten, ist: einem solchen Alltag gewachsen zu sein."[1] – Und es ist eine *schwierige Moderne*, weil, mit Freud gesagt, zwar jede Kultur auf dem „Opfer an Triebbefriedigung zu Gunsten des Ganzen" beruht, das jeder neu in die menschliche Gesellschaft Eintretende zu wiederholen hat, die moderne Kulturgesellschaft sich jedoch durch ihren Erfolg hat „verleiten lassen, die sittlichen Anforderungen möglichst hoch zu spannen und so ihre Teilnehmer zu noch weiterer Entfernung von ihrer Triebveranlagung gezwungen"[2] hat. Sublimation, die Ablenkung und Umbildung der bedeutsamen Sexualregungen und ihre Ausrichtung auf das Werk der Kultur, ist in der Moderne schwieriger als je zuvor. – In modernen Gesellschaften sein Leben ohne Antwort auf die Frage nach dem Einen, das not tut, und dennoch mit der Fähigkeit zur Erotisierung der Kulturformen zu fuhren, dies ist Webers und Freuds Auffassung von der *schwierigen Moderne*.

Solches Denken hat in der Friedenszeit vor dem Ersten Weltkrieg seine Kontur gewonnen, und es konnte im atomaren Gehäuse des Kalten Krieges

---

[1] Max Weber, *Vom inneren Beruf zur Wissenschaft*, in: ders., *Soziologie. Universalgeschichtliche Analysen. Politik*, hg. v. Johannes Winckelmann, Stuttgart 1975, S. 330.
[2] Sigmund Freud, *Zeitgemäßes über Krieg und Tod*, in: ders., *Gesammelte Werke*, Bd. 10, London 1946, S. 335.

nach 1945 wieder zu Ehren kommen. Modernitätsauffassungen haben eine bemerkenswerte Renaissancefähigkeit, wenn man die Regeln beachtet, die die Konzepte tragen. Die Idee einer *unvollendeten Moderne* ist wiederholbar, wenn sich für das Prinzip Arbeit funktionale Äquivalente ausfindig machen lassen. So konnte nach 1945 das Prinzip Produktion gegen das Prinzip Verständigung oder an anderer Stelle der Arbeiter gegen die Frau getauscht werden. Im Meer des Unvollendeten schwimmt noch mancher Fisch. Und man wird Nietzsches Lachen wieder hören können.

Die Idee einer *schwierigen Moderne* ist stets aktuell, wenn man sich in einer stoischen Ataraxie zu halten vermag. Webers Haltung, die Schrecken der Zukunft vorahnend: „Es wird mich nicht zerbrechen, aber es ist freilich eine innere Belastung, das zu wissen"[3] ist ebenso renaissancefähig wie Freuds Haltung von 1915: „Wenn erst die Trauer überwunden ist, wird es sich zeigen, daß unsere Hochschätzung der Kulturgüter unter der Erfahrung von ihrer Gebrechlichkeit nicht gelitten hat. Wir werden alles wieder aufbauen, was der Krieg zerstört hat, vielleicht auf festerem Grund und dauerhafter als vorher."[4]

Der dritte Typus von Modernitätsauffassungen, die *ungeliebte Moderne,* hat sein Theorieprofil mit der Erfahrung des Ersten Weltkriegs ausgebildet. Der profane Polytheismus, den Weber für die modernen pluralen Mächte mit ihren Gebietsrationalitäten forderte, erschien ebenso unhaltbar wie Freuds Insistieren auf dem notorisch ambivalenten Charakter menschlicher Seelenregungen. Eine neue Radikalität war gefragt. Zugleich verbot sich jedoch ein harmloser Anschluß an das alte Konzept einer allererst aus dem Prinzip Arbeit zu vollendenden Moderne. Die bedeutenden europäischen Arbeiterparteien, die die Idee und den Reichtum der bürgerlichen Arbeitsgesellschaft revolutionär beerben wollten, waren mehrheitlich mit in einen Weltkrieg gezogen, der von vielen Zeitgenossen als Katastrophe der gesamten bürgerlichen Kultur des 19. Jahrhunderts aufgefaßt wurde. Aber wenn nicht Radikalisierung aus dem Prinzip der Arbeit, und wenn nicht die Ambivalenzen einer *schwierigen Moderne,* was dann? Hören wir zu:

Krieger und Propheten – Jünger und Bloch

1922 schreibt Ernst Jünger: „Im Schoße versponnener Kultur lebten wir zusammen, enger als Menschen zuvor, in Geschäfte und Lüste zersplittert, durch schimmernde Plätze und Untergrundschächte sausend, in Cafés vom Glanze

---

[3] Max Weber, *Der Beruf zur Politik,* in: ders. 1975, a. a. O., S. 184.
[4] Sigmund Freud, *Vergänglichkeit,* in: ders. 1946, a. a. O., S. 361.

der Spiegel umstellt, Straßen, Bänder farbigen Lichts, Bars voll schillernder Liköre, Konferenztische und letzter Schrei, jede Stunde eine Neuigkeit, jeden Tag ein ungelöstes Problem, jede Woche eine Sensation, eine große überdröhnte Unzufriedenheit am Grund. [...] So lebten wir dahin und waren stolz darauf. [...] Doch unter immer glänzender polierter Schale, blieben wir nackt und roh wie die Menschen des Waldes und der Steppe." Dann: die „ungeheure Blutwelle", wie Jünger schreibt. „Winzig wurden vor dieser Welle alle Werte; das Feine, das Verwickelte, die immer schärfer geschliffene Nuance, die ausgeklügelte Zersplitterung des Genusses verdampften im sprühenden Krater versunken geglaubter Triebe. [...] Andere Götter hob man auf den Thron des Tages: Kraft, Faust und männlichen Mut."[5]

Ernst Bloch 1918: „Wer lange wartet und nun plötzlich von dem Trommelwirbel in der Ferne, von dem raschen Näherkommen der Musik, von dem Auftauchen der Fahnen und Feldzeichen erschüttert wird", der wird gewahr, „daß hier ein großes Ereignis im Anmarsch ist, das die lange Zeit des Wartens durch den Blitz der Erfüllung sprengt." Trommelwirbel auch bei Bloch, aber mit dem großen Ereignis ist Anderes gemeint. Für Bloch gilt, „daß die Tugenden der Kriegerkaste, so sehr sie das höchst Erreichbare des natürlichen Gut- und des Hochgeartetseins darstellen mögen, doch letzthin vor dem Wachruf, Friedensruf Christi nur wie eine heidnische Farce erscheinen".[6]

Und in der Coda zum *Geist der Utopie* in der Schrift über Thomas Münzer 1921 heißt es: „Jetzt muß Reichszeit werden, dorthin geht die Strahlung unseres nie entsagenden, unenttäuschten Geistes. Wir haben genug Weltgeschichte gehabt, es war auch genug, zuviel, vielzuviel, Form, Polis, Werk, Blendwerk, Absperrung durch Kultur: Offen regt sich ein anderes, ein unwiderstehliches Leben, der enge Hintergrund der Geschichtsbühne, Polisbühne, Kulturbühne entweicht; Seele, Tiefe, über allem ausgespannter Traumhimmel, gestirnt vom Boden bis zum Scheitel, scheint herein."[7] Das sich aufdrängende Label „Expressionismus" führt theoretisch nicht sehr weit. Unüberhörbar ist der Affekt gegen eine Moderne, deren immer glänzender polierte Schale zersplittern soll, deren Blendwerk ein Ende bereitet werden muß, weil sie – so könnte man zunächst sagen – der abgründigen Erlebnistiefe nicht mehr gerecht wird. Spricht sich hier eine sozial nicht mehr einholbare radikale Subjektivität aus? Mag sein, der Soziologe jedenfalls tut gut daran, die sozialen Funktionen ins Auge zu fassen, die hier aufgeladen werden. Als was sprechen Jünger und Bloch? Welche Be-

---

[5] Ernst Jünger, *Der Kampf als inneres Erlebnis*, in: ders., *Werke*, Bd. 5, Stuttgart 1960, S. 14f. u. 38.
[6] Ernst Bloch, *Geist der Utopie*, Erste Fassung, in: ders., *Werkausgabe*, Bd. 16, Frankfurt a. M. 1985, S. 254 u. 398.
[7] Ernst Bloch, *Thomas Münzer als Theologe der Revolution*, in: ders. 1985, a. a. O., Bd. 2, S. 229.

reiche radikalisieren sie? Radikalisierung der Kriegerfunktion bei Jünger und Radikalisierung der Prophetenfunktion bei Bloch, lautet die Antwort.

Wenn wir nach den Bereichen fragen, die hier radikalisiert werden, so können wir auch die Verwerfungen und Finalisierungen entziffern, die Jünger und Bloch gegenüber Freuds und Webers höchst *schwieriger Moderne* vornehmen. Jünger greift jene subtilen Kompromiß- und Sublimationsstrukturen an, die Freud als schwierig, aber unentbehrlich für eine hohe Zivilisation behauptet hat. Jünger: „Noch immer ist viel Tier in ihm, schlummernd auf den bequemen, gewirkten Teppichen einer polierten, gefeilten, geräuschlos ineinandergreifenden Zivilisation, verhüllt in Gewohnheit und gefällige Formen; doch wenn des Lebens Wellenkurve zur roten Linie des Primitiven zurückschwingt, fällt die Maskierung: nackt wie je bricht er hervor, der Urmensch, der Höhlensiedler in der ganzen Unbändigkeit seiner entfesselten Triebe. [...] Von Hunger zerrissen, in der keuchenden Verschlingung der Geschlechter, in der Begegnung auf Leben und Tod ist er immer der Alte."[8] Mit Freud erfolgt hier gegen Freud ein Angriff auf subtile Kompromiß- und Sublimationsstrukturen.

Bloch reaktiviert gegenüber Webers Auffassung vom Quasi-Polytheismus der Gebietsrationalitäten moderner Gesellschaft die religiöse Prophetie des Einen, das not tut. Bloch: „Nicht Müdigkeit, nicht Weltekel, nicht katholische Weltüberhöhung bei währendem Weltbestand, nicht Luthers dauernde Askese von der Askese, erst recht nicht ein stationäres Kulturbehagen, sondern revolutionärer Kampf im Außen, revolutionäre Paradoxie im Innern, Mortifikation aus Überschwang, bis das Todesprinzip in sich selber besiegt ist und als Instrumentarium der göttlichen Entdeckung figuriert. Der Aufruhr aber ist die Berufsethik des chiliastischen Christen."[9] Das ist mit Weber gegen Weber geschrieben.

Warum gerade Prophet und Krieger als radikale Gestalten? Folgen wir Georges Dumézils weiträumiger Theorie der trifunktionalen Ideologie indoeuropäischer Zivilisationen, d. h. der Trias von göttlichen Gesetzen, bewehrtem Arm, Fruchtbarmachung der Erde und des Menschen, so knüpft die Radikalisierung der Propheten- und der Kriegerfunktion an jene gesellschaftlichen Funktionen an, gegen deren Hegemonie der Aufstieg der bürgerlichen Arbeitsgesellschaft gerichtet war: die Hüter göttlicher Gesetze und die Krieger, Geistlichkeit und Adel.[10] Gemäß der bürgerlichen Ideologie störten sie die Fruchtbarkeit des Eigentums.

---

[8] Jünger 1960, a. a. O., S. 17 f.
[9] Bloch 1985, *Thomas Münzer*, a. a. O., S. 170.
[10] Vgl. Georges Dumézil, *Mythos und Epos*, Frankfurt a. M./Paris 1989.

Sicher, Bloch und Jünger reden noch von der Sphäre der Arbeit, aber ihre Radikalisierungen erfolgen von den gesellschaftlichen Funktionen her, die bürgerlicherseits und auch von Seiten der alten Arbeiterbewegung wenig zählten. Jünger wird zwar 1932 ein Buch über den Arbeiter schreiben, aber dieser Arbeiter ist weniger der alte Produzent, als vielmehr fleischlicher und technisch intelligenter Bestandteil einer auf kriegerische Entladung hin angelegten Gewaltmaschine. Bloch ordnet sich zwar der Arbeiterbewegung zu, aber nichts ist für ihn falscher „als die bloße planmäßige Regelung des Konsums oder auch der Erzeugung mit der sozialisierten Gesellschaft zu verwechseln".[11]

Von der Radikalisierung der Krieger- bzw. Prophetenfunktion her gedacht stehen für die Organisation der modernen Gesellschaft nur zwei Modelle bereit.

Bei Bloch: „der alles Innerliche, Stille, Irrationale des Menschenlebens neu pointierende Wiederaufbau der Kirche als der erziehungs- und metaphysisch zentralisierenden Heilsanstalt überhaupt".[12] Und für Jünger gilt: „Es gibt nur eine Masse, die nicht lächerlich wirkt: das Heer."[13] Die Organisation der modernen Gesellschaft erfolgt in „der Totalen Mobilmachung, eines Aktes, durch den das weitverzweigte und vielfach geäderte Stromnetz des modernen Lebens durch einen einzigen Griff am Schaltbrett dem großen Strom der kriegerischen Energie zugeleitet wird".[14]

Heer und Kirche – zwei Antworten auf die *ungeliebte Moderne*. Freud hat in seiner *Massenpsychologie* 1921 darüber spekuliert, und ihre Schatten sind noch in jener Frontstellung zwischen Technologen eines unter den Imperativ der Selbstbehauptung gestellten Sozialsystems und den Sinnstiftern eines auf erleuchtete Moralisierung basierenden sozialen Zusammenhalts erkennbar. Heer oder Kirche, Sozialtechnologie oder kommunikatives Handeln, Luhmann oder Habermas.

Souveränitätsform oder Warenform – Schmitt oder Lukács

Für Carl Schmitt und Georg Lukács trifft das Schema von der Radikalisierung der Krieger- bzw. Prophetenfunktion nicht mehr ganz. Sicher, bei Schmitt, vor allem im *Begriff des Politischen*, ist die Frage der Dezision orientiert am Krieg: fundamental ist die Entscheidung zwischen Freund und Feind. Das ist purer Bellizismus, aber es ist kein „Kampf als inneres Erlebnis". Auf der anderen

---

[11] Bloch 1985, *Geist der Utopie*, a. a. O., S. 170.
[12] Ebd., S. 432.
[13] Jünger 1960, a. a. O., S. 59.
[14] Ernst Jünger, *Die totale Mobilmachung*, in: ders. 1960, a. a. O., Bd. 5, S. 130.

Seite: bei Lukács finden wir durchaus utopisch-prophetische Elemente, aber sie führen nicht zu einem gestaltlosen Aufruhr wie bei Bloch. Radikale Theorie, wie sie Schmitt und Lukács präsentieren, richtet sich auf die Frage: Welche Form hat die moderne Gesellschaft? Schmitt kommt vom Staatsrecht, Lukács von der Ästhetik. Wir haben es mit Spezialisten zu tun, die in Sachen Form urteilen.

1912 fragt Schmitt in *Gesetz und Urteil*: Wie kommt der Richter zu richtigen Urteilen? Und Lukács fragt 1911 in *Die Seele und die Formen*: Wie kommt der Essayist zu richtigen Urteilen? Für Schmitt 1912 beruht die Richtigkeit der richterlichen Entscheidung einzig auf der Übereinstimmung mit seinen anderen Entscheidungen. Und bei Lukács heißt es 1911: „Der Essay ist ein Gericht, doch nicht das Urteil ist das wesentliche und wertentscheidende an ihm [...], sondern der Prozeß des Richtens."[15]

Wer aber gibt ihm das Recht? Lukács Antwort lautet: „Es wäre beinahe richtig zu sagen: er nimmt es sich; aus sich heraus erschafft er seine richtenden Werte. Aber nichts ist vom Richtigen durch tiefere Abgründe getrennt als sein Beinahe, diese schielende Kategorie eines genügsamen und selbstgefälligen Erkennens. Denn tatsächlich werden im Essayisten seine Maße des Richtens erschaffen, doch er ist es nicht, der sie zum Leben und zur Tat erweckt: es ist der große Wertbestimmer der Ästhetik."[16] Der Essayist ist Vorläufer; „kraftlos [...] wird seine reinste Erfüllung, sein stärkstes Erreichen, wenn die große Ästhetik gekommen ist".[17] – Aber der große Wertbestimmer läßt noch auf sich warten.

Im Ersten Weltkrieg entstehen Schmitts *Politische Romantik* und Lukács *Theorie des Romans*. Roman und Romantik stehen paradigmatisch für das bürgerliche Zeitalter – für Lukács ein Zeitalter, „für das die extensive Totalität des Lebens nicht mehr sinnfällig gegeben ist, für das die Lebensimmanenz des Sinnes zum Problem geworden ist, und das dennoch die Gesinnung zur Totalität hat."[18]

Bei Schmitt erscheint diese Gesinnung in der Romantik als proklamierte „Verabsolutierung der Kunst", „alles Geistige, Religion, Kirche, Nation und Staat, fließt in den Strom, der von dem neuen Zentrum, dem Ästhetischen, ausgeht. Sofort aber vollzieht sich eine überaus typische Verwandlung. Die Kunst wird verabsolutiert, aber gleichzeitig problematisiert. Sie wird absolut genommen, aber durchaus ohne die Verpflichtung zu einer großen und strengen Form

---

[15] Vgl. Carl Schmitt, *Gesetz und Urteil. Eine Untersuchung zum Problem der Rechtspraxis*, Berlin 1912; Georg Lukács, *Die Seele und die Formen*, Berlin 1911, S. 38.
[16] Ebd.
[17] Ebd., S. 35 u. 36 f.
[18] Georg Lukács, *Die Theorie des Romans. Ein geschichtsphilosophischer Versuch über die Formen der großen Epik*, Neuwied/Berlin 1965, S. 53.

oder Sichtbarkeit. [...] Die neue Kunst ist eine Kunst ohne Werke, wenigstens ohne Werke großen Stils, eine Kunst ohne Publizität und ohne Repräsentation. Dadurch wird es ihr möglich, sich in tumultuarischer Buntheit aller Formen einfühlend zu bemächtigen und sie doch nur als ein belangloses Schema zu behandeln, und in einer von Tag zu Tag den Standpunkt wechselnden Kunstkritik und Kunstdiskussion immer von neuem nach dem Wahren, Echten und Natürlichen zu schreien".[19] „Subjektiver Occasionalismus" lautet Schmitts Diagnose, „kontingente Welt und problematisches Individuum" lautet Lukács' Diagnose.

Therapien zeichnen sich 1922 und 1923 ab in Schmitts *Politischer Theologie* und in Lukács' *Geschichte und Klassenbewußtsein*. Die Fragen lauten: wie ist jene seltsame Tendenz zu begreifen, in der alle Phänomene romantisierbar werden, in der kontingente Welt und problematisches Individuum sich reproduzieren? Wo radikal ansetzen, um das Formproblem der modernen Gesellschaft, ihre Ungefügtheit in den Griff zu bekommen?

„Von einem Sonntag zum andern", so berichtet Anna Lesznai, wurde Lukács „von Saulus zu Paulus", d. h. vom problematischen Individuum in einer kontingenten Welt zum marxistischen Revolutionär.[20] Ins Zentrum von *Geschichte und Klassenbewußtsein* rückt das Marx'sche Thema vom Fetischcharakter der Ware, für Lukács kein spezielles ökonomisches Thema, sondern das Zentralproblem der modernen Gesellschaft. Im Warenverhältnis ist „das Urbild aller Gegenständlichkeitsformen und aller ihnen entsprechenden Formen der Subjektivität in der bürgerlichen Gesellschaft" gegeben.[21] Begehren und Rationalität der Individuen und ihr lebendiger Zusammenhang untereinander gewinnen die Form der Ware, ein Urbild hinter all jener Pluralität der modernen Mächte. Ein Polytheismus zweifellos, aber als Glaube an Fetische: Warenfetischismus. Aller sozialer Zusammenhang ist pulverisiert in Waren und Teilkalkulationen als von einem Ding ausgehenden Einzelrationalisierungen, eine Pluralität, aber nach der Stanzform der Ware. Alles ist beliebig romantisierbar, occasionalisierbar, hatte Schmitt konstatiert; alles gewinnt das Urbild der Warenform, stellt nun Lukács fest.

Eine Pluralität von Occasionen, aber die Stanzform, die Schmitt in seiner *Politischen Theologie* ins Auge faßt, ist anderer Herkunft. Das Thema lautet Souveränität. Lukács und Schmitt suchen nach dem Nukleus der modernen Gesellschaft, der radikal gefaßt werden muß, um die Moderne in den Griff

---

[19] Carl Schmitt, *Politische Romantik*, München/Leipzig 1919, S. 20.
[20] Vgl. David Kettler, *Culture and Revolution. Lukács in the Hungarian Revolution of 1918–19*, in: Telos, 10 (1971), S. 69.
[21] Georg Lukács, *Geschichte und Klassenbewußtsein. Studien über marxistische Dialektik*, Berlin 1923, S. 94.

zu bekommen: der Nukleus bei Lukács heißt Ware, der Nukleus bei Schmitt heißt Souverän. Ware und Souverän: in diesen Zentren entscheidet sich das Schicksal der Moderne.

„Der Souverän schafft und garantiert die Situation als Ganzes in ihrer Totalität", heißt es bei Schmitt.[22] Die modernen Individuen wollen dies jedoch nicht wahrhaben. „Heute ist nichts moderner als der Kampf gegen das Politische. Amerikanische Finanzleute, industrielle Techniker, marxistische Sozialisten und anarcho-syndikalistische Revolutionäre vereinigen sich in der Forderung, daß die unsachliche Herrschaft der Politik über die Sachlichkeit des wirtschaftlichen Lebens beseitigt werden müsse. [...] Der moderne Staat scheint wirklich das geworden zu sein, was Max Weber in ihm sieht: ein großer Betrieb."[23] Was dominiert, sind fragwürdige Entpolitisierungen, die unpolitischen Autonomien der Gebiete (Wirtschaft, Recht, Kunst, Moral, Wissenschaft), die sich souverän dünken, ohne aus sich heraus die Situation als Ganzes in ihrer Totalität garantieren zu können.

In der Diagnose kommt Lukács zu einem identischen Resultat. In der Entwicklung der modernen bürgerlichen Gesellschaft kommt die Doppeltendenz zum Zuge, „daß sie die Einzelheiten ihres gesellschaftlichen Daseins im steigenden Maße beherrscht, den Formen ihrer Bedürfnisse unterwirft, zugleich aber – ebenfalls im steigenden Maße – die Möglichkeit zur gedanklichen Bewältigung der Gesellschaft als Totalität und damit die Berufenheit zu ihrer Führung verliert".[24] Mit Schmitt könnte man fortfahren, „der Kern der politischen Idee, die anspruchsvolle moralische Entscheidung, (ist) umgangen".[25]

Verdinglichung und Entpolitisierung – zwei Seiten derselben Medaille? Dies kann gelten, wenn es sich denn um dieselbe Medaille handelt. Lukács und Schmitt haben versucht, die ungeliebte Inkohärenz der modernen Gesellschaft kohärent zu machen. Im Resultat haben wir bei Lukács die Wiedergeburt eines absolutistischen Subjekts und bei Schmitt die Wiedergeburt absoluter Homogenität.

Von der Warenstruktur her gedacht, ist allein die Ware, die u. a. auch Subjekt ist, in der Lage, die universelle Verdinglichung umzukehren: die Ware Arbeitskraft. Man lasse sich nicht von Lukács' Bekenntnis zu Orthodoxie täuschen. Zwischen der Marxschen Lehre vom Wert der Arbeit und der Lukácsschen Theorie der Verdinglichung liegen Welten. Lukács schreibt nicht das

---

[22] Carl Schmitt, *Politische Theologie. Vier Kapitel zur Lehre der Souveränität*, [2]München/Leipzig 1934, S. 20.
[23] Ebd., S. 82.
[24] Lukács 1923, a. a. O., S. 134.
[25] Schmitt 1934, a. a. O., S. 83.

Produktionsparadigma der bürgerlichen Arbeitsgesellschaft radikal weiter. „Nicht die Vorherrschaft der ökonomischen Motive in der Geschichtserklärung unterscheidet den Marxismus von der bürgerlichen Wissenschaft, sondern der Gesichtspunkt der Totalität."[26] Von diesem Gesichtspunkt aus ist die Situation der Ware Arbeitskraft einzigartig: sie ist das identische Objekt/Subjekt, sie ist das Totale.

Wenig zählt bei Lukács, daß Arbeiter Interessen haben – Interessen haben viele; wenig zählt auch, was sich die Arbeiter zur Anschauung bringen – verdinglichte Prozesse haben viele Zuschauer. Zentral ist: das Warensubjekt begreift sich selbst in seiner Form, die zugleich Urbild aller Objekt- und Subjektformen der modernen Gesellschaft ist. Die Selbsterkenntnis der Ware Arbeitskraft ist zugleich die Geburt des proletarischen Klassensubjekts. In diesem Klassensubjekt hat sich für Lukács nicht zuletzt etwas von jener großen Ästhetik erfüllt, die den Essayisten kraftlos werden läßt. In der großen Ästhetik hatte Lukács die Idee eines Menschen gefunden, „für den seine Tendenz, sich eine Form zu geben, nicht eine abstrakte, die konkreten Inhalte beiseite lassende Rationalität bedeutet; für den Freiheit und Notwendigkeit zusammenfallen".[27]

Wiedergeburt eines absolutistischen Subjekts bei Lukács – Wiedergeburt absoluter Homogenität bei Schmitt. Von der Souveränität her gedacht, ist allein *der* Staat in der Lage, die zweifelhaften Entpolitisierungen umzukehren, der sich zu den Heterogenitäten der Moderne in eine Entscheidungsposition bringt. Die Staatsphilosophie der Gegenrevolution ist aktuell, weil sie sich dessen bewußt ist, „daß die Zeit eine Entscheidung verlangt".[28] Ausweichen, neutralisieren auf einer höheren Ebene, die Verschiebung in ein Subsystem, diskutieren im ewigen Gespräch – all dies führt zu einer Pluralisierung der Mächte, zu einer Pluralität von Souveränen, die sich als Unpolitische tarnen. „In der konkreten Wirklichkeit des politischen Seins regieren und herrschen keine abstrakten ‚Ordnungen' und Gesetzmäßigkeiten, sondern es regieren und herrschen immer nur sehr konkrete Menschen oder Verbände über andere ebenso konkrete Menschen und Verbände. So hat auch hier, politisch gesehen, die Herrschaft der Moral, des Rechts, der Wirtschaft, der Wissenschaft, der Kunst, der Norm einen politischen Sinn, und die Entpolitisierung ist nur eine politisch besonders brauchbare Waffe des politischen Kampfes."[29]

---

[26] Lukacs 1923, a. a. O., S. 39.
[27] Ebd., S. 151.
[28] Schmitt 1934, a. a. O., S. 69.
[29] Carl Schmitt, *Der Begriff des Politischen*, ³Hamburg 1933, S. 53 f.

Für die moderne Gesellschaft ist die „Politik das Totale".[30] Sie hat kein Außen mehr, auf das sich Politik gründen könnte. Die Heterogenitäten der Moderne sind politische Heterogenitäten. Schmitt identifiziert den Pluralismus der Moderne als Bürgerkrieg, als perennierenden Ausnahmezustand. Wenn Politik kein Außen mehr hat, auf das sie sich gründen könnte, so bleibt nur der Weg, das Außen im Innen zu suchen, d. h. im Felde der Heterogenitäten selbst. Politik gründet sich auf Feinderklärung. „Der politische Feind braucht nicht moralisch böse, er braucht nicht ästhetisch häßlich zu sein; er muß nicht als wirtschaftlicher Konkurrent auftreten, und es kann vielleicht sogar vorteilhaft und rentabel scheinen, mit ihm Geschäfte zu machen. Er bleibt aber ein *Anderer*, ein *Fremder*."[31]

Der Staat, der seine Souveränität gegen die Krise der Moderne behaupten will, muß sich gegen das fremde Totale entscheiden, um eine fundamentale Homogenität herzustellen. 1933 heißt diese Homogenität „Artgleichheit": eine unfaßbare Indifferenz und ein unfaßbar gleichgültiges Wegsehen von der Erfassung, Aussonderung und Vernichtung derer, die auf der Erde Fremde sind, weil ihr inkommensurabler Gott ihnen dies gebietet. Der Holocaust ist von der Theorie der Moderne nicht abzutrennen.

Mit Schmitt an die Seite Hitlers oder mit Lukács an die Seite Stalins, es sind dies keine Regressionen, sondern progressive Radikalisierungen der Formfrage der Moderne. Wer Modernität im Hinblick auf ein Denken der Krise bestimmen will, wird dem Prinzip der Krise einen Namen geben müssen. Entweder Krise der Warenstruktur oder Krise der Souveränität. Entweder: von der alle Lebensbereiche scheinhaft homogenisierenden Verdinglichung zum totalen Subjekt der Geschichte, oder: von den Scheinsouveränitäten sich autonomisierender Gebiete zur fundamentalen Homogenität. Wo Ernst gemacht wird, gilt: *tertium non datur.*

Finale der Moderne?

Ist es richtig, daß wir uns unaufhaltsam von der Epoche des europäischen Bürgerkriegs entfernen? Bezeugt radikales Denken einen Mangel an Moderniät, oder bezeugt der Mangel an radikalem Denken ein unhaltbares Verfehlen von Modernität? Wir können jetzt genauer fragen: Welche Moderne? Welche Radikalität? Wir kennen die Antworten: Eine *unvollendete Moderne*, aus deren produktiv-kreißenden Bergen immer neue radikale Mäuschen hervorkommen,

---

[30] Carl Schmitt, *Weiterentwicklung des totalen Staats in Deutschland* (1933), in: ders., *Verfassungsrechtliche Aufsätze aus den Jahren 1924–1954*, Berlin 1958, S. 359.
[31] Schmitt 1933, a. a. O., S. 8.

um von einem nietzscheanischen Lachen begrüßt zu werden. Eine *schwierige Moderne*, deren Entfernung vom Ursprünglichen nur ausgehalten wird, wenn wir nicht aufhören, an das verlorengegangene höchst Irrationale und niedrigst Irrationale, an das radikal Göttliche und an das radikal Tierische uns zu erinnern. Eine *ungeliebte Moderne* mit differenten Startpunkten der Radikalisierung.

Jünger und Bloch, Lukács und Schmitt, für sie ist selbstverständlich, daß der Krise der Moderne ein Ende bereitet werden muß. Sie denken das Finale der modernen Gesellschaft: Finale in der unüberbietbaren Stärke einer Verschmelzung von Urerlebnis und feinnervigem Griff ans modernste Schaltbrett bei Jünger, – Finale im erleuchteten Wir einer die Notstaatslogik sprengenden Gemeinde bei Bloch, – Finale in der Realästhetik eines sich seine totale Form frei gebenden Kollektivsubjekts bei Lukács, – Finale in der endgültig gesicherten Homogenität konkreter Staatsordnung bei Schmitt.

Modernität vollenden, aushalten oder schließlich beenden – diese Konstruktionen wird man *mutatis mutandis* wiederholen müssen, solange sich das Denken *in* der Moderne situiert und ein der Moderne immanentes Radikal phantasiert. Diese Erkenntnis ermöglicht es, die Rede von der Postmoderne zu präzisieren. Wer Postmoderne als Epochenbegriff an das Finale der Moderne anschließen möchte, wird das Vollenden, Aushalten oder schließlich Beenden in anderen Worten wiederholen müssen. Postmodernes Denken gewinnt seine Prägnanz, wo Modernität so in den Blick genommen wird, als ob es sich um ein endliches Ensemble von hergestellten Wirklichkeiten und Konzepten handelt, wo hinsichtlich der Moderne eine exzentrische Position eingenommen wird. Wir müssen diese Blickstellung nicht einnehmen, aber wir können es.

Modernität von einem Mittelpunkt außerhalb zu denken, läßt die Konturen einer *fremden Moderne* erscheinen. Pädagogen mögen aus ihrem Recht heraus die beliebig verfremdenden Effekte dieser Sichtweise als Sabotage an den Werkstätten ihrer Menschenbildnerei fürchten. Daraus fortgeschrittenes Denken wird sich auf die Suche machen: Als ob es nicht möglich sein könnte, post alledem von einer Modernität zu reden, die aus der Erfahrung von Krise, Entzweiung, Zerrissenheit kein Projekt einer so oder so profilierten integralen Vollendung macht, und vielleicht auch nicht unbedingt das Programm einer höchst schwierigen Lebensführung, die in allen ihren Äußerungen ängstlich im Spiegel das Negativ ihrer irrationalen Ursprünge sehen muß. Als ob wir nicht post alledem Möglichkeiten denken können, eine fremde Moderne zu legitimieren! Unaufhebbar entfremdet und unausrottbar fremd, darauf verwiesen, mit Krise, Entzweiung, Zerrissenheit im Lichte einer Xenophilie umzugehen. Ihr entspräche eine radikale Theorie, die radikal ist, weil sie nicht aufs Ganze geht, weil sie in die Erfindung von Gesetzen der Gastfreundschaft mehr Ehrgeiz setzt als in die *societas perfecta* der diesseitigen Welt.

9. Autonomie oder Souveränität

Ambivalenzen im Denken der Freiheit

„Autonomie bis zur Versteinerung und Souveränität bis zum Wahnsinn" – dies Dilemma in subjektiven Verfassungen diagnostizierte Dietmar Kamper im Sommer 1994 und lud zu einem Gespräch über die Freiheit ein.[1] Zu drei Fragen, die sich vielleicht noch zu stellen lohnen, sollen hier Antwortskizzen versucht werden:
    1. Wie ist die Situation zu beschreiben, in der gerade jene beiden Endfiguren des vielbesungenen Subjektverschwindens: die Versteinerung und der Wahnsinn, erscheinen konnten? 2. Wenn zwischen den beiden Rändern des Möglichen, auf die hin Autonomie und Souveränität radikalisiert worden sind, jede unterirdische Verbindung der beiden Seiten der Freiheit abgerissen ist, wie können angemessene Strukturformeln für eine autonome bzw. souveräne Subjektivität gefunden werden? 3. Wie ist eine Chance für die glückliche Durchfahrt oder den rettenden Fluchtweg zwischen den zu Ungeheuern gewordenen beiden Möglichkeiten der Emanzipation zu denken?

Situationsbeschreibung

Welcher Lage und welcher Erfahrung entstammten die Diagnosen des Subjektverschwindens mit ihrem Wechselspiel von drängendem apokalyptischen Ton und stillerem Seufzen, die in jener Postmoderne zu hören waren, die – so scheint es – trotz geschwindem Auswechseln der Vokabeln und X-Generation nicht vergehen will? Zunächst wird man an die drei Modernitätskatastrophen des 20. Jahrhunderts: *Archipel Gulag, Auschwitz, Hiroshima,* erinnern müssen, die jene nach und nach entdeckt und „aufgearbeitet" haben, die sich später recht abstrakt fragen mußten, welchem Zufall sie es verdankten, daß sie in

---

[1] *Autonomie und Souveränität – Freiheit auf des Messers Schneide,* das Gespräch mit Dietmar Kamper und Michael Makropoulos fand im Literaturhaus Hamburg am 19. Januar 1995 statt. Im größeren Kreis fand es seine Fortsetzung als *Grenzen der Souveränität,* Podiumsgespräche im Literaturhaus Berlin vom 23.–25. Dezember 1995.

dieser Moderne der Perversion der Entwicklung, des Bruchs der Kontinuität der Zivilisation und des Verschwindens der Verantwortung überlebt haben.

Aber es waren vielleicht nicht jene Geschichtszeichen allein, die die Klage und die Erleichterung über das Subjektverschwinden motivierten. Was sie in einer tieferen Schicht so evident machten, waren die fortwachsenden, ewigen Erfolg versprechenden Programme und Wirklichkeiten des Positivismus der Humanwissenschaften. Was Subjekte vermögen und was nicht, hat Universitätspsychologie gnadenlos getestet und positiviert. Konsequenter Strukturalismus hat seine Reputationsgewinne durch eine solche Steigerung szientifischer Transparenz erreicht, die die vieldeutige Rede vom Menschen verstummen machte oder als Literatur ausgrenzte. Messende und skalierende, relationierende und funktionalistische Soziologie hat Individualität so zu aggregieren und variabilisieren gewußt, daß Norm und Abweichung bis in die Sphären des Geschmacks und der Intimität durchdekliniert werden konnten. Die Liste ließe sich bis zu jener ungeheuren Selbsterkenntnis des Menschen verlängern, die am 27. Juni 2000 in der FAZ über mehrere Seiten präsentiert wurde: Die letzten Vier-Buchstaben-Sequenzen der „Entschlüsselung" des menschlichen Erbguts.

Jenem wohlgemuten, die Minderung von Übel aller Art und den allgemeinen Fortschritt versprechenden, humanwissenschaftlichen Optimismus schlicht beizutreten und sich auf die Definitionen des Subjekts einzulassen, wie sie gerade mal *state of the art* waren, ist für die eine arge Zumutung gewesen, deren Erinnerungsvermögen stark und deren Hoffnungsgründe schwach waren. Es war die Fusion zweier Komplexe: zum einen des Erlebens eines Jahr um Jahr sich mehrenden positiven Wissens über die Konstitutionsbedingungen und Konstruktionsweisen der Subjekte und zum anderen der Anspannung im Hochhalten der Geschichtszeichen der Modernitätskatastrophen des 20. Jahrhunderts – eine Fusion, die den Diskursen des Subjektverschwindens stets neue Energien zuführte. Wie schön wäre doch die Steigerung humanwissenschaftlicher Menschenkenntnis zu feiern gewesen, hätte man sich die Freiheit genommen, den *Archipel Gulag, Auschwitz* und *Hiroshima* ins *trial and error*-Schema menschlichen Selbstexperimentierens einzufügen und ihnen den katastrophischen Charakter abzusprechen.

Die Hartnäckigkeit, mit der das Subjekt zum Verschwinden gebracht werden sollte, ruhte aber vielleicht noch einer dritten Schicht auf. Zwischen den Katastrophen der Vergangenheit des 20. Jahrhunderts und dem Glücksversprechen humanwissenschaftlichen Fortschritts war ein Haltepunkt der Diskurse die dauerhafte Fixierung an und das Sich-Einhausen in die dilemmatische Struktur bürgerlicher Identität. Ihr längst fälliges Verschwinden sollte ja erkennbar gemacht werden. Es sollte bewiesen werden, daß sie Fragment, Schwundstufe, Leerstelle ist. Ihren Konkurs in eins zu diagnostizieren und zu prognostizieren – diese Leidenschaft fand ihre Resonanz im Eingedenken der bösen Geschichtszeichen des 20. Jahrhunderts und der Subversion jedes positiven Menschenbildes.

In dieser Haltung konnte an eine starke Kontinuität angeschlossen werden. Denn seit bürgerliche Identität im Brutkasten der politisch-theologischen Schismen der europäischen Religionskriege das Licht der Welt erblickte, ist sie Zielscheibe eines starken Hasses gewesen. Hätten nur Adel und Geistlichkeit den Dritten Stand verachtet, so wären vielleicht Chancen der Entlastung in selbstbewußter Bürgerlichkeit zu finden gewesen. Furchtbarer jedoch als alle Kritik von außen hat sich der bürgerliche Selbsthaß ausgewirkt. Es waren bürgerliche Intellektuelle, die die tödlichsten Kritiken ihrer Identität formuliert haben. François Furet hat für die moderne Demokratie das Charakteristikum herausgestellt, „das sicherlich einzigartig in der Weltgeschichte ist: die unbegrenzte Fähigkeit, Menschen hervorzubringen, die das soziale und politische System verabscheuen, in das sie hineingeboren sind; die die Luft hassen, die sie atmen, obwohl sie die Grundlage ihres Lebens ist und sie nie etwas anderes kennengelernt haben."[2]

Die Ursachen der stets radikalisierbaren Selbstunzufriedenheit bürgerlicher Identität sind bekannt. Diese Identität gründet ihre politischen Ansprüche auf durch Arbeit erworbenen Reichtum und verkündet derart grenzenlose, universelle Werte, daß sie in erreichbarer Wirklichkeit praktisch nur dementiert werden können. Bürgerliche Identität ist nicht Fisch, nicht Fleisch. Es handelt sich um eine Ansammlung von Ungereimtheiten. Der Enthusiasmus ist nur von kurzer Dauer, erwartet wird nur Sekurität, aber dann, in der Situation der Entscheidung, offenbart sich eine bodenlose Unzuverlässigkeit. In bürgerlicher Identität wuchert das schlechte Gewissen. Das Subjekt bringt es zur Meisterschaft in der Kunst, die Angelegenheiten auf eine andere Ebene zu schieben. Bei aller Moral, die bürgerliche Identität einfordert, rechnet sich letztlich nur der Profit. Er ist der wahre Grund dieser konstitutionell traditionslosen Subjektivität, die sich und alle Welt der Kontingenz des anonymen Marktmechanismus aussetzt.[3]

„Autonomie bis zur Versteinerung, Souveränität bis zum Wahnsinn" benennt in postmodernen Diskursen des Subjektverschwindens noch einmal exakt die Falle bürgerlicher Identität: basiert in den Antinomien einer selbstgeschaffenen Kultur polarisierender Differenzierung läßt sie sich kopflos vom

---

[2] François Furet, *Das Ende der Illusion. Der Kommunismus im 20. Jahrhundert*, München 1996, S. 30.
[3] Vgl. Wolfgang Eßbach, *Intellektuellengruppen in der bürgerlichen Kultur*, in: *Kreise – Gruppen – Bünde. Zur Soziologie moderner Intellektuellenassoziationen*, hg. v. Richard Faber u. Christine Holste, Würzburg 2000, S. 24.

anonymen Marktmechanismus das Schicksals verhängen, in solchen Extremen leben zu müssen, in denen der eine Teil des Selbst den anderen verachten muß.[4]

Strukturbeschreibung

Moderne Gesellschaften haben sich damit beruhigt, daß in den Prozessen der Auflösung verbindlicher kollektiver Vorgegebenheiten das Individuum Zug um Zug zu einer nicht hintergehbaren Bezugsgröße für alles nicht Entscheidbare erklärt wird. „Individualisierung" meint jenen Prozeß, in dem kollektive Schicksalsgrößen verringert und individuelle Wahlmöglichkeiten vergrößert werden. Ungeklärt ist noch, ob jene Freiheit zu wählen, eher in einer autonomen oder einer souveränen Subjektivität verankert ist. Die Differenz von Autonomie und Souveränität verweist auf mögliche Öffnungen im Freiheitsbegriff.

An historischer Bedeutungsfracht führt der Begriff der Souveränität vieles mit, das einst den universellen Mächten Kaiser und Papst zukam, denen gegenüber Autonomie als Selbstgesetzlichkeit und Selbstbestimmung nur in Dingen zulässig sein konnte, deren Wertigkeit niedrig anzusetzen war. Im Umbruch der Neuzeit werden Souveränität und Autonomie zu zwei Ordnungskonzepten, die dafür herhalten sollen, den krisenhaften Ordnungsschwund zu beseitigen und Ordnung neu zu stiften. Auf Autonomie und auf Souveränität konnten sich in der Folge auch jene berufen, die das Projekt neuzeitlicher Selbstentfaltung verfolgten und sich in Opposition zu den je verwirklichten autonomen und souveränen Ordnungen befanden.

Dabei lassen sich zwei Versionen von widerständiger Subjektivität ausmachen, die in ihrer paradigmatischen Differenz theoriegeschichtlich bei Karl Marx und Max Stirner zu finden sind.[5] „Erst wenn der wirkliche individuelle Mensch den abstrakten Staatsbürger in sich zurücknimmt und als individueller Mensch in seinem empirischen Leben, in seiner individuellen Arbeit, in seinen individuellen Verhältnissen *Gattungswesen* geworden ist, erst wenn der Mensch seine ‚forces propres' als *gesellschaftliche* Kräfte anerkannt und organisiert hat und daher die gesellschaftliche Kraft nicht mehr in der Gestalt der politischen

---

[4] Und was hier nicht alles zur Selbstberuhigung projiziert worden ist: den Engländern der Profit, den Deutschen die inneren Werte, den Franzosen die Wahnsinnsseite, den Deutschen die Betonseite! Vgl. dazu auch die kultursoziologische Studie von Bernd Neumeister, *Kampf um die Kritische Vernunft. Die westdeutsche Rezeption des Strukturalismus und des postmodernen Denkens*, Konstanz 2000.

[5] Vgl. Wolfgang Eßbach, *Gegenzüge. Der Materialismus des Selbst und seine Ausgrenzung aus dem Marxismus – eine Studie über die Kontroverse zwischen Max Stirner und Karl Marx*, Frankfurt a. M. 1982.

Kraft von sich trennt, erst dann ist die menschliche Emanzipation vollbracht."[6] Subjektivität stellt sich in dieser berühmten Formulierung in einer spezifischen Problemlage dar. Ausgangspunkt ist die Spaltung zwischen konkretem Subjekt und abstraktem Staatsbürger, eine Spaltung, die in der Mainstreamsoziologie als die von Ich-Identität und Rollen-Identität, von personaler und von wie auch immer zu spezifizierender sozialer Identität reformuliert worden ist.

Die diagnostizierte Spaltung kann nun nach zwei Seiten kritisch gewendet werden. Man kann sagen, erst wenn es gelingt, Subjektivität in einem Außen auszudrücken, die sozialen Rollen zu verlebendigen, zu modifizieren und anzureichern, gelingt Subjektivität. Einem sich in sich einhausendem Individuum werden immer leere Rollen gegenüberstehen, erst wenn mit der Arbeit des Ausdrucks begonnen wird, geschieht Emanzipation. Auch bei Marx findet sich diese erste kritische Wendung, wenn er von der Bewährung des Gattungswesens in der Arbeit, als einem Prozeß des Herausarbeitens seiner Vermögenskräfte spricht oder wenn er Klassen geißelt, die ihre Rollen im Drama des Klassenkampfs nur unzureichend spielen. Die Spaltung kann aber auch in entgegengesetzter Richtung kritisch gewendet werden. Auch hierfür steht Marx. Die leeren Rollen, die sozialen Partialidentitäten sollen zurückgenommen werden, und wo dies gelingt, scheint eine potenzierte Subjektivität auf. Es ist dies die „Entwicklung der Individuen zu totalen Individuen".[7]

Die widerständige Subjektivität kennt hier zwei Richtungen der Kritik, einerseits Kritik an einem zu wenig an sozialer Ausdruckskompetenz, andererseits, Kritik an einem zu wenig an Korrespondenz zwischen Ichstruktur und Sozialstruktur. In beiden Fällen verdankt sich die Widerständigkeit des Subjekts dem Streben nach einer volleren Autonomie. Die Kritik weist in der einen oder anderen Richtung auf Autonomiedefizite in der Grenzzone zwischen Individuum und Sozialität.

Max Stirner hat auf Marx' kritisches Subjekt geantwortet: „*Der Mensch* muß in Uns hergestellt werden und gingen Wir armen Teufel darüber zugrunde." Und: „Nur Teil haben kann der Einzelne an der Stiftung des Gottesreichs oder, nach moderner Vorstellung von derselben Sache, an der Entwicklung und Geschichte der Menschheit, und nur soweit er daran teilhat, kommt ihm nach christlicher oder, nach modernem Ausdruck, menschlicher Wert zu, im Übrigen ist er Staub und ein Madensack."[8] Als Gipfel der Zumutung habe

---

[6] Karl Marx, *Zur Judenfrage* (1843), in: *Marx-Engels Gesamtausgabe (MEGA)*, 1. Abt.: Werke, Artikel, Entwürfe, Bd. 2: März 1843-August 1844, Berlin (Ost) 1982, S. 162f.
[7] Karl Marx u. Friedrich Engels, *Die deutsche Ideologie*, in: *MEW*, Bd. 3, S. 68.
[8] Max Stirner, *Der Einzige und sein Eigentum*, Stuttgart 1972, S. 85 u. 411.

nun Marx „die Forderung erfunden und gestellt: ich müsse ein ‚wirkliches Gattungswesen' werden."[9]

In Stirners Rede werden ‚Mensch' und ‚Ich' gegeneinander ausgespielt, so als ob ‚Mensch' und ‚Ich' zweierlei seien, eine „komische Distinktion", wie Marx bemerkt. Gegen alle Einwände, das alleinige, solipsistische und positivistische Ich sei ein Unding, hält Stirner durch alle logischen und rhetorischen Finessen hindurch, an einem Trotzdem fest. Er nimmt den Titel ‚Unmensch' als Ehrentitel auf und ruiniert schließlich seine Rede vom „Einzigen" als Phrase. „Obgleich aber jeder Unmensch ein Mensch ist, so schließt ihn doch der Staat aus, d. h. er sperrt ihn ein, oder verwandelt ihn aus einem Staatsgenossen in einen Gefängnisgenossen (Irrenhaus- oder Krankenhausgenossen nach dem Kommunismus)".[10] Und: „Der Einzige ist die aufrichtige, unleugbare, offenbare – Phrase; er ist der Schlußstein unserer Phrasenwelt, dieser Welt, in deren ‚Anfang das *Wort* war'."[11]

Die widerständige Subjektivität folgt bei Stirner einem Streben nach Souveränität, das die Grenze der biologischen Einsamkeit des Individuums einhält. Die Differenz zur autonomen Subjektivität tritt erst hervor, wenn man diesen tragischen Grund in Stirners Souveränitätsbehauptungen ernst nimmt. Wie weit und wie kritisch auch immer Autonomie der Subjekte definiert werden mag, die eigene Lebenssubstanz ist derzeit noch unersetzbar. Die Differenz von Autonomie und Souveränität kann, in der Strukturbeschreibung weitgehend, als eine von einerseits kritischer und andererseits tragischer Subjektivität übersetzt werden.

Tragödien enden unglücklich. Es gibt keine Kompensation, keine Wiedergutmachung. In der Tragödie, so George Steiner, ist der Mensch „innerlich und äußerlich ‚l'autre', die ‚Andersheit' der Welt."[12] In der Tragödie gibt es eine doppelte Blindheit, eine Blindheit des Schicksals und eine Blindheit des Einzelnen. Beide können nicht in ein kritisches Verhältnis zueinander treten. Tragödien fehlt das kritische Spiel in der Grenzzone zwischen Subjektivität und Sozialität. Die Blindheit der tragischen Gestalten ist keineswegs naiv, so daß man ihnen mit belehrender Aufklärung zur Hilfe eilen könnte. Tragische Subjektivität hält sich durch, wider besseres Wissen. Ihr ist auch nicht mit normativen Geltungsansprüchen zu helfen. Der tragische Mensch weiß: In der Regel werden wir weit über unsere Schuld hinaus bestraft.

---

[9] Ebd., S. 192.
[10] Ebd., S. 194.
[11] Max Stirner, *Kleinere Schriften*, Stuttgart 1976, S. 347.
[12] George Steiner, *Der Tod der Tragödie*, Frankfurt a. M. 1981, S. 13.

Dennoch: Wider Erwarten gewinnt der tragische Held in seinem Unglück Subjektqualitäten von einer Leuchtkraft, der sich auch der heutige Leser griechischer Tragödien nicht zu entziehen vermag. „Machtlos und zerbrochen, als blinder Bettler, der aus der Stadt gehetzt wird, erhält er eine neue Größe. Der Mensch wird durch die rachsüchtige Bosheit oder die Ungerechtigkeit der Götter geadelt."[13]

Die einzigartige Würde, die hier gewonnen wird, kann im Sinne von Wolfgang Lipps Kultursoziologie als schöpferische Wendung des Stigma ins Charisma verstanden werden.[14] In die Perspektive kritischer Subjektivität paßt diese Größe nicht recht hinein. Marx hat seine Kapitulation vor der griechischen Kunst eingestanden: „Die Schwierigkeit liegt nicht darin zu verstehen, daß griechische Kunst und Epos an gewisse gesellschaftliche Entwicklungsformen geknüpft sind. Die Schwierigkeit ist, daß sie uns noch Kunstgenuß gewähren und in gewisser Beziehung als Norm und unerreichbare Muster gelten."[15] Diese Schwierigkeit läßt Marx in alle Dilemmata der Theorien fallen, die Subjektivierungsweisen ausschließlich sozialisationstheoretisch fassen. „Ein Mann kann nicht wieder zum Kind werden, oder er wird kindisch. Aber freut ihn die Naivität des Kindes nicht, und muß er nicht selbst wieder auf einer höheren Stufe streben, seine Wahrheit zu reproduzieren? Lebt in der Kindernatur nicht in jeder Epoche ihr eigener Charakter in Naturwahrheit auf? Warum sollte die geschichtliche Kindheit der Menschheit, wo sie am schönsten entfaltet, als eine nie wiederkehrende Stufe, nicht ewigen Reiz ausüben? Es gibt ungezogene und altkluge Kinder. Viele der alten Völker gehören in diese Kategorie. Normale Kinder waren die Griechen."[16]

Wir wissen nicht, ob die Griechen ‚normale Kinder' waren. Evident ist, daß das „unerreichbare Muster" dieser Kinder nicht in die Bewegungsformen kritischer Subjektivität und ihrer Autonomie verstärkenden Entwicklungsrichtung paßt. Von der souveränen Seite her betrachtet, kommt man zu einem weitergehenden Befund. Wenn der Einzelne, innerlich wie äußerlich, die Andersheit der Welt ist, so vermag sich tragische Subjektivität auch noch gegen die aus kritischen Subjektivierungsweisen fließenden Weltdeutungen zu behaupten. Tragische Subjektivität hat alles Potential zur Wiederkehr und zum Wiedergängerischen. So kann Stirner tragische Subjektivität gegen die kritische wenden: „*Ich* bin meine Gattung, bin ohne Norm, ohne Gesetz, ohne Muster u. dgl. Möglich, daß Ich aus Mir sehr wenig machen kann; dies Wenige ist aber Alles und

---

[13] Ebd., S. 14.
[14] Wolfgang Lipp, *Drama Kultur*, Berlin 1994.
[15] Karl Marx, *Grundrisse der Kritik der politischen Ökonomie*, Berlin (Ost) 1953, S. 31.
[16] Ebd.

ist besser, als was Ich aus Mir machen lasse durch die Gewalt Anderer, durch die Dressur der Sitte, der Religion, der Gesetze, des Staates usw. Besser – wenn einmal von Besser die Rede sein soll – besser ein ungezogenes Kind als ein altkluges Kind, besser ein widerwilliger als ein zu Allem williger Mensch."[17] Tragische Subjektivität verweigert den Lernprozeß aus dem gerade autonome Subjektivität ihre Gewinne erzielt.

Die Strukturbeschreibungen lassen sich mit Blick auf die Anthropologie der Lebensalter ergänzen. Die Ontogenese und das Erwachsenwerden stehen im Zeichen progressiver Erweiterung von Autonomie. Die Psychoanalyse Freuds hat dies Glücksstreben ausbuchstabiert und das Begehren der Menschenwesen in Konflikt mit den Schranken der äußeren Natur, der Bestimmtheit der Sexualität und den Verboten der Gesellschaft so gedeutet, daß die Integration verirrter Partialtriebe zu einer Reife führen kann, in der die erwachsen gewordene Ich-Autonomie ihre Befriedigung und Stabilität in Arbeit und Liebe findet. Kurz gesagt: Autonomie entwirft ihre Grenzen vom Thema des Lebens her.

Der souveräne Mensch, dessen Frage häufiger auftaucht, wenn Sozialisation beendet und der Erhalt der reifen Struktur des Selbst zur Gewohnheit geworden ist, sucht bisweilen bewußt die Schattenwelt der Regression auf, wie sie C. G. Jung ausbuchstabiert hat. Auf den Hadespfaden nähert sich diese Subjektivierungsweise spiral abwärts jenen Stellen, von denen aus das Idealselbst zum Schluß sagen könnte: ‚Das war ich'. Angezogen von der Freiheit als der Imago einer absoluten Definitionsmacht und Handlungskompetenz übt sich souveräne Subjektivität in der Überwindung der Todesangst. Kurz gesagt: Souveränität entwirft ihre Grenzen vom Thema des Todes her.

Zwischen den Ungeheuern

„Autonomie bis zur Versteinerung, Souveränität bis zum Wahnsinn" – gibt es Rückwege von diesen Endgestalten der Freiheit? Man könnte es noch einmal mit der Figur des Dialogs versuchen, wie sie die Humanisten der Renaissance entworfen haben. Autonome und Souveräne beim Symposion im Dialog über die Gefahr und über das, was ohne Harm ist – wie werden in ihren Diskursen die Gewichte verteilt?

Kürzen wir das Gespräch ab. Schließlich könnte der Autonome sagen: „Letztlich geht die Gefahr vom anderen aus. Ich selbst bin harmlos." Und der Souveräne würde antworten: „Letztlich geht die Gefahr von mir aus. Du bist harmlos."

---

[17] Stirner 1972, a. a. O., S. 200.

In dieser Übereinstimmung könnten sie sich lachend in die Arme fallen, wäre da nicht jene unerträgliche Mimesis. Für Autonome liegt die Quelle der Gefahr außerhalb ihrer selbst, Souveräne situieren die Quelle der Gefahr in sich. Das Problem aller Autonomen sind immer die anderen. In der Programmschrift der Französischen Revolution heißt es über den Dritten Stand: „Nichts geht ohne ihn, alles würde unendlich viel besser gehen ohne die anderen."[18] Der souveräne Mensch sagt sich dagegen: In der Krise geht die größte Gefährdung von mir selbst aus. Es besteht die Gefahr, daß ich explodiere, den Kopf verliere, gemäß dem Diktum Nietzsches: „Ich bin kein Mensch, ich bin Dynamit".[19]

Autonomie ist die Beschreibung von Situationen nach der Leid/tdifferenz Selbstbestimmt/Fremdbestimmt. In der Fremdbestimmung liegt alle Gefahr, wobei der Inhalt der Autonomie stets mit einem „Fürchtet euch nicht vor mir" eingeleitet wird. Souveränität ist die Beschreibung von Situationen nach der Leid/tdifferenz Intimität oder Zerfall. Die Gefahr liegt in der Kopflosigkeit des Selbst. In Bezug auf die anderen verfolgt der souveräne Mensch eine integrative Bewegung, die weiß, daß in ihrer Intimität alle Menschen eins sind. Kopflosigkeit ist dabei der Preis und das Geschenk der Intimität. – So entdecken wir langsam das seltsame Spiel der negatorischen Bewegungen. In der Selbstverharmlosung unterschätzt der Autonome seine Wirkungen, in der Selbstgefahr des ‚gefährlich leben' überschätzt souveräne Subjektivität ihre Möglichkeiten und Wirkungen. Wer hätte nicht schon den Eindruck gehabt, daß in der Struktur der Souveränität die Berge kreißen und ein Mäuschen hervorkommt. So sehen wir denn auch, trotz der Vertauschungen und Maskierungen, einen autonomen Ausgang aus souveräner Selbstüberschätzung und einen souveränen Ausgang aus autonomer Selbstunterschätzung.

George Bataille, Michel Foucault und Michel Serres haben auf je verschiedene Weise die Öffnung im Denken der Freiheit, die an den Rändern von Autonomie und Souveränität möglich ist, gesehen. Erinnert sei an George Batailles Unterscheidung zwischen einem Prinzip der Autonomie, das nützlichen Selbsterhalt fordert, und einer Souveränität, die sich verschwendet; zwischen einem Lebensbegriff, der von der Erfahrung des Hungers und der Not der Ernährung her die Autonomie der Lebewesen in den Blick nimmt, und dem verschwenderischen Luxus der Fortpflanzung.[20] Erinnert sei auch an Michel Foucaults

---

[18] Emmanuel Sieyès, *Was ist der dritte Stand?*, hg. v. Rolf Hellmut Foerster, Frankfurt a. M. 1968, S. 59.
[19] Friedrich Nietzsche, *Ecce Homo*, Kritische Studien Ausgabe Bd. 6, München 1980, S. 365.
[20] Vgl., hierzu auch die schöne Arbeit von Gregor Häfliger, *Autonomie oder Souveränität. Zur Gegenwartskritik von Georges Bataille*, Mittenwald 1981, der wir den Titel dieses Beitrags entwendet haben.

Unterscheidung zwischen den zwei Repräsentationsweisen des Wahnsinns, die sich seit der frühen Neuzeit immer mehr voneinander entfernt haben: einer kritischen Erfahrungsform der Verrücktheit der Welt und einer tragischen Erfahrungsform, die im Schweigen der Bilder die Abgründe im Sabbat der Natur zeigt.[21] So geraten schließlich die Austauschbewegungen und die Mischungen in den Blick, die Michel Serres in den hybriden Figurationen möglicher Dritter entworfen hat, wobei freilich die Fluchtmöglichkeiten zwischen den Ungeheuern zur Versteigerung getriebener Autonomie und zum Wahnsinn gesteigerter Souveränität immer noch die Spuren der alten Dichotomie tragen: einerseits der die Ernährungsfixiertheit nicht ganz ablegen könnende Parasit und andererseits die Engel, von denen, wie eine Anekdote berichtet, der Heilige Thomas von Aquin wußte, daß sie gewiß ein Geschlechtsteil haben, aber eben nur *ad ornamentum*.[22]

So läßt es sie sich vielleicht ineinander verschlingen oder Seite an Seite vorstellen, das Paar im Denken der Freiheit: die autonome und die souveräne Subjektivität. Die autonome Subjektivität sieht die Sozialität unter dem Aspekt ihrer Verkehrungen und Verwicklungen, mit dem Ziel, die verkehrte Welt neu zu ordnen, in der die einen hungern und die anderen satt sind. Autonome Subjektivität baut auf die Wiederaneignung entfremdeter und verdrängter Kräfte, auf einen kritischen, revolutionären Bildungsprozeß, für den Dialektik eine Sprache gefunden hat. Souveräne Subjektivität sieht sich einer total vermittelten, in Institutionen kristallisierten Gesellschaft gegenüber, deren Ordnungsüberschuß jede authentische, nukleare Ambition blockiert. Souveränität leidet an den erstarrten Autonomien, ebenso wie Autonomie am Irrsinn verkehrter Welt.

Die Öffnung im Denken der Freiheit dagegen entwirft Rhythmen, in denen das Spiel der Kritik und die Geste des Abbrechens sequenzialisiert werden. Es ist dies der Rhythmus des Dialogs, der Rhythmus helfender Ergänzung und der Rhythmus der Heterologie. Dieser Gang ist aufrechter Gang und tanzend zugleich. In der Gebundenheit an die Situation wird entscheidbar, ob konkret gilt, daß Akte der Freiheit nur möglich sind, wenn wir überleben, oder daß Akte der Freiheit nur Würde gewinnen, wenn die Intensität des Lebens gesteigert wird. Dogmatische Reflexe, von denen wir im 20. Jahrhundert genug hatten, können abgebaut werden, wenn Seite an Seite zum aufrechten Gang und zur Gebundenheit an die Situation der Halt auf halber Strecke hinzukommt, der vor der Gewißheit zurückscheut, daß es wirklich stimmen sollte: „Autonomie bis zur Versteinerung, Souveränität bis zum Wahnsinn."

---

[21] Michel Foucault, *Wahnsinn und Gesellschaft*, Frankfurt a. M. 1969.
[22] Michel Serres, *Der Parasit*, Frankfurt a. M. 1987; ders., *Die Legende der Engel*, Frankfurt a. M. 1995.

10. Subversion, Kritik und Korrektur als Theorie-Praxis-Modelle

Wissen soll anwendbar sein. Praxisferne Bildung, Grundlagenforschung, wissenschaftliches Liebhabertum, vagabundierende Reflexion – sie sind vielleicht dann noch eine gewisse Zeit an Universitäten geduldet, wenn sie glauben machen können, daß in ihrem Bereich auf wundersame Weise demnächst etwas entsteht, das irgendwo zum Wohle eines kleineren oder größeren Teils der Menschheit angewandt werden kann. In dieser tatendrangvollen Atmosphäre von Wissensgesellschaft haben Disziplinen, die zur Erfindung, Herstellung verkaufbarer Güter oder der Ausbildung von Fachpersonal mit unersetzbaren Fähigkeiten beitragen können, massenkommunikative Vorteile vor den Fächern, deren Identität an große Theorie gebunden ist. Es ist das Glück der Soziologie, daß sie zumindest in Europa die spannungsvolle Nähe zu der Art von Philosophie gewahrt hat, die nicht als historische oder kognitivistische Spezialdisziplin abgedankt hat.

Wer heute in Sozial- und Kulturwissenschaften nach anspruchsvollen Modellen für Theorie-Praxis-Verhältnisse Ausschau hält, in denen nicht praxisorientiert theoretisiert, sondern theorieorientiert Praxisformen thematisiert werden, wird bald auf drei Theorietraditionen und Denk-Schulen stoßen, deren unterschiedliche Auffassungen über Jahrzehnte Gegenstand von zum Teil sehr unfruchtbaren Abgrenzungsdebatten gewesen sind: „Poststrukturalismus", „Kritische Theorie" und „Philosophische Anthropologie". Die intellektuellen Grabenkämpfe von „Struktur" versus „Geschichte", „Geschichtlichkeit" versus „Anthropologie", „Subjektverendung" versus „Authentizität", „Vernunft" versus „biologistischer Irrationalismus" u. a. m. haben dabei allzu oft verdeckt, daß mit diesen Richtungen drei Themen im 20. Jahrhundert aufgebrochen sind, die für das sehr alte *theoria cum praxi* einen neuen Zugang versprechen.

Foucault, Adorno, Plessner

Nimmt man zum Beispiel Michel Foucault, Theodor W. Adorno und Helmuth Plessner als Repräsentanten, so ließe sich sagen: Bei Foucault geht es neben vielem anderen um das Verhältnis von Surrealismus und Strukturalismus, um die Beziehungen zwischen Kunstpraxis und Wissenschaftspraxis, zwischen

Poesie und Präzision, zwischen Suggestion und Rationalität. – Bei Adorno geht es auch neben vielem anderen um das Risiko der Fortsetzung des Marxismus als einer Fortsetzung der revolutionären Tradition Europas, ob man sie nun in der alten Welt, im Mittelalter oder in der Neuzeit beginnen läßt. – Bei Plessner geht es auch neben vielem anderen um das Verhältnis von Biologie und Kultur des Menschen, das sich mit den dramatischen Fortschritten der Humanwissenschaften und ihrer technischen Anwendungen neu stellt. – Foucault, Adorno und Plessner sind insofern beliebige Namen, sie dienen hier als Abkürzung von Problembeschreibungen, die sich im 20. Jahrhundert bei zahlreichen Intellektuellen wiederfinden lassen. Man könnte auch sagen, es geht um die drei Antinomien: von Lebenskunst und Wissenschaft, von Glücksversprechen und Herrschaft, von Würde und Vereinseitigung.

Subversion, Kritik und Korrektur sind drei Theorie-Praxis-Modelle, die ich an die genannten Theorietraditionen anschließen möchte und die ich auch diesen Theorietraditionen entnommen habe. Ich werde in einem ersten Schritt eine grobe systematische Skizze von Theorie-Praxis-Rahmungen versuchen und dann in einem zweiten Schritt ein Stück weit in die theoriegeschichtlichen Verwicklungen einsteigen. Schließlich werde ich einige Elemente für eine Beschreibung der heutigen Situation herausstellen.

Einfache und differenzierte Rahmungen

Das Verhältnis von Theorie und Praxis stellt sich je nach Wahl des Rahmens etwas anders dar. Die wichtigsten bekannten Rahmungen seien hier provisorisch gegliedert. Dabei werden die Differenzen überbetont. In der Denkgeschichte des Theorie-Praxis-Problems sind vermutlich Mehrfachnutzungen der Rahmenbestimmungen das eigentlich Interessante.

Den historisch frühesten Rahmen bildet vielleicht der Rahmen des Heiligen und des Profanen. Die Theoriestelle nimmt hier eine Prophetie oder eine Vision ein, oftmals handelt es sich um Erscheinungen des Traumes. Es ist eine besondere Qualität spiritueller Erfahrung, die sich dann einstellen kann, wenn der Druck des Alltags ruht und die Tätigkeit der praktischen Lebensgestaltung ausgesetzt ist. Daß das Bereitmachen für die göttliche Inspiration seinerseits zum Teil sehr umständliche rituelle Praktiken erforderlich macht, ist bekannt. Aber diese Praktiken sind Pseudo-Praktiken, sie sind abgehoben von dem, was in unheiligen Handlungsbereichen getan wird. Theorie ist in diesem Rahmen transzendierend, Praxis verbleibt in der Immanenz. Theorie richtet sich auf den Bereich des Außeralltäglichen, sie soll gerade in Spannung zum gewöhnlichen Tun und Lassen treten und weltabgewandt ein Reich eröffnen, das nicht von dieser Welt ist.

Neben die religiöse Rahmung kann diejenige gestellt werden, die in der Formel: „Philosophie und Leben" vorliegt. So sei Thales, während er sich mit den Sternen beschäftigte, in einen Brunnen gefallen, und habe sich von der lachenden Dienstmagd aus Thrakien sagen lassen müssen, er wolle Dinge am Himmel zu wissen bekommen, während ihm doch schon das, was ihm vor den Füßen liege, verborgen bleibe. Hans Blumenberg hat die zahlreichen Versionen dieser Geschichte von Plato bis Heidegger als eine „Urgeschichte der Theorie" nacherzählt. Das Denken wird hier als eine Abstraktion vorgestellt, die von der Raumzeitstelle des Körpers wegführt, so daß schon ein kleiner Schritt zum Unfall führt. Diese Theorie kann auch graue Theorie werden, die vom bunten Traum des Lebens Abschied genommen hat. Es ist die unempirische Theorie, die gegen das Pathos des „Wirklichen", sei es als „wirklichen Menschen" Feuerbachs, sei es als „Studium der Wirklichkeit" bei Karl Marx in Anschlag gebracht wird. Oft ist es eine Art Idealismus, der diese Theoriestelle einnimmt, eine handlungslose Selbstbesinnung oder Reflexion, in der man Arnold Gehlen zufolge gar keine Wirklichkeit erfährt. Umgekehrt entsteht solche Reflexion als ein Kreisen in sich, wenn Handlungschancen verwehrt sind oder wenn Praxisräume verschlossen erscheinen, weil die Fallhöhe zwischen dem orientierenden Leuchten der Sterne und den banalen Hindernissen einer Wegstrecke zu groß ist. Eine insistente Dauerreflexion ist nach Helmut Schelsky bekanntlich nicht institutionalisierbar, und wo sich Reflexionseliten gebildet haben, gilt für ihn buchtitelgebend „Die Arbeit tun die anderen".

Sonntägliche Vision und Alltag, die Theorie des Himmelsgewölbes und die praktischen Schritte – in beiden Rahmungen ist die Praxisseite nur umrißhaft als eine Seite, die einen Abstand zur Theorie hat, eingeführt. Wollte man weitere Differenzierungen entwickeln, so ließen sich in idealtypischer und heuristischer Hinsicht drei differenziertere Theorie-Praxis-Modelle bilden:

1.   Kopfarbeit und Handarbeit,
2.   Wissen und Macht sowie
3.   Projekt und Experiment.

1. Die Theorie-Praxis-Vermittlung kann in der marxistischen Linie als Unterschied von Intellektuellen und Proletariern, von Kopfarbeit und Handarbeit profiliert werden. Der junge Marx hat in Anschluß an Moses Heß' europapolitisches Konzept eines Bündnisses deutscher Theorie und französischer Praxis sein generalisiertes klassentheoretisches Bündnis von Philosophie und Proletariat entwickelt. Dabei ist die Theorieseite als gründliche Philosophie oder später häufiger als Kritik bestimmt, während auf der Praxisseite schwankend mal „Herz" und mal „Hand" als Metaphern dienen werden. Beide könnten heute als

Solidaritätsfähigkeit des Einzelnen und als Organisation der Arbeit übersetzt werden. Darüber hinaus erscheint die Praxisseite als in verschiedener Weise so „materialistisch" konnotiert, daß der alte Gegensatz von Geist und Natur weitertransportiert werden kann. Die marxistische Arbeitsteilungslehre ist in den Narrativen von der Entstehung der Arbeitsteilung schwankend. Zunächst ist die Arbeitsteilung von Mann und Frau im Geschlechtsakt begründet, dann gilt als größte Teilung der geistigen und körperlichen Arbeit die Trennung von Stadt und Land.

In der Kritischen Theorie jedenfalls ist das Motiv hochpräsent; bei Adorno mit einem besonderem Interesse am Einzelsubjekt. Meine These ist, daß das Theorie-Praxis-Modell vom Typ *Kritik* wesentlich dieser Tradition, Theorie-Praxis-Vermittlungen anzulegen, entspringt: Theorie ist Kritik der Praxis. Kritik richtet sich gegen ein Denken, das vom Boden der Praxis als Herz oder Hand oder vom Boden des Landes, später der Industriearbeit, heute vielleicht der Computerarbeit, als primärer Produktion einer Lebenswelt abhebt; in jedem Fall gegen ein Denken, das die materiellen Bedingungen seiner Einzelexistenz ignoriert. Kritik ist hier eine Doppelwaffe: Sie ist einmal Kritik bestehender Praxis und das andere Mal mit Bezug auf die bestehende Praxis, Kritik des Denkens, das sich dieses Bezuges enthebt.

2. Wissen und Macht profiliert die Theorie-Praxis-Beziehung anders. Das Thema gewinnt mit Bacons „Wissen ist Macht" an Fahrt und ist lange um das Verhältnis neuzeitlicher Wissenschaft zur staatlichen Macht zentriert. In der stilbildenden Vergesellschaftungsform neuzeitlicher Naturwissenschaft geht es um die Kreation harmloser wissenschaftlicher Gegenstände, die so gemacht sind, daß die Risiken kirchlicher und staatlicher Verfolgung und Verfemung minimiert werden. Zuerst gelingt dies im Bereich des praktischen Umgangs mit Sachobjekten. Der Streit zwischen Boyle und Hobbes über die politischen Konsequenzen oder die Harmlosigkeit etwa der Theorie des Äthers ist hier paradigmatisch. Wissen erscheint als so fachlich sortiert, daß die aneinander angrenzenden Thematiken in ihrem Bestand nicht gefährdet werden. Es gibt Zuständigkeiten und Mandate für Aussagengebiete, und diese Institutionen, die Stätten sachhingegebenen Forschens sind, kodieren sich selber als unpolitische Einrichtungen, die gleichwohl eine Mehrung des Wohls eines kleinen oder großen Teils der Menschheit versprechen: ungemein praktisch und ungemein unpolitisch.

Wissen und Macht ist das zentrale Thema der Diskursanalysen Foucaults. Meine These ist, daß das Theorie-Praxis-Modell vom Typ *Subversion* wesentlich dieser Thematik entspringt. Das sich selbst neutralisierende und sich selbst verharmlosende Wissen, das seinen letzten Boden in der reinen Wahrheitssuche finden möchte, wird von Foucault einer strukturalistischen Analyse unterzogen, die die Reinheit und Klarheit des epistemischen Modells oder Paradigmas redupliziert, um diese dann als eine surreale Welt erscheinen zu lassen, die mit dem Politischen von Gewalt, Eroberung, Ausschluß, Einsperrung, d. h. der Organisation gesellschaftlicher Macht, zutiefst verflochten ist. Die Erschütterung der unpolitischen wissenschaftlichen Wahrheit geschieht auf dem Wege der Subversion, und sie bedient sich der poetisch-politischen Praktiken des Surrealismus.

3. Schließlich Projekt und Experiment. Diese Profilierung des Theorie-Praxis-Verhältnisses nimmt die krisenhaften Verwerfungen zwischen Philosophie und Naturforschung zum Ausgangspunkt. Auf der Theorieseite wird der Entwurfscharakter des Geistigen, sein utopisches, planerisches und gestalterisches Potential akzentuiert. Es geht nicht um die Subversion einer hinter den Epistemen liegenden ruhigen Wahrheit, auch nicht um die nachträglich kritisch festzustellenden Bedingtheiten von Theorie, vielmehr ist mit der Leib-Körperlichkeit des Menschen schon im Ansatz eine Verschränkung von Theorie und Praxis gegeben. Der werdende Mensch als ein Projekt steht im Zentrum der Philosophischen Anthropologie Max Schelers. Bei Plessner ist menschliche Existenz von vornherein essayistisch, im Sinne eines: Es immer wieder von neuem versuchen. Dies gehört zu seiner Würde. Praxis berührt sich hier mit den Traditionen des amerikanischen Pragmatismus, dem freilich nicht unbedingt eine prädestinierte Garantie des *survival* mitgegeben ist, sondern bei dem insgesamt der Wagnischarakter mit aller Tragik und Komik betont wird. Akzentuiert werden dabei gerade die spielerischen und empfindlichen Seiten, die sowohl Praxis wie Theorie haben können. In der lebensphilosophischen Grundierung spielt das Motiv der Kreativität eine besondere Rolle. Das Spiel liegt zwischen Revolution und Zerstreuung. Künstlerisches und technisches Handeln haben gleichen Wert.

Meine These ist, daß das Theorie-Praxis-Modell vom Typ *Korrektur* wesentlich dieser Theorie-Praxis-Auffassung entspringt. Die Ausarbeitung der naturalen Seiten menschlicher Existenz korrigiert die Überbetonung des Geistigen, und ebenso wird eine Naturalisierung und Biologisierung menschlicher Kultur zurückgewiesen, die den Bruch im Evolutionsgeschehen der Natur nicht wahrhaben will, den menschliche Geistigkeit durch ihr Neinsagenkönnen verursacht hat.

Es ist ein heterogenes Erbe, das Adorno, Foucault und Plessner hinterlassen haben. Es verführt zum Spiel mit Hegemonien und gegenseitigen Verwerfungen, sei es, daß man der Subversion die Kraft zubilligt, Kritik und Korrektur matt zu machen, oder sei es, daß Korrektur und Subversion von Grund auf kritisiert werden, oder daß im Gegenzug Kritik und Subversion ihre Korrekturen erfahren. Wie immer auch die Rosse vor den Wagen gespannt werden, anspruchsvolle Theorie-Praxis-Beziehungen heute halten das Disparate zusammen, es sei denn, man nähme in Kauf, alles zu verfehlen.

Theoriegeschichtliche Verflechtungen

Nach dieser systematischen Skizze möchte ich Verflechtungen der drei Modelle ein Stück weit theoriegeschichtlich entwickeln. Subversion, Kritik und Korrektur haben jeweils eine enorme intellektuelle Vorgeschichte, bis sie die Gestalt gewonnen haben, die Foucault, Adorno und Plessner ihr gegeben haben. Hilfreich ist es, genauer auf die Urszene um 1900 zurückzugehen, in der in der Grundlagenkrise moderner Wissenschaft die Einheit von Natur- und Geisteswissenschaften so zerbricht, daß diese Kernspaltung sich innerhalb der einzelnen Domänen fortlaufend fortsetzt. Natur- und Geisteswissenschaften treten in dem Moment auseinander, da sowohl für den Naturbegriff wie für den Geistbegriff neue wissenschaftliche Rahmungen erforderlich werden. Sowohl Philosophische Anthropologie und das Modell der Korrektur als auch Kritische Theorie und das Modell der Kritik wie auch die Spannung zwischen Surrealismus und Strukturalismus, die für den späteren Poststrukturalismus maßgeblich werden wird, haben in derselben Krise ihren Ursprung. Ich erinnere nur stichwortartig an einige Zusammenhänge.

Die alte Vorstellung einer Gesetzesratio, die der Natur immanent ist und die menschlicher Intellekt nach und nach durchsichtig machen kann, weil er selbst der naturimmanenten Gesetzlichkeit angehört, muß angesichts biologischer und psychologischer Forschung fallengelassen werden. Die stabile Beziehung physikalischer Naturgesetzlichkeit, die sich im zeitlichen empirischen Geschehen zeigt, zum erkennenden Vernunftsubjekt, das sich seiner zeitlosen Vernunftfunktion sicher ist, wird fraglich, wenn z. B. nach Hirnschädigungen bei Aphasikern oder bei Versuchspersonen nach Einnahme von Rauschmitteln nicht nur Ausfallserscheinungen zu vermelden sind, sondern aus dieser Natur heraus sich relativ geschlossene Sonderwelten einer anderen Wahrnehmung und eines anderen Denkens bilden. Mit diesen und anderen Forschungen, z. B. mit Uexkülls protokybernetischer Umweltlehre werden biologische Phänomene vom physikalischen Naturbegriff ein stückweit distanziert und in eine neue Beziehung zu psychischen Erfahrungs- und Erlebniswelten gebracht, für deren Entschlüsselung nicht zuletzt die Psychoanalyse genutzt werden konnte. Die Aphasiker von Gelb und Goldstein, Freuds Traumdeutung und die Rauschmittelexperimente, sie kehren als Bezugspunkte bei Plessner und Adorno ebenso wieder wie im Surrealismus und Strukturalismus als den beiden Hauptquellen für das Denken Foucaults.

Während biologische und psychologische Forschung sich aus dem allgemeinen Physikalismus des Naturbegriffs herausarbeiten, in dem Zug um Zug Differenzierungen zwischen Anorganischem und Organischem und solche zwischen Organischem und Psychischem hervortreten, pluralisiert sich mit den Fortschritten von ethnologischer, soziologischer und historischer Forschung das, was als menschlicher Geist bislang kohärent und eindeutig vorgestellt wurde. Kunst, Religion und das Wissen selbst stehen nicht mehr niederen Lebensphänomenen absolut entgegen, sondern werden daseinsrelativ. Ausgearbeitet werden Korrelationen von Natürlichkeit und Künstlichkeit, einmal – Marx weiterschreibend – der natürlichen Lebensgrundlagen und der Wirtschaftsweise, dann – Freud weiterschreibend – der biologischen Sexualfunktionen und der Familienformen mit allen Sex-Gender-Verhältnissen, sowie schließlich – Nietzsche weiterschreibend – des vitalen Dominanzstrebens und der Formen von Recht und Politik. Über Wahrheit und Wissen kann man seitdem nicht mehr sprechen, ohne sich mit Fragen von Historizität und Kulturrelativität auseinanderzusetzen. Die Geschichtlichkeit der Weltsicht und die topologische Streuung nebeneinanderliegender und ineinander verschachtelter Welten ist in den Referenzen z. B. Plessners auf Dilthey, Adornos auf Marx und Foucaults auf den Surrealismus stets präsent.

Mit diesen Entwicklungen erwies sich die philosophische Bastion des Neukantianismus, d. h. der strikten Scheidung ideographischer Wertewissenschaften und nomothetischer Gesetzeswissenschaften als viel zu sperrig. Dies ist freilich nur die Sicht auf die innerakademische Problemlage. Die Grundlagenkrise der Wissenschaften war zugleich eine allgemeine Kulturkrise, in der – um es hier einmal mit Luhmannschen Vokabeln zu sagen – die stabilisierenden Interpenetrationen und strukturellen Systemkopplungen so gelockert und außer Betrieb gesetzt waren, daß die Funktion des Wissenschaftssystems und der Universität für andere Systeme und damit eben auch das Denken von Theorie-Praxis-Vermittlungen neu bestimmt werden mußte.

Exemplarisch ließe sich dies an der neukantianischen Debatte um die Wertfreiheit der Wissenschaft zeigen. Die Wertfreiheitsforderung, aus der innerwissenschaftlichen Scheidung von Wert und Wissen abgeleitet, ermächtigt die Welt der politischen, technischen und ästhetischen Praxis in ganz neuartiger Weise zu eigenen Wertsetzungen und Sinnstiftungen, die als legitime Interessen-Ideologie, als Selbstbindung in religiöser Überzeugung, als arbiträre Selbstbeschreibung oder als unhintergehbare Weltanschauung dem alten Aufklärungsanspruch der Wissenschaft im Kern entzogen werden. Umgekehrt suchen Wirtschaft, Technik und Politik ihre mehr und mehr entbürgerlichten wilden Wertsetzungen durch exklusive Beziehungen zu Teilen der Wissenschaft argumentativ aufzubessern. Die Bündnisse Wissenschaft und Wirtschaft, Wissenschaft und Politik, Wissenschaft und Technik, Wissenschaft und Verwaltung, usw. beginnen zu wuchern. Die Scheidung von Wert und Wissen führt so im 20. Jahrhundert zu kontingenten Theorie-Praxis-Kopplungen. Es handelt sich um jeweils an isolierten, speziellen Praxisbereichen orientierte Theoretisierungen von bisweilen sehr kurzer Reichweite, die über irgendeinen zusammenhängenden Theorie- oder Wissenschaftsbegriff nicht mehr zu fassen sind. Gegen solch okkasionelle und opportunistische Praxisorientierung von Theorie waren Poststrukturalismus, Kritische Theorie und Philosophische Anthropologie bei allen Unterschieden in dem, was sie als wirksames philosophisches Ferment herausstellten, an theorieorientierten Praxisformen interessiert.

Es ließe sich gerade an den Schriften von Foucault, Adorno und Plessner auch zeigen, welche Anstrengungen nötig sind, das Prinzip der Wertfreiheit der Wissenschaft nicht zum Vorwand werden zu lassen, sich der Theorie-Praxis-Vermittlung überhaupt zu verweigern oder sich nur an die Vorgaben zu halten. Subversion, Kritik und Korrektur können somit auch als drei Versuche gelesen werden, der Zerreißprobe zwischen wertfreier Wissenschaft einerseits und den kontingenten Praxisanschlüssen an politische Religionen bzw. technokratische Marktverwertung andererseits zu entkommen.

Im Theorie-Praxis-Modell *Kritik* geschieht dies zum Beispiel in der Formel, daß philosophische Kritik sich am Leben hält, weil der Augenblick ihrer Verwirklichung versäumt wurde. Das theoretisch Wichtigste ist praktisch unabgegolten. Also gilt es mit langem philosophischen Atem zu warten und in gewisser Weise die altjüdische Figur der Unterschiedslosigkeit von Leben und Lehre, d. h. das Dasein als eine Darstellung des Gesetzes durchzuhalten.

Im Theorie-Praxis-Modell *Korrektur* ist die Formel vom *homo absconditus* das Medium, die praktischen Einseitigkeiten von erstelltem und angewandtem Spezialwissen sowie systemischen Verhaltenserwartungen zurechtzubiegen. Der praktische Experimentalismus der Neuzeit wird dabei philosophisch-anthropologisch auf den Menschen als Frage rückbezogen. So sind Korrekturen von Vergegenständlichungen und Verfügbarmachungen möglich und sichern menschliche Möglichkeiten in eine menschliche Zukunft hinein.

Im Theorie-Praxis-Modell *Subversion* führt die Verfremdung von wissenschaftlichen und denksystematischen Plausibilitäten und Evidenzen zu einer Neutralisierung zweiten Grades und zu einem praktischen ethisch-ästhetisch gebundenem Spiel mit Kontingenz.

Der Hauptgegenspieler Kritischer Theorie ist vielleicht die politische Religion gewesen, sei sie nun eine bolschewistische, sozialdemokratische, christlich-soziale oder liberale Weltanschauung. Im Zentrum steht die Dialektik jeder

Aufklärung und Emanzipation. Der Kern bei Adorno ist die Ideologiekritik als eine negative Theorie-Praxis-Identität. – Die Philosophische Anthropologie hat ihren Widerpart in den sich ausdifferenzierenden Wissenschaften vom Menschen, und zwar insbesondere in den Wissenschaften, die die Erforschung des menschlichen Organismus und die Erforschung des menschlichen Geistes nicht zum Ausgleich bringen können. Der Kern Philosophischer Anthropologie ist die Korrektur von Biologismus und Kulturalismus, und deren entsprechenden technisch-wirtschaftlichen und technisch-administrativen Anwendungen. – Der Poststrukturalismus Foucaults hat seinen Widerpart in den neutralen Wissenssystemen. Sie werden aber nicht mit Blick auf ihre innere Zerklüftung wie bei Plessner korrigiert, auch nicht mit Blick auf ihre Ideologiefähigkeit für politische Ersatzreligionen der Emanzipation kritisiert wie bei Adorno, vielmehr geht es um die Subversion des Wissens durch Surrealisierung. Die Absurdität, der Wahnsinn und die Verkehrtheit der Evidenzen, die wir für wahr halten, enthüllen sich durch die Praxis poetisch-präziser Gesten. Zielpunkt ist dabei eine Ästhetik der Existenz, d. h. – um zu differenzieren – nicht Würde wie bei Plessner, nicht Utopie der Versöhnung wie bei Adorno.

Die Zukunft von Subversion, Kritik und Korrektur

Abschließend noch einige Überlegungen zu der Frage: Tragen die drei Theorie-Praxis-Modelle noch heute und für die Zukunft? Die Antwort ist einfach: Solange keine neuen Konzepte erkennbar sind, bleiben uns nur die, die skizziert wurden. Wenn nun keine neuen Konzepte vorliegen, sondern wir auf eine postmoderne Reflexion der Konzepte der Moderne des 20. Jahrhunderts verwiesen sind, so bleibt freilich immer noch die Umwegfrage: Wie steht es mit den gesellschaftlichen Bedingungen, an die Subversion, Kritik und Korrektur, an die ein Denken im Geiste Foucaults, Adornos und Plessners gebunden waren. Wie haben sie sich verändert und wie werden sie sich vielleicht verändern?

Ich gehe davon aus, daß die drei Theorie-Praxis-Modelle historisch auf verschiedene Weise mit Institutionen und Bewegungen verflochten waren: das Korrekturmodell Philosophischer Anthropologie mit der Idee und Institution der Universität, das Subversionsmodell des Poststrukturalismus mit dem Avantgardismus in der Kunst und seinen Ansprüchen auf die Gestalt des Lebens, das Kritikmodell der Kritischen Theorie mit dem Schicksal des Intellektuellen in revolutionären Bewegungen.

Wenn wir also die Chancen des Modells Korrektur heute abschätzen wollen, ist der Blick auf den Zustand der Institution Universität zu werfen. Dabei geht es nicht nur um die innerwissenschaftliche Frage, wie nach der Verwandlung der Philosophie in ein Spezialfach zwischenfachliche Korrekturen kommuniziert werden können, wie Wissenschaft als Lebensform möglich ist. Es geht genauso darum, welche Chance zu an Würde orientierter Korrektur von Staatspraxis heute noch bestehen. Es ist nämlich fraglich, wie lange sich die Universität als staatliche Anstalt gegen die Korruption des Staates und der staatstragenden Parteien zu verteidigen in der Lage sein wird. Korruption entsteht bekanntlich da, wo es nicht gelingt, Macht und Würde zu verbinden.

Wenn wir die Chance des Modells Subversion heute abschätzen wollen, ist das Verhältnis von Künsten und Medien in Blick zu nehmen. Viele surreale Darstellungstechniken sind heute integraler Bestandteil der Massenkultur geworden, und man ist unsicher, ob es überhaupt noch ästhetische Avantgarde geben kann. Auf Medienwirkung berechneter Terrorismus hat die Schockwirkung der Kunst bei weitem überboten.

Wenn wir schließlich die Chance des Modells Kritik heute abschätzen wollen, gilt es als Intellektueller wie eh und je nach revolutionären Bewegungen Ausschau zu halten, die aus ihrer Lage heraus Gerechtigkeit fordern, weil sie ein Glücksversprechen empfangen haben. Gegenwärtig sieht es so aus, als ob das Molekül aus Revolution und Bewegung zerfallen ist. Denn die derzeit größte und dramatischste Bewegung, die weltweite Migration, hat noch keinen revolutionären Charakter angenommen.

Subversion, Kritik und Korrektur als drei Theorie-Praxis-Modelle sind in ihrer historischen Gestalt bei Foucault, Adorno und Plessner an Voraussetzungen gebunden, von denen nicht sicher ist, ob sie noch gegeben sein werden. Es ist ungewiß, ob für die Antinomie von Heilsversprechen und Herrschaft in weltweiten Prozessen der Migrationen ein identifizierbarer Ort sich findet, von dem aus Kritik möglich ist. Es ist nicht minder ungewiß, ob die Antinomie von Lebenskunst und Wissenschaft im Horizont der Ausbreitung massenmedialer Apokalypsen und Erregungskünste noch durch subversive Praktik bearbeitet werden kann. Es ist schließlich auch ungewiß, ob in der Antinomie von Würde und Vereinseitigung angesichts der Erosion der Idee einer „unbedingten Universität" und ihrer technischen Umstellung von Institution auf funktionale Organisation noch wesentliche Korrekturmöglichkeiten bestehen. Es sind vielleicht gerade diese drei geschichtlich-praktischen Ungewißheiten, die das Fortleben subversiver, kritischer und korrektiver Philosophie sichern.

11. Der Umzug der Götter

Auf den Spuren der Religionskritik

Vom Gläubigen wird man annehmen, daß er seinen Glauben mehr oder weniger kennt, daß er sich zumindest als Gläubigen weiß und seine Stellung zu Gott und Welt entsprechend deutet. Wer dagegen berufsmäßig einen „methodologischen Atheismus" praktiziert, hat erst noch zu klären, wann von ‚Religion' gesprochen werden kann, und er hat das Verhältnis von Religion und Gesellschaft *als Frage* zu formulieren. Er folgt den Spuren der Kritik der Religion.

Transformationen der Religionskritik verweisen – wie ich zeigen möchte – auf benennbare historisch-gesellschaftliche Erfahrungen, die in ihrer Zeit zur Verarbeitung anstehen. Es handelt sich um verwirrende Erfahrungen, die nicht von der Hand zu weisen sind. Sie gehen von Mund zu Mund, sie werden immer wiedererzählt und intellektuell bebrütet. Wer diesem vielstimmigen Austausch, der den Ton einer Epoche bildet, genauer zuhört, wird von dem berühmten Gedanken Abschied nehmen müssen, die Menschen stellten sich nur Aufgaben, die sie lösen können. Religionskritik hat immer dort geantwortet, wo verwirrende Erfahrungen, nicht lösbare Aufgaben vorlagen. Den Spuren der Religionskritik folgend möchte ich auf drei bestimmende historische Erfahrungen und ihre Antworten näher eingehen: Glaubenskrieg, Revolution und die Entfaltung der modernen Gesellschaft.

Gegen den beunruhigenden und wiedergängerischen Umzug der Götter hat Religionskritik einen sichernden und verlagernden Umzug setzen wollen. Sie hat nie mehr als rein provisorische Lösungen zustande gebracht. Jedoch sind diese gerade – wie bekannt – die relativ haltbarsten. Von den Resultaten der religionskritischen Verarbeitung der Erfahrungen der Glaubenskriege, der Revolution und der Entfaltung der modernen Gesellschaft zehren wir noch immer. Aber heute zeichnet sich ein erneuter Umzug der Götter ab. Es frömmelt wieder, und die überlieferten religionskritischen Antworten wollen nicht mehr so recht zu den Fragen passen, die wir haben. Militanter Atheismus ist seltener zu finden, mehr dagegen gesteigerte Aufmerksamkeit gegenüber dem, was Religion leisten könnte. Schließlich wird bei Teilen gesellschaftskritischer Intelligenz der Ruf nach einer wünschenswerten Wiederkehr des Heiligen laut. Wo steht Religionskritik heute?

Glaubenskrieg und Aufklärung

Nicolas Chamfort, der französische Moralist, hörte einmal, wie ein gläubiger Christ gegen ein paar Diskutanten, die über Glaubensfragen stritten, den Einwand machte: „Meine Herren, ein wirklicher Christ prüft nicht was man ihn glauben heißt, es ist damit wie mit bitteren Pillen. Wenn man sie kaut, bringt man sie nie hinunter." Glaubensfragen betreffen – wie der Freiherr von Knigge lehrt – Gegenstände, die in einer Gesellschaft gar nicht abgehandelt werden können. Streit um den Glauben und wünschbare Sozialität schließen einander aus; fängt man an Glaubensdinge durchzukauen, werden sie ungenießbar.

Welche gesellschaftliche Erfahrung wird hier verarbeitet? Es ist der Schrecken der europäischen Glaubenskriege, der den Aufklärern in den Knochen sitzt. Zwar steht auch in der Bibel geschrieben: „Wo Zwei oder Drei versammelt sind in Meinem Namen, da bin Ich mitten unter ihnen," (Matt. 18, 20) also eine Aufforderung, Sozialität als Gemeinde auszubilden (und in welchem Ausmaß wurde der Aufforderung gefolgt!), aber diese Gemeinden, die sich unter Seinem Namen versammelten, haben sich bekanntlich einem ungeheuerlichen Gemetzel hingegeben, aus dem nur zu folgern war: dem Ruf des gar nicht zu lieben Gottes zu folgen, heißt, sich auf eine Bahn zu begeben, an deren Ende die Zerstörung von Sozialität stehen kann. Am Eingang zum Tempel der Vernunft steht die Inschrift: „Nie wieder Glaubenskrieg."

Untersuchungen zur Religionskritik der Aufklärung thematisieren in der Regel zunächst einen anderen Aspekt. Hervorgehoben wird die Rolle der Aufklärer im Prozeß der Herauslösung neuzeitlicher Wissenschaften aus klerikaler Bevormundung. Und das ist ohne Zweifel ein wichtiger Blickwinkel. Wenn man jedoch nach spezifischen gesellschaftlichen Erfahrungen fragt, die zur Verarbeitung anstehen, so wird man sich auf die Erfahrung der Glaubenskriege beziehen müssen. Die große Frage, für die die aufklärerische Religionskritik Lösungen gesucht hat, lautete: Wie kann die Wiederkehr des religiösen Bürgerkrieges verhindert werden?

Ein komplexes Vorsorgeprogramm ist nötig, das den Gesellschaftsmitgliedern dringlich einredet: „Streitet euch nicht über Religion, streitet auch über andere Sachen! Verletzt nicht die Glaubensgüter anderer, seid tolerant! Vergeßt nicht, daß der Glaube zu Exzessen führen kann!" Aber Mahnungen allein reichen nicht aus, es müssen auch Angebote gemacht werden, die der Religion einen Platz zuweisen. Wo dürfen die Gesellschaftsmitglieder ohne Gefährdung des Friedens glauben, und aus welchen Bereichen muß der Glaube unbedingt ferngehalten werden? Das aufklärerische Vorsorgeprogramm kennt kalkulierte Trennungen und Symbiosen.

Unerträglich sind die unklaren Symbiosen von Politik und Religion. Sie führen geradewegs zum religiösen Bürgerkrieg. Der Souverän kann dauerhaft nur Frieden stiften, wenn er sich nicht daran stört, daß seine Untertanen auch verschieden glauben. Die Bürger können Frieden nur erhalten, wenn sie Glauben und öffentlich, legales Handeln trennen. Also keine Vermischung von gut und böse einerseits und Recht und Unrecht andererseits. Zu den Lehren, die das Gemeinwesen zerrütten und zugrunde richten können, gehört Hobbes zufolge die Lehre: „Jeder einzelne Bürger hat das Recht zu entscheiden, was gute und böse Handlungen sind."[1] Und Lichtenberg schlägt vor: „Ein großer Herr sollte nur eine allgemeine Religion haben. In den Schulen müßten alle Religionen Erlaubnis haben ihren Glauben und Aberglauben zu lehren. Der Fürst aber müßte lehren: daß die Gemeinden, welche die zum Gemeinwohl abzielenden Gesetze nicht hielten, ihre Religionsfreiheit verlieren sollten."[2]

Wohin aber mit der abgetrennten Religion? Die Antwort, die die Aufklärer auf diese Frage gefunden haben, ist verblüffend einfach. Gäbe es ein Buch, in dem die bedeutenden Lösungen für soziale Probleme verzeichnet würden, die Antwort verdiente einen Ehrenplatz. Wohin mit der abgetrennten Religion? Die Antwort: Je mehr es gelingt, die Religion zu verstecken, sie zur geheimen Sache des Gemütes zu machen, um so besser werden wir miteinander leben können.

Natürlich hat diese Antwort Vorläufer gehabt, aber erst auf dem Hintergrund der begründeten Angst einer Wiederkehr des religiösen Bürgerkriegs gewinnt sie an Durchschlagskraft. Für uns heute ist diese Antwort schon ein Stück alltägliche Gewohnheit, etwa dann, wenn wir bei Religion und Glauben assoziieren, daß es sich dabei um etwas handelt, was irgendwo im tiefsten Inneren, in einem schwer zugänglichen Bereich abzuhandeln wäre. Damals jedoch ist es nicht selbstverständlich, Religion als arkane Gemütsangelegenheit, als Geheimnis des Herzens aufzufassen.

Denn es existieren gewichtige Einwände: Welch eine Zumutung für die göttliche Offenbarung, daß sie das Licht der Öffentlichkeit scheuen soll! Der brennende Dornbusch, in dem Gott sich Moses gezeigt hat, kann er zu einer arkanen Angelegenheit gemacht werden? Und diejenigen, die Ostern das Grab des Herrn leer gesehen haben, denen soll davon der Mund nicht übergehen? – Der Platz, der von der Politik und dem Gemeinwesen abgetrennten Religion muß also noch weitergehend gesichert werden.

Das Verstecken der Religion wird um so mehr gelingen, wenn die geheime Sache des Herzens irgendwie mit der Offenbarung symbiotisch verbunden wird. Sind es nicht meist einzelne gewesen, denen sich Gott offenbart hat?

---

[1] Thomas Hobbes, *Leviathan*, Stuttgart 1978, S. 269.
[2] Georg Christoph Lichtenberg, *Aphorismen*, hg. v. Max Rychner, Zürich 1958, S. 278.

Sollte man nicht diesem Fingerzeig besser so folgen, daß man ihn als einen
Beleg für eine unabdingbare Intimität und Privatheit der Religion nimmt, als
statt dessen die Seite der Verkündigung des Geoffenbarten allzu sehr zu stra-
pazieren? Helfen könnte auch der Gedanke – und gerade er hat große Schule
gemacht –, es sei zweifelhaft anzunehmen, Gott würde sich nur in spektakulä-
ren Einbrüchen zeigen. Man müsse vielmehr bei Dem, Dem soviel möglich sei,
auch annehmen, daß Er sich in der natürlichen Vernunft Seiner Geschöpfe zeige
durch eine innere Offenbarungsquelle, mit deren Emanationen sich viel leichter
umgehen läßt, als mit den dramatischen, supranaturalistischen Ereignissen.

Die Aufklärer werden nicht müde, Gründe zu finden, den Platz der Religion
so zu sichern und auszupolstern, daß kein Anlaß für den religiösen Bürgerkrieg entstehen kann. Ob man nun Gott in den Tiefen des Gemüts ertränkt
oder Ihn deistisch der Welt immer weiter entrückt, die Strategien wehren der
Gefahr nichtkalkulierbarer Wanderschaften Gottes, der Gefahr, daß Er mal
an der Seite dieser, mal an der Seite jener auftaucht, daß Gotterfülltheit und
Gottverlassenheit jähe Spannungen erzeugen, daß Sein verführerisches Rufen
die Gemeinden in eine Aufregung versetzt, die zum Kampf für Ihn und gegen
die Gottlosen führt.

Wenn es denn Religion geben soll – die Aufklärer sind sich hier nicht einig –
so müßten in jedem Fall einige Artikel aus dem Katechismus gestrichen werden.
Die Streichungsliste, die der aufgeklärte Karl Spazier, zeitweise Lehrer am
Dessauer Philanthropin, 1788 vorlegt, beinhaltet:

„1.   Die Lehre der Beleidigung der Gottheit durch Sünden;
2.   Gottes Zorneseifer, strafende Gerechtigkeit bis in die Ewigkeit;
3.   Ursprüngliche Verderbtheit menschlicher Natur;
4.   Stellvertretende Genugtuung und Ergreifung des Verdienstes Christi;
5.   Glaube als das einzige Mittel zur Seligkeit;
6.   Vergebung der Sünder als Genuß des Abendmahls;
7.   Daß wir um Gottes Willen Gutes tun sollen."[3]

Eine aufschlußreiche Liste: an der Spitze stehen Artikel, die das Feld des Bösen
betreffen. Widersacherisches paßt nicht ins Programm der Aufklärung. Wenn
schon ein Gott, dann einer ohne seinen Widerpart, ohne den Leibhaftigen mit
all seinen dämonischen Hinterlisten. Erst wo der Kampf gegen den Teufels-
glauben Erfolge zeitigt, kehrt Ruhe in die Religion ein, sind jene gefährlichen,
friedenszerstörenden Austauschprozesse zwischen Gott und Mensch: die

---

[3] Karl Spazier, *Freimütige Gedanken über die Gottesverehrungen der Protestanten* (1788), zit. n.:
Werner Krauss, *Einleitung*, in: Karl Spazier, *Antiphädon*, Berlin (Ost) 1961, S. 13.

Plötzlichkeit der Gnade, daß sich hin- und hertauschende Quidproquo der Genugtuung, das prekäre Band des „sola fide", das Liebesmahl mit seinen unvollkommen geregelten Teilnahmebedingungen, überflüssig geworden.

Zur Erinnerung: Für einen Luther hätte es schlimmste Verblendung bedeutet, angesichts des üblen Gestanks der korrupten Welt, die ubiquitäre Existenz des Teufels zu bezweifeln. Nach der gesellschaftlichen Erfahrung der Religionskriege erscheint den Aufklärern die Idee einer sich dem realen Reich des Bösen entziehenden Perfektion der Nachfolge Christi als sozial schädlich. Sie stimmen Kants Formulierung zu: „Alles, was außer dem guten Lebenswandel, der Mensch noch zu tun können vermeint, um Gott wohlgefällig zu werden, ist bloßer Religionswahn und Afterdienst Gottes."[4]

Bemerkenswert jedoch – als Abschweifung –, daß Kant gleichsam gegen den Strom seiner Zeit schwimmend in seiner Religionslehre das radikal Böse als Prinzip an zentraler Stelle einführt.[5] Goethe nannte das einen „Schandfleck"[6]. Man kann sagen, daß nach Kant das radikal Böse nicht mehr gedacht wird. Die Ethiker reden nur noch von ‚gut' und ‚schlecht', und die Psychoanalytiker halten die verharmlosende Kategorie des ‚Destruktionstriebs' bereit. Das radikal Böse muß man lange suchen, nachdem es Aufklärung in die eigenen Hände genommen hat.

Es gibt jedoch nach Kant noch rühmliche Ausnahmen, an die erinnert werden muß: „Die riesige *Gebietskategorie des Bösen* ist eine der am wenigsten durchdachten, kommt fast nur adjektivisch vor und dann matt, so etwa in der Phrase vom blutbesudelten Hitler-Regime", schreibt Ernst Bloch 1975, und nach einer Schilderung von Ereignissen, die sich in den KZs abgespielt haben, fährt Bloch fort: „Mit solch hochbemerkbarer Stärke tritt das Böse im Menschen auf, wird aber mit allgemeinem Gerede über Aggression, bei Graugänsen wie bei Menschen, beiseite geschoben."[7]

Halten wir für den ersten Komplex fest: Den religiösen Bürgerkrieg zu beenden und zu verhindern, daß er sich erneuert, d. h. in der Verarbeitung dieser spezifischen gesellschaftlichen Erfahrung hat die Religionskritik ihre besondere Kontur gewonnen. Sie wollte Zähmung der Religion, ihre Verwandlung in Normen für eine sittliche Lebensführung. Man kann dies ein maßlos bescheidenes Programm nennen.

---

[4] Immanuel Kant, *Die Religion innerhalb der Grenzen der bloßen Vernunft* (1794), in: *Kant Werke*, hg. v. Wilhelm Weischedel, Bd. 4, Wiesbaden 1956, S. 842.
[5] Ebd., S. 655 ff.
[6] Richard Friedenthal, *Goethe – Sein Leben und seine Zeit*, München 1963, S. 412.
[7] Ernst Bloch, *Experimentum Mundi*, Frankfurt a. M. 1975, S. 231.

Und folgen nicht die Gottesgelehrten selbst, die intellektuelle Konkurrenz, vor deren Macht die Aufklärer vor Neid erblassen, folgen nicht die professionellen Hüter des Glaubens selbst dieser schönen und lichten Bahn? Den Prozeß der aufklärerischen Religionskritik vorsichtig zu Ende denkend bemerkt Lichtenberg: „Wenn man die älteren Lehren unserer Theologen mit denen der neueren vergleicht, so muß man doch wahrlich erstaunen. Die Lehren von einer *unmittelbaren* Offenbarung, von der Genugtuung und pp. werden doch wirklich jetzt von ihnen so vorgetragen wie ehemals von Leuten, die man für Freigeister hielt, verlachte und verspottete. Die Sache ist leicht einzusehen. Man hielt es für unter seiner Würde nachzugeben und *verfolgte* dafür lieber, weil man die Macht hatte. Jetzt ist man da, wo die damaligen Freigeister waren. Man tadle also zu keiner Zeit jene Wagestücke der Freikorps. Es kann kommen, daß die Hauptarmee davon Gebrauch zu machen für nötig findet. Dieses geschieht jetzt." Und er fährt fort: „Was läßt sich wohl für die Zukunft daraus schließen? Vermutlich, daß wir am Ende bei einer bloßen Vernunftreligion stillstehen werden *müssen*. Auf dieses Müssen führt alles am Ende; und das ist auch die Grenze Gottes. Nur schade, daß auch *da* wieder dissensus stattfindet."[8] – Halt, liebster Lichtenberg, Sie eilen mit Ihren letzten Sätzen meinem Text zu schnell voraus. Sie fassen die Möglichkeit eines sich erneuernden *dissensus* ins Auge. In der Tat stehen wir „*da*" heute, aber meinen Lesern fehlen noch einige Stückchen der Transformation der Religionskritik.

Vereindeutigung von religiöser und säkularer Perspektive

„Es war entweder in der Nacht vom 14. auf den 15. oder vom 15. auf den 16. Oktober (1779), als mir träumte, ich sehe eine feurige Wolke unter den Plejaden herfliegen; zugleich läutete die große Glocke zu Darmstadt, und ich fiel auf die Knie und sprach die Worte: *Heilig, heilig* und so weiter aus. Meine Empfindungen waren dabei unaussprechlich groß und ich hätte mich derselben kaum mehr fähig geglaubt."[9] Auch dies ist noch von Lichtenberg, ein Traum, eine geheime Verschlußsache des Gemüts, die Innenseite der Aufklärung. – Bei der Frage, inwieweit derartiges arkan zu halten ist, reden gesellschaftliche Erfahrungen mit, und sie gewinnen Jahre später eine andere Qualität.

Die Revolution, der Zusammenbruch der Welt des 18. Jahrhunderts, die Kriege gegen Napoleon und die Restauration, all dies sind rein profane Ereignisse nur aus späterer Perspektive. Man verspielt die Chance, den Transformationen

---

[8] Lichtenberg 1958, a. a. O., S. 464.
[9] Ebd., S. 472.

der Religionskritik auf die Spur zu kommen, wenn man hier zu schnell vereindeutigen will. Man löst dann zwar Probleme, aber weiß nicht mehr welche.

Die Religionskritik in der revolutionären Epoche (1789 bis 1848) ist konfrontiert mit der Ambivalenz von religiös und profan. „Sendet Apostel auf die Dörfer und Flecken, predigt laut das Evangelium der Freiheit"[10], ruft ein deutscher Jacobiner aus, und sein reaktionärer Kontrahent Kottwitz frohlockt: „Hunderte von Jünglingen werden an allen Orten durch den Geist Gottes gewecket. In allen Orten treten die Bekehrten in genauere Verbindungen."[11] Man mag nach links oder nach rechts schauen: Auf beiden Seiten explosive Mischungen aus Religion und Politik. Erlösung, Wiedergeburt, Auferstehung und Offenbarung – genuin religiöse Begriffe werden politisch aufgeladen, dienen mal der Revolution, mal der Konterrevolution. Mystik, Indienkult, Theosophie, schwärmerische Apokalyptik haben Hochkonjunktur. Es hagelt Erweckungen und Konversionen.

Die große Frage der Religionskritik der revolutionären Epoche lautet: Handelt es sich bei den verwirrenden Vermischungen von Religion und Politik, die sich fortlaufend erneuern, um eine Sakralisierung der Politik oder um eine Politisierung religiöser Glaubensinhalte? Ist die Religion nur Schale, die zerbrochen werden muß, um den profanen Kern freizulegen, oder liegt das treibende Element im Aufbruch religiöser Gesinnungen, die sich politisches Handeln wie Lebensführung unterordnen? Ob nun zum Gottesdienst der Freiheit um den Altar der Emanzipation aufgerufen wird oder ob die Sünde der Revolution, d. h. die Sünde, sich an Gottes Stelle zum Herrn der Geschichte aufzuwerfen, angeprangert wird – was gibt hier den Ausschlag, Profanes oder Heiliges?

Hegels salomonischer Spruch von der Identität von Glauben und Wissen, derzufolge die Religion eben dieselbe Wahrheit in Symbolen offenbare, die die Philosophie in Begriffen ausspreche, hielt nur kurze Zeit. Die große Frage – Religion als Schale oder Kern – bricht unter Hegels Schülern erneut auf und findet im Jahrzehnt vor der 48er Revolution religionskritische Antworten, deren Echo bis heute ebenso hörbar ist wie das Echo des aufklärerischen Vorsorgeprogramms gegen den religiösen Bürgerkrieg.

Es ist ein Jahrzehnt, in dem, was meist vergessen wird, religiöse Massenbewegungen die Szene beherrschen. „Wahrhaftig, Religion ist die epidemische Krankheit unserer Zeit; niemand ist vor Ansteckung sicher", notiert der radi-

---

[10] Walter Grab (Hg.), *Freyheit oder Mordt und Todt. Revolutionsaufrufe deutscher Jacobiner*, Berlin 1979, S. 59.
[11] Frh. von Kottwitz, zit. n.: Wilhelm Lütgert, *Die Religion des deutschen Idealismus und ihr Ende*, Bd. 3, Gütersloh 1925, S. 124.

kale Johann Jacobi 1846.[12] Sein Zeitgenosse Friedrich Saß urteilt: „Im Lande der
ausgebreitesten Sektenfreiheit, in Nordamerika, kann der religiöse Parteien-
kampf zwar wohl äußerlich freier, aber nicht intensiver geführt werden als bei
uns."[13] Und Robert Prutz stöhnt: „Wir disputieren die Dreieinigkeit, erörtern
die Glaubhaftigkeit des Evangelisten Lukas (...), ob der Weg in den Himmel
links geht oder rechts, ob man zu Pferde oder zu Esel sicher dahin gelangt und
ob die Hölle eine Treppe tiefer liegt oder zwei. Da haben wir in summa die
Nationalinteressen des deutschen Volkes anno 1840 bis 46."[14] Wie kann dieses
gespenstische Szenario erklärt werden?

Diejenigen, die ihren Ludwig Feuerbach gelesen haben, werden von Schein-
gefechten sprechen. Hinter den religiösen Händeln verbergen sich menschliche
Wünsche und Sehsüchte. Es sind die profanen Menschen, die sich ihren Himmel und ihre Hölle schaffen. Gott ist eine entfremdende Projektion menschlicher Eigenschaften. Laßt uns die Religion auf Anthropologie zurückführen und
in den heiligen Mysterien die profanen Mysterien entschlüsseln!

Von einer scheinhaften Verkehrung werden auch die sprechen, die ihren
Bruno Bauer gelesen haben. „In der Religion wird der Mensch um sich selbst
gebracht und sein Wesen, das ihm geraubt und in den Himmel versetzt ist,
zum Unwesen, zum Unmenschlichen, zur Inhumanität selbst gemacht."[15] Namentlich das Christentum muß als jener „Vampyr" erkannt werden, welcher
der Menschheit „Saft und Kraft, Blut und Leben bis auf den letzten Blutstrop-
fen" aussaugt.[16]

Religionskritik muß die Umkehrung der Verkehrungen ins Auge fassen,
ein Themenwechsel steht auf dem Programm; Marx hat ihn vollzogen: Reden
wir nicht mehr von der Religion, reden wir von den wirklichen Menschen,
wirklich erst als Ensembles gesellschaftlicher Verhältnisse verstanden, und
wir haben den profanen Wurzelgrund der Religion entblößt. Und den christlichen „Vampyr" – sprechen wir ihn ganz irdisch an: Die Fähigkeit, sich als
unsterblich selbstverwertender Wert zu erhalten, „erhält das Kapital aber nur,
indem es als ein Vampyr die lebendige Arbeit beständig als Seele einsaugt."[17]
Der Gott der modernen Welt, dem die Menschen ihr Leben schulden, der ab-

---

[12] Johann Jacoby an Ludwig Walesrode, *Brief v. 26.03. 1846*, in: *Johann Jacoby, Briefwechsel 1816–1849*, hg. v. Edmund Silberner, Hannover 1974, S. 334.
[13] Friedrich Saß, *Berlin in seiner neuesten Zeit und Entwicklung*, Leipzig 1846, S. 178.
[14] Robert Prutz, *Theologie oder Politik? Staat oder Kirche?*, in: ders., *Kleine Schriften*, Bd. 2, Merseburg 1847, S. 14f.
[15] Bruno Bauer, *Die gute Sache der Freiheit und meine eigene Angelegenheit*, Zürich/Winterthur 1842, S. 203f.
[16] Bruno Bauer, *Kritik der evangelischen Geschichte der Synoptiker*, Bd. 3, ²Leipzig 1846, S. 310.
[17] Karl Marx, *Grundrisse der Kritik der politischen Ökonomie*, Berlin (Ost) 1953, S. 539.

solute Wert, den sie in dem Maße schaffen, wie sie von ihm entleert werden, ist diesseitiger Natur, eben Kapital, und das ist kein Gott, sondern ein gesellschaftliches Produktionsverhältnis. Für Marx jedenfalls ist die Religionskritik schon 1843 beendet.

Das entscheidende Resultat der Religionskritik am Ausgang der revolutionären Epoche ist, daß nun die prekäre Ambivalenz in der Einschätzung von Phänomenen, bei denen nicht sicher ist, ob sie religiös oder profan anzusprechen sind, vereindeutigt werden kann. Nun *ist* die Revolution ein säkulares Ereignis, und Freude über diese Sicherheit findet sich auf allen Seiten. Nach der Revolution von 1848 stellt der konservative Julian Schmidt erleichtert fest: „In dem Anfang der 40er Jahre schien es fast, als solle sich die erregte Teilnahme der Laien an den theologischen Händeln noch einmal erneuern. Wir sind sehr damit zufrieden, daß diese Gefahr von unserer Bildung abgewandt ist, daß die politische Aufregung die religiöse verdrängt hat."[18]

Lediglich der außenseiterische Querkopf Max Stirner hat sich dem vereindeutigten Themenwechsel verweigert: „Das Heilige läßt sich keineswegs so leicht beseitigen, als gegenwärtig Manche behaupten, die dies ‚ungehörige‘ Wort nicht mehr in den Mund nehmen. Werde Ich auch nur in Einer Beziehung noch ‚Egoist‘ *gescholten*, so bleibt der Gedanke an anderes übrig, dem Ich mehr dienen sollte als Mir, und das Mir wichtiger sein müßte als Alles, kurz ein Etwas, worin Ich Mein wahres Heil zu suchen hätte, ein – ‚Heiliges‘. Mag dies Heilige auch noch so menschlich aussehen, mag es das menschliche selber sein, das nimmt ihm die Heiligkeit nicht ab, sondern macht es höchstens aus einem überirdischen zu einem irdischen Heiligen, aus einem Göttlichen zu einem Menschlichen."[19]

Religion als normative oder sinnhafte Orientierung in der modernen Gesellschaft

Nach 1848, so könnte man pointiert sagen, geht es auf breiter Ebene mit der Immanenz erst richtig los. Die bestimmende Erfahrung, die man in den Blick nehmen muß, um die spezifischen Antworten auf die Frage nach dem Verhältnis von Religion und Gesellschaft würdigen zu können, die nun auftauchen, ist

---

[18] Julian Schmidt, *Geschichte der deutschen Literatur im neunzehnten Jahrhundert*, Bd. 3, ²London/ Leipzig/Paris 1855, S. 383.
[19] Max Stirner, *Der Einzige und sein Eigentum*, Stuttgart 1972, S. 38; vgl. auch Wolfgang Eßbach, *Gegenzüge. Der Materialismus des Selbst und seine Ausgrenzung aus dem Marxismus – eine Studie über die Kontroverse zwischen Max Stirner und Karl Marx*, Frankfurt a. M. 1982, S. 74 ff.

die Erfahrung von Gesellschaft als einer weltimmanenten Angelegenheit. Ich
denke, es ist nicht übertrieben, wenn man sagt, daß es sich um eine im mehr-
fachen Sinne des Wortes unheimliche Erfahrung handelt. Unheimlich, weil die
neue Gesellschaft, in der sich die postrevolutionären Individuen wiederfinden,
beides zugleich ist: Gesellschaft und Nichtgesellschaft.

Daß Menschen einander brauchen, um existieren zu können, daß sie ihr
Handeln in eine Ordnung bringen müssen, daß sie eine Grenze zwischen
ihren Regeln und der Wildnis der Natur ziehen müssen – Gesellschaft in diesem Sinne war eine seit langem vertraute Angelegenheit. Unheimlich wurde
die Sache, als Gesellschaft auch als etwas ganz anderes erscheinen mußte, als
etwas, das den *Einzelnen* freisetzte, frei, seine selbst gesetzten Zwecke und
Ziele zu verfolgen und frei, sich im Bruch mit traditionalen Sozialordnungen
willkürlich zu assoziieren. Die moderne Gesellschaft wurde als beides erfahren:
als Zusammenhang von Menschen *und* als Dunkelfeld, aus dem unberechenbare Kräfte hervortreten. Diese Kräfte waren keine Dämonen, die man ban-
nen konnte, sondern gesellschaftliche Kräfte, die die Gesellschaft bedrohten.
Mit dieser Erfahrung, die man auf die paradoxe Formel bringen könnte, daß
Kräfte, die aus dem Zusammenwirken von Individuen herrühren, gerade das
Zusammenwirken von Individuen bedrohen, fängt bekanntlich Soziologie an.
Und sie zehrt bis heute von diesem alten Rätsel der modernen Gesellschaft,
weiß sich nicht einig, ob es – um einige Antinomien zu benennen – sinnvoller
ist, Gesellschaft vom sozialen Handeln her zu begreifen oder in Begriffen von
Funktion und Struktur eines dem sozial Handelnden nicht mehr verfügbaren
Zusammenhangs zu denken, ob das Zurückgehen auf die Lebenswelt oder aufs
System angemessener ist. Aber dies ist nicht mein Thema.

Die neuartige Erfahrung von Gesellschaft und gesellschaftlicher Nichtgesellschaft hat in der klassischen Periode der Soziologie, bei Durkheim und Weber,
dazu provoziert, die Frage nach dem Verhältnis von Religion und Gesellschaft
in den Mittelpunkt zu stellen. Ob sie sich nun mit der Arbeitsteilung oder dem
Selbstmord, mit Herrschaft oder Bürokratisierung befaßten, das Problem der
Einfügung des Einzelnen in die Gesellschaft erscheint bei ihnen im Horizont
von Religion.

Freilich auf verschiedene Weise. *Durkheim* entdeckt, „daß fast alle großen sozialen Institutionen aus der Religion geboren wurden", und er schließt zurück:
„Wenn die Religion alles, was in der Gesellschaft wesentlich ist, hervorgebracht
hat, dann deshalb, weil die Idee der Gesellschaft die Seele der Religion ist."[20]
Religion ist das Ideal der Gesellschaft, ein kollektives Ideal, das der realen

---

[20] Emile Durkheim, *Die elementaren Formen des religiösen Lebens*, Frankfurt a. M. 1981, S. 561.

Gesellschaft übergestülpt und zugleich inhärent ist. Religion als Idealisierung ist Schöpfung und Grundlage der Gesellschaft zugleich. „Sie ist kein Luxus, den der Mensch entbehren könnte, sondern eine Bedingung seiner Existenz."[21] Und weil bei Durkheim Gesellschaft immer gegeben ist, ist immer auch Religion gegeben, als – wie wir heute sagen würden – normativer Bereich, als normative Idee von sich selber, die sich im kollektiven Verhalten zeigt. Diese Profilierung von Religion stellt *eine* Antwort auf die Erfahrung der modernen Gesellschaft dar.

Die andere Antwort finden wir bei *Weber*. Auch er geht davon aus, daß relevante gesellschaftliche Mächte aus der Religion hervorgegangen sind. Allerdings faßt er diesen Prozeß als einen der Entzauberung der Welt, als Säkularisierung, als Dominantwerden von Typen rationalen Handelns. Einen der Gründe für den Prozeß der Rationalisierung, dessen Entfaltung die moderne Gesellschaft erlebt, sah Weber in einem zentralen Aspekt jeder Religion selber. Religion hat nämlich eine spezifische Affinität zur Rationalität. Er schreibt: „Religiös oder magisch motiviertes Handeln ist (ferner), gerade in seiner urwüchsigen Gestalt, ein mindestens relativ rationales Handeln."[22]

Man kann das so lesen, daß mit Magie oder Religion selbst ein Horizont gegeben ist, in den schon ein Stück Rationalität eingelagert ist, – ein Stück Rationalität, das dazu provoziert, die Probe mit der Realität zu machen, Bewährung und Erfolg zu suchen. Anders gesagt: Religion eröffnet eine Chance, den Schock der Realität rationalisieren zu *können*. In der modernen Gesellschaft ist Weber zufolge diese Chance, den Schock der Realität rationalisieren zu können, gefährdet, weil nach der Entzauberung der Welt der Gesichtspunkt, unter dem rationalisiert wird, beliebig geworden ist. In Webers Perspektive kann moderne Rationalität auch völlig irrational sein; Religion dagegen ist bei ihm nirgendwo restlos irrational.

Zusammengefaßt: Durkheim, Weber und die Erfahrung der modernen Gesellschaft – der eine entdeckt in der Religion funktional gesehen das normative Band, das die freigesetzten Individuen zusammenhält, der andere entdeckt in der Religion je historisch gesehen, die Chance, den Schock der Realität rationalisieren zu können. Und das ist bei Weber je historisch gesehen wesentlich komplizierter als bei Durkheim.

Beherrschend bei Durkheim die Rolle des Kultes als kollektiver Bestätigung des sozialen Bandes; beherrschend bei Weber die Rolle der Prophetie als Sinnsetzung, die sich gesellschaftlich bewährt oder nicht. Und bei beiden die Besorgnis, daß der Kult oder die Prophetie als Schlüsselfiguren für das

---

[21] Ebd., S. 566.
[22] Max Weber, *Wirtschaft und Gesellschaft*, Berlin 1964, S. 317.

Verhältnis von Religion und Gesellschaft sich nicht mehr regenerieren. Über Webers Hoffnungen auf zukünftige Propheten, die im „Gehäuse der Hörigkeit" auftreten könnten, ist im Zuge der Weber-Renaissance viel gerätselt worden.[23] Weniger vertraut dürften die Passagen sein, die Durkheim der Frage der Zukunft des Kultes gewidmet hat: „In der Religion gibt es also etwas Ewiges, das das Schicksal hat, alle Einzelsymbole zu überleben, mit denen sich das religiöse Denken nach und nach bekleidet hat. Es gibt keine Gesellschaft, die nicht das Bedürfnis fühlte, die Kollektivgefühle und die Kollektivideen in regelmäßigen Abständen zum Leben zu erwecken und zu festigen. (…) Wenn uns auch heute die Vorstellung schwer fällt, worin die zukünftigen Feste und Zeremonien bestehen könnten, so liegt das daran, daß wir eine Phase des Übergangs und der moralischen Mittelmäßigkeit durchqueren. Die großen Dinge, die unsere Väter begeistert haben, erzeugen bei uns nicht das gleiche Feuer (…). Aber dieser Zustand der Unsicherheit und der verwirrenden Unruhe kann nicht ewig dauern. Ein Tag wird kommen, an dem unsere Gesellschaften aufs neue Stunden schöpferischer Erregung kennen werden, in deren Verlauf neue Ideen auftauchen und neue Formen erscheinen werden, die eine Zeitlang als Führer der Menschheit dienen werden."[24]

Die „Wiederkehr des Heiligen" heute

Ist nicht bei Durkheim und Weber schon alles gesagt? Läßt sich der neue Advent, der uns überall entgegentönt, nicht als Beweis für die alten Thesen von der Wiederkehr des Kultes bzw. der Prophetie nehmen? Ich denke nein. Respekt vor den soziologischen Klassikern, aber zu prüfen bleibt, ob unsere gesellschaftlichen Erfahrungen nicht andere sind als ihre. – Ich möchte von der Hypothese ausgehen, daß die zentrale gesellschaftliche Erfahrung des 20. Jahrhunderts sich gebündelt als Erfahrung umfassender Technisierung der Lebensbedingungen der Menschen in fortgeschrittenen Gesellschaften benennen läßt.

Das ist zwar schon oft gesagt worden, aber es ist nicht immer in einem paradigmatischen Sinne ernst genommen worden. Technisierung ist natürlich ein langer historischer Prozeß, der von weit her kommt, aber ich denke, man läuft Gefahr, den Kern zu verfehlen, wenn man die umfassende Technisierung von Lebensbedingungen im 20. Jahrhundert nicht als ein qualitativ anderes Erfah-

---

[23] Vgl. Günter Dux, *Religion, Geschichte und sozialer Wandel in Max Webers Religionssoziologie*, in: *Seminar: Religion und gesellschaftliche Entwicklung*, hg. v. Constans Seyfarth u. Walter M. Sprondel, Frankfurt a. M. 1973, S. 330 f.
[24] Emile Durkheim 1981, a. a. O., S. 572.

rungsbündel, als das der Revolution oder das der modernen Gesellschaft ins Auge faßt. Drei Überlegungen dazu:

Zum einen: Kategorien, die an der Erfahrung des Übergangs zu modernen Gesellschaften gewonnen werden, tragen m. E. nur beschränkt dazu bei, der gegenwärtigen Problemlage gerecht zu werden. Ginge es heute noch primär um die Differenzerfahrung von gemeinschaftlich gebundenen und gesellschaftlich freigesetzten Individuen, so müßte erklärt werden, warum diese „freigesetzten Individuen" sich in ihren Möglichkeiten, wirksam gesellschaftlich einzugreifen, derart verunsichert und beschränkt sehen. Wenn Luhmann schreibt: „Alles könnte anders sein – und fast nichts kann ich ändern"[25], so gilt dies mehr für das vergangene als für das 19. Jahrhundert.

Zum anderen: Das Bild vom entfesselten Prometheus, das im Zusammenhang der Technikdiskussion regelmäßig wiederkehrt, täuscht darüber hinweg, daß Lebensbedingungen, wo sie technisiert sind, oft nur um den Preis kleinerer oder größerer Katastrophen beliebig verfügbar sind. Jean Baudrillard weist zurecht darauf hin, daß, ausgehend von Marx, man dazu verleitet werde, den Tod im toten Kapital zu unterschätzen.[26] Als ob dies tote Kapital, das die Grundlage unseres Lebens ist, wieder in lebendige gesellschaftliche Arbeit verzaubert werden könnte!

Schließlich verliert auch der Gedanke eines Primats der Frage nach der Gesellschaftsordnung über die Frage nach der Technik an Glaubwürdigkeit. Denn wer könnte plausibel machen, daß etwa ein kapitalistisches Kernkraftwerk mehr Risiken bietet als ein staatssozialistisches oder ein rätedemokratisch betriebenes?

Auf den hier nur kurz skizzierten Hintergrund der Erfahrung umfassender Technisierung von Lebensbedingungen als eines Phänomens sui generis möchte ich die These einer wünschenswerten Wiederkehr von Religion diskutieren. Diese These ist mit diesem Hintergrund insofern verbunden, als einer der wiederkehrenden Topoi – folgt man den einschlägigen Texten – im Verweis auf die Gefahren moderner Technik *und* dem drängenden Wunsch nach Religion besteht. Zur Erinnerung: für Durkheim und Weber war die Frage nach der Zukunft des Kultes und der Prophetie primär verbunden mit den Themen der Identität der Gesellschaft, bzw. des sozialen Handelns. Technik war dabei ein Moment, aber keineswegs das beherrschende.

Wiederkehr von Religion, dieser Wunsch speist sich vielleicht zunächst aus dem unbefriedigenden Verlauf der Debatte um Ethik und Technik. Unbefriedigend im Verlauf dieser Debatte ist, daß im Rahmen philosophischer

---

[25] Niklas Luhmann, *Komplexität und Demokratie*, in: ders., *Politische Planung*, Opladen 1971, S. 44.
[26] Jean Baudrillard, *Der symbolische Tausch und der Tod*, München 1982, S. 30.

Bemühungen schwerlich davon abgegangen werden kann, daß die Begründung neuer Wertordnungen prinzipiell der rationalen Argumentation und Kritik zugänglich sein muß. Diejenigen, die eine Wiederkehr von Religion ins Auge fassen, wenden dagegen ein, neue Wertordnungen per rationem zu verankern, sei nicht ausreichend. In den Worten von Carl Amery: „gewünscht sind innere Kontrollen, welche *sicherstellen*, daß das Sprachloseste, das Schutzloseste, das am meisten in unsere Willkür gegebene, nicht nur als das letztenendes Unverletzlichste anerkannt, sondern wirksam verteidigt wird."[27] Gefordert wird die Reetablierung von so etwas wie „frommer Scheu" als Gegengewicht zur Technisierung von Lebensbedingungen, die die Regenerationsfähigkeit der sprachlosen Natur zerstören. Ähnliche Überlegungen hat Lewis Mumford bereits in den 60er Jahren angestellt. Seine Kulturgeschichte der Technik mündet in die Forderung: „Um zu ihrer Rettung zu gelangen, wird die Menschheit eine Art spontaner religiöser Bekehrung vollziehen müssen (...). Wenn der Mensch seiner programmierten Selbstvernichtung entkommen soll, dann wird der Gott, der uns schützt, kein *deus ex machina* sein – er wird in der menschlichen Seele auferstehen."[28]

Und hier anschließen könnte man – stellvertretend für viele andere – die These von Gerd Bergfleth: „Die 60 Zentner TNT, die nach einem Bericht der UNO inzwischen auf jeden Erdbewohner lasten, dürften zusammen mit anderen unheimlichen Einrichtungen Indiz genug sein, daß der Angriff nicht mehr gegen bestimmte Gruppen, sondern gegen den Menschen überhaupt geführt wird. Wir allesamt sind zu Opfern bestimmt und können also auch beliebig geopfert werden (...). Während aber das Opfer früher dazu berufen war, eine Gemeinschaft zu stiften unter den Lebenden, worauf sein religiöser Charakter beruht, wird der Opfertod bei uns nicht nur in die Isolierung gedrängt, sondern sinkt, unbegriffen wie er ist, zur Bedeutungslosigkeit herab. Keine kollektive Exaltation umfängt den Geopferten, keine Heilige Kommunion bricht seine Exkommunikation auf. Und doch genügt eine einfache Umwendung, ein einziger Blick in die Augen des geopferten Bruders, um zu erkennen, daß sich inmitten der profanen Gesellschaft etwas Neues ankündigt, was alle Wertmaßstäbe dieser Gesellschaft außer Kraft setzt: eine *Wiederkehr des Heiligen*."[29]

Stehen wir schon in einem neuen Advent? Ich möchte auf diese Frage abschließend mit einigen religionskritischen Bemerkungen eingehen.

---

[27] Carl Amery, *Natur als Politik. Die ökologische Chance des Menschen*, Reinbek 1978, S. 181 f.
[28] Lewis Mumford, *Mythos der Maschine. Kultur, Technik und Macht*, Frankfurt a. M. 1977, S. 807.
[29] Gerd Bergfleth, *Baudrillard und die Todesrevolte*, Anhang zu: Baudrillard 1982, a. a. O., S. 380 f.

1. Zunächst muß eine Erneuerung des *dissensus* konstatiert werden, den schon Lichtenberg prognostizierte. Seine Frage war: *Müssen* wir am Ende bei einer bloßen Vernunftreligion stillstehen? Dies *Müssen* war für ihn die Grenze Gottes, die zum Streit einlädt. Diesen Streit erleben wir heute. Haben wir es im Zusammenhang der Herausbildung der modernen Gesellschaft mit einem irreversiblen Prozeß der Säkularisierung zu tun, oder täuschen wir uns, wenn wir die greifbaren Erscheinungen von Entkirchlichung mit Entchristlichung oder Massenatheismus gleichsetzen, oder gibt es gar keine Säkularisierung, weil sich eine unabdingbare Religiosität heute in anderen symbolischen Wirklichkeiten zeigt, die die Leistungen religiöser Sinngebundenheit übernommen haben, oder ist gar in gegenwärtigen Gesellschaften ein Überschuß an religiösen Glaubenssystemen vorhanden, denen nur sozial effektive Vermittlungsformen fehlen? Und was soll bei alledem noch Religion genannt werden? Ich denke, wir kommen mit diesem *dissensus* besser zurecht, wenn wir „Religion" auf den je dominanten gesellschaftlichen Erfahrungsinhalt hin bestimmen.

2. Auf dem Hintergrund der Erfahrung technisierter Lebensbedingungen hat die Frage nach der Religion eine spezifische Kontur erhalten. Die Frage lautet: Ist es wünschenswert und ist es möglich, so etwas wie heilige Bezirke zu umgrenzen. Ich denke, es geht dabei weniger um eine Religion, mit dessen Hilfe sich Menschen der Letztbegründungen ihrer Existenz versichern. Weder die Unsterblichkeit der Seele, noch die Erlösung, noch spezielle Gnadengeschenke stehen heute auf der Wunschliste. Nicht religiöse Inhalte stehen im Vordergrund, sondern *es soll ein Raum anerkannt werden, der aus der fortschreitenden Technisierung der Lebensbedingungen ausgegrenzt ist.* Ein verbotener Bezirk, ein Tabu, das den endlosen Überschreitungen Einhalt gebietet. Es soll Unantastbares geben.

3. Hört man den Reden von der Wiederkehr des Heiligen genau zu, fällt ein Paradox auf. Trotz aller sehnsüchtigen Erinnerungen, die Wiederkehr der alten Götter wäre allzu abgeschmackt. Auf den aufrechten Gang möchte keiner gern verzichten, und die kleinen Gemeinden, die ihre Knie vor diesem oder jenem Numinosen beugen, haben m. E. nur geringe Chancen erfolgreicher Mission. Denn so verbreitet der Wunsch nach einem Unantastbaren auch sein mag, so laut der Ruf nach einer Wiederkehr des Heiligen auch schallen mag, welche Prädikate sollte das neue Göttliche haben? Jede positive Prädikation, die auftritt, jeder neue Katechismus, der geschrieben wird, jedes Charisma, das anfällt, würde vermutlich als nicht einigungsfähig verworfen werden. Wenn es ums Heilige geht, möchte jeder doch gerne mitreden. Was restituierbar ist, ist allenfalls das *leere Heilige*. Und ich denke, darum geht es: Ein Heiliges soll sein, aber ein leeres.

4. Könnte es sein, daß die Arbeit an der Umgrenzung heiliger Bezirke, die kein Gott betreten darf, mit der Struktur der Technik, wie wir sie kennen, selbst zusammenhängt? Eine irritierende Frage. Aber – Hand aufs Herz – wir sind dann besonders bereit, uns an Regeln zu halten, wenn sie technisch begründet werden. Die Errichtung eines leeren Heiligtums wäre somit ein technisches Projekt, der neue Katechismus eine Gebrauchsanweisung?

Der zwiefache Umzug der Götter, der beunruhigende, wiedergängerische und der sichernde, verlagernde, hält an. Wer glaubt, ist immer zu einem letzten Überstieg entschlossen – Religionskritik dagegen verweist auf Erfahrungen, die vor den letzten Dingen liegen. Religion als Geheimsache des Gemüts verweist auf das Problem erträglichen Zusammenlebens von verschiedenen Glaubenden oder verschiedenen Nichtglaubenden. Religion als Hülle von im Kern profanen Bestrebungen verweist auf das Problem der Bedingungen politischen Handelns. Religion als normatives Band verweist auf das Problem der Einfügung des freigesetzten Individuums in die moderne Gesellschaft und seines sinnhaften Handelns in ihr. Religion als wünschenswerte Resakralisierung von Bezirken verweist auf das Problem der Technisierung von Lebensbedingungen.

12. Varros drei Religionen und die soziologische Religionstheorie

So sehr heute das Interesse an Religion in den europäischen Gesellschaften der Gegenwart gestiegen ist, und so dramatisch sich anläßlich der islamistisch genannten Terroranschläge eine religionskriegerische Atmosphäre verbreitet, die neuen Probleme der Religionssoziologie sind die alten. Die deutsche Religionssoziologie, die sich vor etwa vierzig Jahren durchaus parallel zur Kultursoziologie revitalisiert hat, teilt mit dieser die eigentümliche Doppelbindung einerseits an die allgemeine soziologische Theorie, andererseits an das Aufgabenfeld einer speziellen Soziologie.

Da soziologisches Denken bei den Klassikern Comte, Marx, Durkheim, Weber und Simmel zutiefst von den religiösen Fragen ihrer Zeit geprägt worden war, die soziologische Klassik und die religionssoziologische Klassik zu einem beträchtlichen Teil einen identischen Korpus von Texten ausmachen, ist jede soziologische Theorie, ob sie sich nun avantgardistisch, modifizierend oder apologetisch zu den Zunftvätern verhält, gezwungen, das Thema Religion so oder so mitzuführen. Und auch die Soziologen, die ihre Theorieahnen in der schottischen Moralphilosophie verehren, tragen schwer an der Bürde des englischen Deismus, der nur deshalb nicht so auffällt, weil das Reden über Religion in dieser Traditionslinie der *politeness* wegen unterdrückt werden muß.

Auf der anderen Seite hat sich die religionssoziologische Arbeit im Rahmen und Schutzraum der Spezialdisziplin in den letzten vierzig Jahren enorm vervielfältigt und verbreitet. Wer zu großen und kleinen Kirchen, zu neuen und alten religiösen Bewegungen und zu Phänomenen, bei denen man nicht ganz sicher ist, ob es sich um Religionsphänomene handelt, sich informieren will, wird wenig Mühe haben, sich klug zu machen.[1] Gestützt wird diese Arbeit

---

[1] Vgl. die Forschungsberichte von Hartmann Tyrell, *Religionssoziologie*, in: *Geschichte und Gesellschaft* 22 (1996), S. 428–457; Michael N. Ebertz, *Forschungsbericht zur Religionssoziologie*, in: *International Journal of Practical Theology* 1 (1997), S. 268–301; Monika Wohlrab-Sahr, *„Luckmann 1960" und die Folgen. Neuere Entwicklungen in der deutschsprachigen Religionssoziologie*, in: *Soziologie* 3 (2000), S. 37–60. Übersicht verschaffen auch die Einführungen von Hubert Knoblauch, *Religionssoziologie*, Berlin 1999 und Volkhard Krech, *Religionssoziologie*, Bielefeld 1999. Eine fortlaufend erweiterte Bibliographie religionssoziologischer Literatur findet sich auf der Homepage der Sektion Religionssoziologie in der Deutschen Gesellschaft für Soziologie (DGS): http://www.uni-leipzig.de/~relsoz/.

nicht zuletzt durch den Aufschwung historischer Religionsforschung und die vermehrten ethnologischen Studien, in denen seit langem die Themen Magie und Religion zuhause sind. Diese breite empirische Religionsforschung steht in seltsamem Kontrast zu den Aussagen zu Religion in der allgemeinen soziologischen Theorie. Kurz gesagt: Einer reichen und facettenreichen Forschung zu einzelnen religiösen Phänomenen steht ein weitgehend entleerter theoretischer Religionsbegriff gegenüber.

Mal steht Religion für einen mehr oder minder großen Restbestand an Irrationalem in der modernen Gesellschaft, mal steht sie für ein basales Vertrauen aufs Ganze der Kultur oder Gesellschaft. In den soziologischen Anwendungen dieses entleerten Religionsbegriffs findet sich – vor allem in religionssoziologisch wenig aufgeklärten Texten – nicht selten der Verweis auf Religion oder auf Religiöses in einem undifferenzierten Wust mit Bezeichnungen wie: sakral, mythisch, mystisch, transzendent, symbolisch, religiös-moralisch, ethisch-religiös usw. Der allgemeine Rückgang der kirchlichen Bindung hat in der Religionssoziologie zweifellos eine produktive Distanz der Forschung zum Konfessionalismus der Kirchenforschung der fünfziger Jahre erzeugt. Damit ist aber zugleich die lebendige Erfahrung von Religion und die in Europa nicht ganz unwichtige Kenntnis der Bibel bei vielen Soziologinnen und Soziologen geschwunden. Man kann bezweifeln, ob das Fach auf die derzeitige Konjunktur des Themas Religion in konzeptioneller Hinsicht gut vorbereitet ist.

In diesem Kapitel möchte ich in einem ersten Teil vordringliche Probleme von Religionssoziologie heute skizzieren und in einem zweiten Teil dazu eine Modellierung von europäischen Religionstypen vorschlagen, die der antiken Varronischen Klassifikation der Religion abgelesen ist. Die Verbindung mag überraschen, denn der Bezug zu Autoren der Antike ist in der Soziologie nicht selbstverständlich.

Für Philosophen vom Fach ist es undenkbar, sich nicht so oder so auf Platon und Aristoteles zu beziehen. Literaturwissenschaftler, die etwas auf sich halten, insistieren auf zumindest der Kenntnis von Ilias und Odyssee und der hebräischen Bibel als eines Fundus von Geschichten, aus denen sich Dichter und Schriftsteller bis heute bedienen. Die Kenntnis der römischen Rechtsgeschichte gehörte bis vor kurzem in den Kanon der deutschen Juristenausbildung. Ob die Politikwissenschaftler vom Fach es sich nehmen lassen, auf die griechische Polislehre oder auf Augustinus *Gottesstaat* zu verzichten, ist noch nicht ausgemacht. Es wäre eine eigene Untersuchung wert, zu ergründen, warum Soziologen vom Fach das Erbe der Antike heute weitgehend ignorieren.

Lag es an der Konstellation der Gründungsphase des Faches zum Ende des 19. Jahrhunderts, in der die frische Erfahrung der Folgen von Modernisierung und sozialer Frage dominierte, die einen Bezug zur Antike als wenig hilfreich erscheinen ließ? Könnte es sein, daß die Rhetorik der Dramatik der Probleme der Gegenwartsgesellschaft dem Fach so eingeschrieben worden ist, daß die Tiefe der Vergangenheit demgegenüber als notorisch vernachlässigbarer Traditionsrest gewertet werden konnte? Oder war es so, daß um 1900 für die Problemlagen vormoderner Welt das junge Fach Ethnologie interessanter war als Griechen und Römer, wie die Bezüge bei Durkheim und Simmel es vermuten lassen? Mußte die Antike abgeblendet werden, weil in der Phase ihrer akademischen Etablierung die Soziologie in Konkurrenz zur Philosophie als einem Fach geriet, das Platon und Aristoteles, Cicero und Seneca für sich gepachtet hatte? Oder war es der antibürgerliche Elan, sich beim Aufbruch in die Moderne vom Ballast neuhumanistischer Bildung zu befreien?

Welche Prozesse zur Aussparung antiken Denkens aus dem Curriculum der Soziologie auch geführt haben mögen, wer heute für den Bezug zur Antike ein Klassikerwort sucht, kann bei Max Weber fündig werden, der in seiner Analyse des Untergangs der antiken Kultur in Anlehnung an Newtons Wort von den Riesen, auf deren Schultern wir Zwerge stehen, an den „Riesen der hellenischen Mythe" erinnert, der seinen „Winterschlaf" im späten Mittelalter beendet hat. Und „als dann der Übergang zur Volkswirtschaft die bürgerliche Freiheit vorbereitete und die Gebundenheit unter den äußern und innern Autoritäten des Feudalzeitalters sprengte, da erhob sich der alte Riese in neuer Kraft und hob auch das geistige Vermächtnis des Altertums empor an das Licht der modernen bürgerlichen Kultur."[2]

Problemfelder soziologischer Religionstheorie heute

Die vordringlichen Problemfelder sind schnell benannt:

1. In der heute unverzichtbar gewordenen Perspektive von gemeinhin als Globalisierung bezeichneten weltgesellschaftlichen Prozessen wird die Frage dringlich, welche Unterschiede in der Relevanz von Religion regional und zeitlich auszumachen sind.

2. Die Renaissance des Islam in der zweiten Hälfte des zwanzigsten Jahrhunderts und sein Konflikt mit „dem Westen" nötigt dazu, das Verständnis von „politischer Religion" neu zu überdenken.

---

[2] Max Weber: *Die sozialen Gründe des Untergangs der antiken Kultur*, in: *Max Weber Gesamtausgabe*, Abt. 1, Bd. 6: Zur Sozial- und Wirtschaftsgeschichte des Altertums, hg. v. Jürgen Deininger, Tübingen 2006, S. 127.

3. Im Schatten des *cultural turn*, der die Soziologie spät erreicht hat, sodaß selbst in den Stätten einer harten Sozialforschung weiche Faktoren Interesse erregen, wurde Religion entweder als Unterabteilung oder als Parallelphänomen von Kultur mitgeführt. Bisweilen wurde sie gleich umstandslos mit Kultur gleichgeschaltet. Diese Konfusion verstellt den Weg zu einer problembewußten Soziologie der Religion.

4. Die im Horizont der Säkularisierungsdiskussion entstandene Frage nach funktionalen Äquivalenten christlichen Glaubens hat bei einigen Soziologen zu einer undifferenzierten Dehnung des Religionsbegriffs geführt, die alles mögliche als Pseudo-, Quasi- oder als Ersatzreligion rubriziert, gleichsam vom Satanismus bis zur Fußballbegeisterung. Die innere Logik und historische Schichtung von Religionsphänomenen sowie ihre Konjunkturen verschwinden dabei in einem Allerweltspluralismus des Religiösen.

Wie sehr die vier Problemfelder wie Spitzen eines Eisbergs aus einer langen Diskursgeschichte herausragen, die randvoll mit der Tradierung oftmals aus der Not geborener Ad hoc-Theorien ist, zeigt sich, wenn man in die Komplexe ein Stück weit einsteigt.

Zum ersten Problem der *Relevanz von Religion*: Weder global noch weltgeschichtlich hat Religion in Gesellschaften eine gleichmäßig verteilte Relevanz. Schon Voltaire bewunderte die Chinesen als ein Volk von Atheisten, weil sie keine Gottesvorstellung hätten. Die Orientierung an der europäischen Religionsgeschichte, insbesondere die allgemein verbreitete große Erzählung von der christlichen Einheitskultur des Mittelalters, ihrer modernen Differenzierung mit den strittigen Resultaten von Säkularisierung, war zwar für die europäische Linie diskutabel, aber ihre Übertragung auf andere Weltregionen führt zu verzerrten Perspektiven. Religionssoziologen laufen dann Gefahr, zum europäischen Religionsformat die passenden Gegenstücke in anderen Regionen zu einer dortigen Religion zusammenzufügen, damit eine Vergleichbarkeit der Relevanz von Religionen möglich wird. Die bis in Schulcurricula vorgedrungenen Gegenüberstellungen von Weltreligionen in synoptischer Perspektive suggerieren eine gleichwertige Einheitlichkeit und gesellschaftliche Relevanz der Phänomenbündelungen, die sich unter „Religion" subsumieren lassen. Obwohl die Fragerichtung von Max Webers religionssoziologischen Studien speziell auf die Wirtschaftsethik und auf die Erlösungsthematik gerichtet waren, konnten die Resultate seiner idealtypischen Methode mit dazu verwandt werden, distinkte Gesamtbilder der Weltreligionen nebeneinander zu legen und am europäische Religionsformat abzugleichen.

Dagegen ist immer wieder daran zu erinnern, daß es in weiten Regionen des Globus selbstverständlich ist, zwei oder mehreren Religionen anzugehören. Ein Japaner kann selbstverständlich zu Silvester die Abendglocke im buddhistischen Tempel läuten und Neujahr den Shinto-Schrein besuchen. Eine am europäischen Religionsformat orientierte Religionssoziologie gerät angesichts solcher Wirklichkeit in Theorienot. Denn Polytheismus, unserer großen Erzählung zufolge Vorstufe vor der Hochreligion, träfe den Sachverhalt ja nicht. Man könnte es mit Anleihen aus den *postcolonial studies* versuchen und von „Hybridität" sprechen. Man beträte dann den Notausgang Kultur, der für Probleme der Religionssoziologie so gerne gewählt wird. Im Horizont europäischer Religionen zeigt der Wegweiser in der Frage der Doppelzugehörigkeit oder Mehrfachzugehörigkeit einer Person zu verschiedenen Religionen eher in die antike Hochkultur zum Phänomen des Synkretismus. So wird beispielsweise berichtet, daß Alexander Severus im spätantiken Rom die Bilder von Osiris, Christus, Abraham, Alexander dem Großen und Orpheus in seiner Hauskapelle angebetet habe.[3]

Relevanz der Religion bezieht sich aber auch auf die Intensität religiöser Bindungen. Gleich ob einer zwei Religionen hat oder nur eine, Unterschiede zwischen *low* und *high tension* sind in beiden Formen wahrscheinlich. Religiös motivierte und begabte Individuen und solche, die religiösen Phänomenen neutral, uninteressiert, skeptisch oder spöttisch begegnen, sind in allen Gesellschaften kopräsent. Schließlich bleibt die Relevanz von Religion in Gesellschaften weder stabil noch existieren ungebrochene Trends. Weder die Hoffnung auf ein kontinuierliches Wachstum des Glaubens, die Religionsgemeinschaften hegen, noch die Erwartungen der Säkularisten auf ein Absterben der Religion haben sich erfüllt. Die Relevanz von Religion ist regional ungleich verteilt und läßt zeitlich Konjunkturen von Auf- und Abschwüngen erkennen, deren Ursachen noch weitgehend im Dunkel liegen und ein dringliches Desiderat religionssoziologischer Forschung darstellen.

Zum zweiten Problemfeld soziologischer Religionstheorie heute: Spätestens seit „9/11" und der Reaktion eines US-amerikanischen Präsidenten, der öffentlich bekannte, daß für sein politisches Handeln Privatoffenbarungen maßgeblich sind, interessiert das Verhältnis von *Religion und Politik*, von Religion und Gewalt nicht mehr nur Religionssoziologen. Innenpolitisch geht es um die Religionspolitik des Staates gegenüber muslimischen Migranten, außenpolitisch

---

[3] In der deutschen Religionssoziologie hat Joachim Matthes schon früh gegen eine Religionssoziologie Stellung bezogen, die das europäische Religionsformat global elargiert. Vgl. Joachim Matthes, *Das Eigene und das Fremde, Gesammelte Aufsätze zu Gesellschaft, Kultur und Religion*, hg. v. Rüdiger Scholz, Würzburg 2005.

steht der Islamismus als „politische Religion" zur Debatte. Es ist zu beobachten, daß im „Krieg gegen den Terror" Grenzüberschreitungen von Innen- und Außenpolitik immer wahrscheinlicher werden.

Die Gemengenlage von Dekolonisationsprozessen, islamischen Modernisierungsanstrengungen, ihre interessierte Behinderung durch westliche Länder, die Desillusionierung des sowjetischen Weges zur Moderne und die Renaissance des Islam harrt noch einer religionssoziologischen Aufklärung. Ebenso wird ein Verständnis für die Tiefenschichten des Kampfes um Jerusalem, in den Juden, Christen und Moslems mit ihren konkurrierenden Eschatologien verstrickt sind, ohne religionssoziologische Arbeit kaum erreicht werden. Jerusalem ist heute der Ort einer höchsten Relevanz von Religion. Hier hat das Verhältnis von Religion und Politik eine Intensität, wie sie vielleicht nur in der Geschwisterkonkurrenz monotheistischer Religionen erreichbar ist.

Schon früh haben US-amerikanische Politiker den Ausfall „des Kommunismus" als identitätssicherndes Feindbild durch die Bedrohungen durch „den Islam" ersetzt. Dem sind Teile der *scientific community* gefolgt, indem sie Konzepte politischer Religion, die im Zusammenhang der Totalitarismusforschung diskutiert waren, auf den Islamismus übertrugen. In diesem Zusammenhang konnte auch die *Politische Theologie* des geistigen Wegbereiters des Nationalsozialismus Carl Schmitt von 1922 einbezogen werden. In den totalitären Ideologien des Bolschewismus und Nationalsozialismus hatte dann Eric Voegelin in den dreißiger Jahren politische Religionen erkannt und diese historisch weiträumig zu einer Traditionslinie gebündelt, der er einen antiken Namen gab: Gnosis. Die Übertragung des Begriffs „politische Religion" auf den Islamismus, wie er seit der Machtergreifung von Ajatollah Chomeini 1979 im Iran international sichtbar wurde, operiert mit Affinitäten zwischen der Theokratie des islamischen Staates und dem Staatstotalitarismus der europäischen Moderne des zwanzigsten Jahrhunderts. Grundlage der Affinität ist die gemeinsame Gegnerschaft gegen den politischen und ökonomischen Liberalismus der westlichen Welt. Die Transfers antisemitischer Ideologien verstärken diese Affinität.

Der Terminus Fundamentalismus ist in den 90er Jahren des letzten Jahrhunderts zur griffigen Formel für die verschiedensten religiös-politischen Bewegungen und Gruppen geworden, die aus ihrem Glauben heraus den Anspruch erheben, antiliberal gegen die Dekadenz des Westens politisch Front zu machen. In diesem Szenario der Bedrohung durch politische Religionen sind im Gegenzug seit Jahren Stimmen lautgeworden, die diesem Westen eine „Zivilreligion" verschreiben wollen, über deren Charakter als Verfassungspatriotismus, als in Menschenrechten fundiert, als „Leitkultur" oder Aufruf zur Bindung an ein Wertesortiment herrscht notorische Uneinigkeit, der eine religionssoziologische Aufklärung guttäte. Unklar ist ohnehin, wie auf systematischer Ebene zwischen bedrohlicher politischer Religion und friedensverheißender Zivilreligion unterschieden werden kann. Liegt die Differenz im Politischen oder im Religiösen?[4]

Zum dritten Problemfeld soziologischer Religionstheorie heute: Die flinke Übersetzung von Huntingtons Bestseller *Clash of Civilisations* in „Kampf der Kulturen" verweist auf das dritte Problemfeld: *Kultur und Religion*. Bei Huntington sind Kulturgrenzen in erster Linie Religionsgrenzen. Das Problem ist Religionssoziologen vertraut. Der Grundlagenstreit, ob Religion und Kultur überblendet werden sollten, oder ob zwischen Religion und Kultur eine scharfe Differenz zu setzen ist, hat seine eigene Geschichte und ist mit den Wandlungen des Kulturbegriffs eng verflochten.

Dabei ist „Kulturkampf" wohl zuerst der Terminus gewesen, mit dem der liberale Mediziner Rudolf Virchow die staatliche Verfolgung der katholischen Kirche unter Bismarck bezeichnet hat, in deren Verlauf glaubenstreue Priester, Ordensleute und Bischöfe ins Gefängnis kamen, vertrieben und für staatenlos erklärt wurden. Auf Seiten Bismarcks, der nationalreligiöse Bestrebungen stützte, standen nicht nur Vertreter der neuen säkularistischen Wissenschaftsreligionen des Positivismus und Materialismus, sondern auch „Kulturprotestanten", die eine Vermittlung zwischen moderner Kultur und christlichem Glauben anstrebten. Es ist dies der Humus, auf dem die Max Webersche Religionssoziologie gewachsen ist.

Eine weitere Quelle der Überblendung von Religion und Kultur wird im Prozeß der Entmaterialisierung von Kultur zu lokalisieren sein. In ihrer klassischen Form ist Kultur in der menschlichen Fähigkeit begründet, Natur ins Lebensdienliche und Lebenssteigernde zu transformieren. Kulturelle Leistungen sind zuerst technische und künstlerische, und sie zeigen sich in gegenständlichen Artefakten, auf deren Herstellung Gesellschaften stolz sind. Die *cultura animi* als Formung der inneren Natur des Menschen, als Zivilisierung von Phanta-

---

[4] Die Literatur zum Problemfeld politische Religion ist uferlos. Zum politischen Islam vgl. Ajatollah Chomeini, *Der islamische Staat*, Berlin 1983; Samir Kassir, *Considérations sur le malheur Arabe*, Arles (Actes sud) 2004. Kassir wurde im Juni 2005 von einer Autobombe getötet. Zum Totalitarismus als politische Religion vgl. Hans Maier u. Michael Schäfer (Hg.): *„Totalitarismus" und „Politische Religion"*, Bd. 1–3, Paderborn 1996, 1997, 2003. Grundlegend zur politischen Theologie sind die Bände der von Jacob Taubes herausgegebenen Reihe *Religionstheorie und politische Theologie*, Bd. 1–3, 1983, 1984, 1987 sowie die Forschung von Jan Assmann, *Herrschaft und Heil. Politische Theologie in Altägypten, Israel und Europa*, München 2000. Hilfreich sind Armin Adam, *Politische Theologie. Eine kleine Geschichte*, Zürich 2006 und Richard Faber, *Politische Dämonologie. Über modernen Marcionismus*, Würzburg 2007. Zu Fundamentalismus und Zivilreligion vgl. Clemenx Six/Martin Riesebrodt/Siegfried Haas (Hg.): *Religiöser Fundamentalismus. Vom Kolonialismus zur Globalisierung*, Innsbruck 2004; Janez Perčič, *Religion und Gemeinwesen: Zum Begriff der Zivilreligion*, Münster 2004; Rolf Schieder, *Wieviel Religion verträgt Deutschland?*, Frankfurt a. M. 2001.

sie und Leidenschaft, tritt hinzu. Das Denken in Abständen technischer und künstlerischer Entwicklung, das Theorien gesellschaftlicher Entwicklung zum Leitfaden gedient hatte und von dem her das Adjektiv „primitiv" einen präzisen Sinn erhalten hatte, geriet mit der Dekolonisation im zwanzigsten Jahrhundert zunehmend in die Zwänge der Logik interethnischer sozialer Anerkennung.

War man im Rahmen des Natur/Kultur-Musters noch in der Lage gewesen, Unterschiede technologischer und künstlerischer Entwicklung als bedeutsam zu markieren, so galt im Dekolonisationskampf um Anerkennung mehr und mehr das Argument der Gleichwertigkeit der Kulturen. Entmaterialisierung des Kulturbegriffs meint: Das artefaktorientierte Natur/Kultur-Muster wurde durch das ethno-soziale Anerkennungsmuster Kultur/Kultur ersetzt, in denen sich „Mentalitäten", „Symbolwelten", „Sinnsysteme" etc. gegenüberstanden, für deren Ausfüllung die Bestände religiöser Tradition gebraucht wurden. Im Verhaltenskodex von *religious correctness* konnte eine Kulturalisierung von Religion, bei der niemandes religiöse Gefühle verletzt werden durften, voranschreiten. Zuletzt ist „kollektive Identität" ein provisorischer Hilfsbegriff geworden, dessen „postreligiöse Religiosität" (Niethammer) religionssoziologisch aufzuklären wäre.[5]

Schließlich viertens zur Rede von der *Ersatzreligion*: Die Trennungen und Fusionen von Religion und Politik wie die von Religion und Kultur haben auf der Grundlage eines christentumszentrierten Religionsbegriffs mit seiner Grundannahme einer hohen Relevanz von Religion Soziologen immer wieder in Nöte gebracht, wenn nach aller profanen Übernahme von Leistungen, die religiöse Institutionen vormals erbracht haben, Dinge übrigblieben, für die niemand sich zuständig fühlte. Waren diese Restprobleme letzter Fragen überflüssig oder bedurften diejenigen, die sich aus den religiösen Bindungen ihrer Herkunft gelöst hatten, einer „Ersatzreligion"? Wer nach dem struktur-funktionalistischen Theoriezwang für das *latency system* einer Gesellschaft etwas angeben muß, hat nur die Wahl zwischen Religion oder ihren funktionalen Äquivalenten. Wer anthropologisch das religiöse Bedürfnis so festgestellt hat, wie den Sexualtrieb des Menschen, ist ebenso ausweispflichtig, für alle Gesellschaften entweder eine Religion oder einen Ersatz anbieten zu müssen. So

---

[5] Vgl. Lutz Niethammer, *Kollektive Identität. Heimliche Quellen einer unheimlichen Konjunktur*, Hamburg 2000; vgl. Kapitel 5 in diesem Buch. Zum Kontext der Religion/Kultur-Fusionen um 1900 vgl. Lisa Swartout, *Culture Wars. Protestant, Catholic and Jewish Students at German Universities 1890–1914*, in: *Religion und Nation, Nation und Religion. Beiträge zu einer unbewältigten Geschichte*, hg. v. Michael Geyer u. Hartmut Lehmann, Göttingen 2004, S. 157–175. Das Übergangsfeld von kulturellen Werten und religiösem Glauben ist diskutiert bei Hans Joas, *Die Entstehung der Werte*, Frankfurt a. M. 1997; ders., *Braucht der Mensch Religion? Über Erfahrungen der Selbsttranszendenz*, Freiburg 2004.

kam es in diesen Denkrichtungen zu der Perspektive, daß die Ablehnung der christlichen Botschaft mit der Zustimmung zu einer Pluralität von Ersatzreligionen einhergeht, zu denen man dann durchaus auch die atheistische Weltanschauung als eine Option hinzurechnen kann. Die Begriffsverrenkungen in diesem Bereich sind beträchtlich. Neben Ersatzreligion ist von Pseudoreligion, Quasireligion, Parareligion, impliziter Religion, „vagierender Religiosität" (Nipperdey) usw. die Rede. In dieser Linie konnten nicht nur politische Religionen, sondern auch die Kunstreligion als Religionsersatz klassifiziert werden.

Die Rede von der Ersatzreligion verweist auf ein Dilemma. Die im Ersatztheorem mitschwingende Annahme eines Unterschieds von echter und unechter Religion dürfte schwer methodologisch durchzuhalten sein. Wie wäre die Authentizität einer Religion zu beweisen? Andererseits erreicht die utilitaristische Prägung des Äquivalenzmodells der Religionen analytisch und hermeneutisch kaum das jeweilige Proprium der Religionen, d. h. das, worin die bestimmte Religion für die Gläubigen gerade unersetzbar ist. Die Beerdigung wird vielleicht ersatzweise statt von einem calvinistischen Pfarrer von einem indianischen Schamanen kultisch besorgt werden können. Fraglich bleibt, ob sich Gläubige in der Regel auf derartige Tauschaktionen einlassen.

So gefällig und demokratisch sich die Dehnung des Religiösen auf die Werterhebung jedes Phänomens vom Glauben an den Popstar, der Heilkraft der Steine über die Liebe oder das Geld als Religion bis zum Fußball mit seinen Fans auf den ersten Blick macht, religionssoziologisch befriedigt sie kaum. Dieser Pluralismus, der dem Modell eines Gradualismus von kleinsten bis zu größten Transzendenzen folgt, führt zwar zu einer begrüßenswerten Blickweitung, aber kaum zu brauchbaren Unterscheidungen zwischen „etwas interessant finden" und „etwas heilig halten". Die Religionsdefinition wird an den einzelnen Praktikanten oder die sich ihren Glauben sozial konstruierende Gruppe abgegeben, wogegen Forschung dann kein eigenes Instrument behält. Auch erscheint Pluralismus hier verdächtig fraglos als Endzustand der Religionsentwicklung.[6]

Ziehen wir eine Zwischenbilanz: Trotz beachtlicher Anstrengungen religionssoziologischer Forschung stellen sich in den hier nur sehr grob skizzierten vier Problemfeldern notorisch Ratlosigkeiten ein. Wie wichtig ist Religion in den Konflikten der Gegenwart? Macht sie den Kern aus oder wird sie bloß für anderes instrumentalisiert? Gehört sie zu jeder Politik oder verbleibt sie

---

[6] Maßgeblich gefördert wurde die Dehnung des Religionsbegriffs durch Thomas Luckmann, *Die unsichtbare Religion*, Frankfurt a. M. 1991. Heute findet man überall etwas Religiöses, z. B. Günter Thomas, *Medien-Ritual-Religion. Zur religiösen Funktion des Fernsehens*, Frankfurt a. M. 1998; David Bossart, *Kult-Marketing. Die neuen Götter des Marktes*, Düsseldorf 1995.

in einem eigenen Bereich? Wenn sie nicht in Container-Begriffen wie Kultur, Sinnsystem, Symbolwelt oder vormals Weltbild und Weltanschauung entsorgt wird, wie kann das Proprium einer Religion analytisch und hermeneutisch erreicht werden, ohne in die Nacht der Vergleichgültigung zu geraten, in der alle heiligen Kühe grau sind? Die Liste der Fragen ließe sich noch verlängern.

Der eine gedankliche Schritt, der uns einer Lösung näherbringen könnte, bestünde darin, die Vielfalt religiöser Erfahrung, die heute identifizierbar und möglich ist, in ihrer historischen Dynamik und entstandenen Schichtung zu untersuchen. Es wären dann nicht nur alte, neuere und neueste Religionen zu unterscheiden, sondern auch die gesellschaftlichen Erfahrungen, aus denen heraus sie gestiftet wurden, sowie die spezifischen Konkurrenzen, die ihre Inhalte und Formen in bestimmter Weise geprägt haben – Prägungen, die letztlich den Erinnerungswert und die Aktualisierbarkeit einer Religion bestimmen. Dies kann im Rahmen dieses Buches nicht geleistet werden.

Nicht minder dringlich ist es, sich auf die Suche nach Modellen für Religionsdefinitionen und Klassifikationen zu machen, die hinreichend weit von der die Religionssoziologie bestimmenden Christentumszentrik und Säkularisierungsproblematik liegen, die aber noch für uns Europäer in semantischer Hinsicht erreichbar sind. Wenn es das Glück Europas ist, sich auf Juden und Griechen, auf Christen und Römer beziehen zu können, so bietet sich in unserem Zusammenhang eine Sichtung antiker Religionstheorien an, von denen die *theologia tripertita* des Römers Terentius Varro besondere Aufmerksamkeit verdient.

Varros Religionstheorie

Marcus Terentius Varro (116 – 27 v. Chr.), Staatsbeamter und Universalgelehrter, Zeitgenosse Ciceros, hat mehr als 70 Werke in mehr als 500 Bänden verfaßt. Schon zu Lebzeiten genoß er so hohes Ansehen als Gelehrter, daß seine Büste als einzige eines Lebenden in der ersten öffentlichen Bibliothek Roms aufgestellt wurde. Man hat von ihm gesagt, er habe so viel gelesen, daß man sich wundern müsse, wie ihm noch Zeit zum Schreiben geblieben sei, und so viel geschrieben, wie kaum ein Mensch lesen könne. Daß ihm, wie anderen Polyhistorikern auch kompetente Sklaven, Sekretäre, Schreiber und Boten zuarbeiteten ist ebenso wahrscheinlich wie daß er sich bei jeder Gelegenheit vorlesen ließ und diktierte. Varros Ziel war es, den Römern umfassendes Wissen über die römische Welt zu vermitteln und bei allem Theorie- und Methodentransfer aus dem Griechischen die römische Eigenständigkeit zu stärken. Mit dem Superlativ *doctissimus romanorum* hat ihn Seneca ausgezeichnet, Augustinus hat sich dem angeschlossen. Francesco Petrarca, Intellektueller im Übergang zur modernen Welt, nennt ihn im *Triumphus fame* 3,38 neben Cicero und Vergil das dritte große Licht Roms, das, je mehr man es anschaut, umso mehr leuchtet.[7] Varros Schrift *antiquitates rerum humanorum et divinarum*, die hier besonders interessiert, ist nur durch Fragmente überliefert. Der erste Teil handelt von den Menschen (*res humanae*), der zweite von den Göttern (*res divinae*). Letzterer ist besser überliefert, da einige Kirchenväter, insbesondere Augustinus, Varros Religionslehre zum Anlaß einer Apologie der christlichen Glaubenslehre genommen haben. Gegenüber der christlichen, siegesgewissen frohen Botschaft monotheistischer Prägung eignet Varros Klassifikation der Religion eine vergleichsweise höhere Komplexität, steht er doch vor der Aufgabe, eine Ordnung der *res divinae* zu konzipieren, in der viele Götter einen Platz bekommen, den sie auch gern einnehmen. Die Sorge der Römer ging schließlich so weit, daß sie aus Angst, einen Gott zu erzürnen, den sie noch nicht kannten, Tempel für den unbekannten oder fremden Gott errichteten.

Varro zufolge gibt es einen dreifachen Bezug zu den Göttern. Die politische Theologie (*genus civile theologiae*) bindet das Volk an die Herrschaft in den Formen der Lokalgottheit oder der Heiligung der Gesetze. Ein anderer Götterbezug ist durch Mythos und Poesie charakterisiert (*genus mythicum, theologia fabulosa*). Schließlich gibt es die philosophische Gottesvorstellung (*genus physicon, theologia naturalis*). Sie sucht hinter den mythisch-dichterischen Gestalten und Erzählungen nach dem wahren Sein des Kosmos, dessen Mysterien sie sich zuwendet, seien es nun die Zahlen oder die Elemente, Formen oder Substanzen.

In der Denkform der dreifachen Theologie (*theologia tripertita*) sind verschiedene Variationen und Ausdeutungen möglich geworden. Schon die Reihung wurde unterschiedlich gehandhabt. Auch historische Sequenzialisierungen wurden vorgenommen, etwa dergestalt, daß zuerst die Dichter, dann die Gesetzgeber und schließlich die Philosophen einen Bezug zur göttlichen Sphäre gefunden hätten. Entscheidend ist, daß in dieser antiken Denkform gleichsam funktionalistische Spannungen zwischen den drei Formen diskutiert werden konnten, zumal sie den Berufsgruppen der Philosophen, Dichter und Politiker zugeordnet waren, d. h. den sozialen Systemen Wissenschaft, Kunst und Politik.

---

[7] M. Terentius Varro, *Antiquitates Rerum Divinarum*, hg. u. kommentiert v. Burkhart Cardauns, 2 Teile, Mainz/Wiesbaden 1976. Zu Varro vgl. den Artikel: *Varro Terentius*, in: *Der Neue Pauly. Enzyklopädie der Antike*, hg. v. Hubert Cancik u. Helmuth Schneider, Bd. 12/1, Stuttgart/Weimar 2002, Sp. 1130–1144; Hubert Cancik, *Varro, Marcus Terentius*, in: *Religion in Geschichte und Gegenwart*, hg. v. H. D. Betz u. a., Bd. 8, Tübingen ⁴2005, Sp. 882 f.; Thomas Baier, *Werk und Wirkung Varros im Spiegel seiner Zeitgenossen. Von Cicero bis Ovid*, Stuttgart 1997; Burkhart Cardauns, *Marcus Terentius Varro. Einführung in sein Werk*, Heidelberg 2001.

Die politische Theologie band die Bürger an das Gesetz und die Herrschaft. Sie mußte daher in ihren Riten einen sichtbaren und öffentlichen Charakter haben. Dagegen standen die speziellen Religionen der Philosophen und Gebildeten, die intellektuell von der Schlichtheit und Gemeinverständlichkeit der politischen Religion nicht befriedigt wurden und die daher ein spekulatives und forscherliches Eindringen in die Rätsel des Kosmos suchten. Zu den Spannungen zwischen einfacherer Staatsreligion und komplizierterer gelehrter Privatreligion konnten mit der poetischen Religion weitere Konfliktzonen diskutiert werden, wie z. B. die zwischen philosophischer Wahrheit und dichterischer Phantasie. Auch konnten die Gottheiten politischer Theologie durch ihre Darstellung im Theater oder durch die Erzählung von Mythen mit ihrem Geflecht von Frevel und Rache möglicherweise sich mehr verletzt als geehrt oder unangemessen repräsentiert fühlen. Im poetischen Furor konnten damit auch die Grenzen zwischen staatsfrommer und staatskritischer Literatur überschritten werden.

Adolf von Harnack hat Varro „ein Genie der Klassifikation" genannt. Die heuristische Leistungsfähigkeit von Modellen zeigt sich, wenn es gelingt, mit ihrer Hilfe problematische Knoten zu lösen. Was könnte eine Orientierung an Varros drei Religionen für die oben skizzierten Problemfelder der soziologischen Religionstheorie heute bedeuten?

Zunächst könnte die wenig hilfreiche Kategorie „Ersatzreligion" ersatzlos entfallen. Sie bezog ihre Plausibilität aus der Fixierung auf die mosaische Unterscheidung von wahrer und falscher Religion (Assmann). Ein solcher Monotheismus als Religionsformat vorausgesetzt, kann alles andere nur Ersatz sein. Die Struktur bleibt auch erhalten, wenn man die Ludwig Feuerbachsche Wende von der Theologie zur Anthropologie so vollzieht, daß dann der absolute Religionsschöpfer Mensch sich in anthropologischer Perspektive austauschbare Götter bastelt – mit der Konsequenz, daß jede Religion eine Ersatzreligion wäre. Varros Unterscheidungen sind komplexer, die religiösen Bezüge sind begrenzt, nicht alles kann Religion werden, aber innerhalb der Formate sind Varianten möglich.

Es verdient besondere Aufmerksamkeit, wie Varro die jüdische Religion in seine Systematik aufnimmt. Sie gehört für ihn nicht zur politischen Religion (*theologia civilis*), worauf die moderne Optik – fasziniert vom Topos des auserwählten Volkes – den Blick richtet und die jüdische Religion als Stammesreligion auffaßt. Bei Varro wird der Jahwe-Kult, der *theologia naturalis* zugeordnet, der Gelehrtenreligion, die einheitliche Prinzipien für den Kosmos als verehrungswürdig denkt. Die Exklusivität des Jüdischen rührt aus ihrem nicht jedermann zugänglichen abstrakten Prinzip. Damit rückt sie an die Seite der philosophischen Gottesbezüge, etwa des Glaubens an eine monistische

Weltseele oder an dualistische Kräfte von Anziehung und Abstoßung. Dem Glauben an das Bündnis des einen Gottes mit seinem Volk hat Varro vermutlich weniger Bedeutung zugemessen, als der Bindung an ein höchstes, sich der Benennung entziehendes Sein. Was immer *theologia naturalis* als letzte zu glaubende Wahrheit ausmacht, dies bindet unabhängig von der politischen Verfaßtheit menschlicher Vergesellschaftung.

Die historische Linie der *theologia naturalis* ließe sich – das Modell aus heutiger Sicht genutzt – auf Religionen wie die Rationalreligion der Aufklärung mit ihrem Glauben an einen vom göttlichen Uhrmacher ins Werk gesetzten Gesamtmechanismus der Welt, der sich sozial in den Selbstregulationen von Märkten und Meinungen offenbart, ebenso beziehen wie auf die Wissenschaftsreligion des 19. Jahrhunderts mit ihrer Erhebung von Naturgesetzen und Gesetzen der Evolution zu fundamentalen Bedingungen alles Seins. Die erkenntniskritische Seite ist in der *theologia naturalis* schon in der Antike präsent; denn der vielzitierten Einsicht Heraklits zufolge liebt es die Natur, sich zu verbergen. Es ist dies eine Einsicht, der bis heute Naturwissenschaftler selten widersprochen haben. Diese der *theologia naturalis* inhärente Unsicherheit, was die zu verehrenden Prinzipien des Kosmos angeht, der Streit der Wissenschaftler über die Prinzipien, macht Wissenschaftsreligion immer nur als Religion von wenigen möglich, so wie jüngst ein Hirnforscher vorgeschlagen hat, im akademischen Diskurs die Willensfreiheit als Täuschung zu durchschauen, aber in der Gesellschaft als Vorstellung aufrechtzuerhalten.[8] Varro wertet die *theologia naturalis* hoch; es ist wohl auch seine Religion, aber er ist Realist.

Nehmen wir den Faden unserer Problembeschreibung heutiger Religionssoziologie auf und fragen, wie sich das Verhältnis von *Religion und Politik* im Lichte der *theologia tripertita* darstellt. Die größte Aufmerksamkeit hat die *theologia civilis* auf sich gezogen, die in der griechischen Version politische Theologie genannt wird und als politische Religion die heutigen Debatten beherrscht. Varros politische Religion (*theologia civilis*) entspricht am ehesten der Rousseauschen Idee einer Religion, die die Bürger an ihren Staat bindet. Hier geht es nicht um die Wahrheit kosmischer Prinzipien, die zu glauben sind, sondern um eine reine Funktion. Jede menschliche Gesellschaft hat zur Sicherung der Unantastbarkeit ihrer Normen eine politische Religion. Für Varro war es die Verehrung Roms und die Verehrung der lokalen Gottheiten. Mit der Konstantinischen Wende wird das Christentum politische Religion. Der Islam ist von Beginn an politische Religion. Und von den Juristen der frühen Neuzeit bis Ernst-Wolfgang Böckenförde ist es repetiert worden: Politische Herrschaft braucht

---

[8] Vgl. Wolf Singer, *Grenzen der Intuition: Determinismus oder Freiheit*, in: *Summa. Dieter Simon zum 70. Geburtstag*, hg. v. Rainer Maria Kiesow, Frankfurt a. M. 2005, S. 529–538.

eine Religion als ein öffentliches Bekenntnis zu den Symbolen und Normen der politischen Ordnung; *religio vinculum societatis.* Atheisten gehören daher weder für Locke noch für Rousseau als Vollbürger in die politische Gemeinschaft. Die zentrale Frage lautet in diesem Kontext immer wieder, welche Religion kann Legitimität garantieren, die eben nicht allein aus dem bloßen Funktionieren der Staatsmaschine entsteht.

Carl Schmitt, dessen *Politische Theologie* von 1922 in den Debatten um das Verhältnis von Politik und Religion immer wieder herangezogen wird, hat den Begriff politische Theologie nicht der Auseinandersetzung um Varro entnommen, sondern bei dem Anarchisten Michail Bakunin gefunden und ihn zum Kernthema seiner politischen Theorie und Praxis gemacht. Dennoch existiert ein sachlicher Zusammenhang. Denn Bakunins Kritik des politischen Autoritätsprinzips zielte auf die herrschaftslegitimierende Funktion, die der Gottesglaube bei dem Freimaurer und Revolutionär Giuseppe Mazzini hatte. Bakunins Kritik politischer Theologie wird bei Carl Schmitt antipodisch zur Affirmation politischer Theologie. Freilich kommt unter den Bedingungen rational-kapitalistischer Vergesellschaftung für Carl Schmitt nur eine politische Theologie infrage, die die Situation als Ganzes garantiert und den selbstläufigen, blinden Prozessen pluralistischer und anarchischer Zerfaserung des sozialen Lebens Schranken setzen kann. Sie ist im 20. Jahrhundert nicht ohne weiteres verfügbar. So mischen sich bei Carl Schmitt seine Faszination des ultramontanen Katholizismus mit seinen Ambitionen, die Bindung an den Staat durch eine rassische Homogenität der Bürger zu fundieren, schließlich mit seiner Entscheidung dem Führer Adolf Hitler als Retter des deutschen Reichs zu dienen.[9]

Für den evangelischen, später zum Katholizismus konvertierten Theologen Erik Peterson war eine politische Theologie, die das Christentum in Anspruch nimmt, schon in der Antike obsolet geworden. Der Glaube an die Trinität widerspricht jeder monarchischen bzw. integralen Politik und die christliche Eschatologie ist eher geneigt, politische Herrschaft zu destabilisieren als zu sichern. Wer dagegen Ernst Blochs *Geist der Utopie* von 1917 und die Coda *Thomas Münzer, Theologe der Revolution* gelesen hatte, wußte, daß politische Theologie, die Theokratie nicht mit Priesterherrschaft verwechselte, sondern pneumatisch als mystische Demokratie verstand, sich gerade auf den Wegen einer jüdischen Eschatologie und christlichen Ketzerei erneuern konnte. Zeitgleich

---

[9] Siehe auch: Wolfgang Eßbach, *Das Formproblem der Moderne bei Georg Lukács und Carl Schmitt,* in: *Metamorphosen des Politischen. Grundfragen politischer Einheitsbildung seit den 20er Jahren,* hg. v. Andreas Göbel/Dirk van Laak/Ingeborg Villinger, Berlin 1995, S. 137–155, sowie Kapitel 8 in diesem Buch.

entdeckte Eric Voegelin in den Häresien des Mittelalters die Struktur einer politischen Religion, in deren Zentrum die Erwartung eines Führers stand, der die Menschheit aus der babylonischen Gefangenschaft befreit. Voegelin sah darin ein Muster, dem alle europäischen Revolutionslehren gefolgt sind.[10] Die Unterscheidung zwischen einer rechten politischen Religion des Autoritätsprinzips und einer linken politischen Religion der Befreiung zieht bis heute ihre Kraft aus der Unterscheidung von wahrer und falscher Religion. Dies ist unverkennbar im Guten wie im Bösen ein Erbe der alten mosaischen Unterscheidung.

Seit den dreißiger Jahren ist die Debatte um politische Religion und politische Theologie in Deutschland mit der Deutung der Totalitarismen des 20. Jahrhunderts engstens verflochten. Konnte Carl Schmitt zu Recht den Nationalsozialismus politisch-theologisch rechtfertigen, weil nur er in der konkreten Situation die Ordnung garantierte und verhinderte, daß der atheistische Kommunismus in Deutschland siegt? Hatte Voegelin Recht, wenn er auch den Kommunismus als politische Religion eines totalitären Manichäismus interpretierte? War Ernst Bloch zu folgen, wenn er den kommunistischen Atheismus im Christentum hervorkehrte? Sind es nur die auffälligen Analogien zwischen den inszenatorischen politischen Riten der Bolschewisten und Nationalsozialisten, die das Prädikat politische Religion rechtfertigen? Oder gibt es inhaltlich reichhaltigere Gründe? Muß man die religionskritischen Seiten der Totalitarismen ernstnehmen, ihren nach dem damaligen *state of the art* auch akademisch vertretenen, wissenschaftlich begründeten Rassismus, oder die ebenso universitär diskutierte Gesellschaftslehre des wissenschaftlichen Sozialismus? Handelte es sich vielleicht garnicht um politische Religionen, sondern um Anti-Religionen, wie Hermann Lübbe vorgeschlagen hat?

Die Rückbesinnung auf Varros drei Religionen könnte in der verselbständigten Debatte um politische Religionen hilfreich werden, wenn die theoretische Balanciertheit des Modells genauer in den Blick gerät. Neben politischen Religionen und Religionen des Wissens (*theologia naturalis*) nennt Varro eine dritte Art von Gottesbezug: die *theologia fabulosa*, die in der Forschung wenig beachtet ist. Sie wird auch *theologia poietikē* oder *theologia mythica* genannt, weil das Reden von Göttern im Genus der Dichtung erfolgt, sei es als Epos oder

---

[10] Erik Petersen, *Der Monotheismus als politisches Problem. Ein Beitrag zur Geschichte der politischen Theologie im Imperium Romanum*, Leipzig 1935; zu Ernst Blochs politischer Theologie siehe Faber 2007, a. a. O., S. 45 ff.; ders., *Erik Voegelin. Gnosis-Verdacht als Polit(olog)isches Stratagem*, in: *Gnosis und Politik*, hg. v. Jacob Taubes, Paderborn 1984, S. 230–248; Manfred Henningsen, *The Arendt-Voegelin Controversy on Totalitarism*, in: *Politik und Politeia. Formen und Probleme politischer Ordnung. Festgabe für Jürgen Gebhardt zum 65. Geburtstag*, hg. v. Wolfgang Leidhold, Würzburg 2000, S. 189–197.

als Drama. Dieser Gottesbezug ist durch den Enthusiasmus gekennzeichnet. Hier geht es auch um die religiöse Bindung der Bürger an die Normen des Zusammenlebens, vielleicht weniger um die tief verborgene letzte Wahrheit des Kosmos, aber in der Hauptsache um die göttliche Begeisterung – „der Gottheit voll" –, wie „enthousiasmos" übersetzt werden könnte.[11] Der dichterischen Inspiration und der gotttrunkenen Rede der Dramatiker ist man schon in der Antike mit Skepsis begegnet, denn es handelt sich einerseits um einen eher individualisierten Gottesbezug, der aber andererseits in kontingenter Weise ganze Kollektive begeistern kann. Es gibt auch einen Pluralismus und Wettstreit der Poeten, wessen Gesang denn so ergreifend ist, daß der Funke göttlicher Begeisterung ins Publikum überspringen kann. Im Unterschied zur *theologia civilis* ist die *theologia fabulosa* politisch möglicherweise unzuverlässig. Auch das frühe Christentum hat das Theater aufs Heftigste kritisiert. Tertullian verbot Theaterbesuche und verwies die Christen auf das große Drama des jüngsten Gerichts, in dem man nicht überbietbare Szenen des Entsetzens und der himmlischen Freuden zu sehen bekomme.

Enthusiasmus und Event verweisen auf das Problemfeld von *Religion und Kultur*. Die Spannung, die zwischen Kulturbegriffen liegt, die sich an Habitus und alltäglicher symbolischer Distinktion orientieren und solchen, die die Ohren spitzen, wenn anschwellender Bocksgesang ertönt, zeigt, wo Kultur an der *theologia fabulosa* partizipiert und wo sie als gewohnheitsmäßige Landessitte ihren Teil zur Legitimation von Herrschaft im Sinne der *theologia civilis* beiträgt. Bourdieus Kulturbegriff ist Teil seiner Soziologie der Macht in sozialen Räumen, erhebende und erhabene Kulturbegriffe folgen dagegen der langen Linie der *theologia fabulosa*. Die Übergänge können abrupt geschehen, wenn für die Begeisterung hinreichend brennbare Materialien angesammelt sind. Dann werden alltagskulturelle Sitten, die eine stille Konformität der Personen anzeigen, religiös aufgeladen und bekommen eine tiefere Bedeutung. Daß sich diese Umschwünge harmloser Sitte in Enthusiasmus vornehmlich bei Textilien und Kleidungsstücken (Fahnen, Kopftücher etc.) offenbaren, indiziert den strukturellen Zusammenhang mit der Theatralität und Phantasie der *theologia fabulosa*.

In der Moderne steht die *theologia fabulosa* Pate bei den neuen Religionen, die mit den Revolutionen seit 1789 gestiftet werden. Es handelt sich um die Sakralisierung der Nation und ihre Zwillingsschwester, die Sakralisierung der Kunst. Die europäischen Nationalreligionen, in denen das Leben der kämpfenden Bürger auf den Altären des Vaterlands geopfert wird, sind nur zu einem Teil politische Religionen. Ihr durchschlagender Effekt beruht nicht auf politischer

---

[11] Vgl. Stefan Büttner, *Die Literaturtheorie bei Platon und ihre anthropologische Begründung*, Tübingen/Basel 2000.

Theologie, sondern auf Demotheologie. Objekt der Verehrung ist das Volk, auch dann, wenn es sich nicht zur Staatsnation politisch institutionalisiert. Um die kollektive Identität der Nation zu erzeugen, braucht man nicht zuerst Herrscher, sondern Dichter, die eine Sprache sprechen, die an die ewige Seele des Volkes rührt und sie zu großen Taten erweckt. *Invented tradition* für sich genommen reicht dazu auch nicht aus; die Begeisterung, es zu erleben, daß aus den Dichtungen eines Volkes Göttliches spricht, muß hinzukommen. Sie führt in die Kernzone der *theologia fabulosa*.

In enthusiasmusgeschädigten Völkern, die wie Deutschland in zwei Weltkriegen verheerende Niederlagen erlitten, stehen Zustände, in denen sich das Kollektiv wie von einer Gottheit berührt erlebt, verständlicherweise unter Verdacht. Demotheologisches ist dann *politically incorrect* und der Enthusiasmus der *theologia fabulosa* entzündet sich in der Vereinzelung oder in kleinen Gruppen an unverdächtigen Phänomenen. Hier hat die Kunstreligion ihre Parallelgeschichte zur Nationalreligion. Sich von der erhabenen Schönheit großer Kunst ergreifen und erschüttern lassen, stellt eine genuine Religiosität dar, in der die Authentizität des Selbst- und Welterlebens ins Göttliche gesteigert ist. Es ist diese hochindividualisierte innere Erfahrung, die die kunstreligiöse Seite der *theologia fabulosa* für die westlichen Gegenwartsgesellschaften so attraktiv macht. Religion ist, wofür sich einer begeistert, wo Epiphanie geschieht, sei es nun bei Richard Wagner oder in den Ekstasen von Pop und Rock.

Fragen wir zum Schluß dieser Skizze: was bringt Varros *theologia tripertita* für die soziologische Religionstheorie? Für die, die unverdrossen auf die Kraft des Widerstreits vertrauen, die in jeder Unterscheidung von wahrer und falscher Religion liegt, tun sich unangenehme Komplikationen auf. Denn ternäre Modelle kennen kein Entweder-Oder. Wohin man sich auch hinstellt, es bleiben stets zwei Auswege. Auf der anderen Seite läßt sich bei Varro lernen: Nicht alles kann gleichermaßen als Religion aufgefaßt werden, oder genauer gesagt: Die pluralistische Dehnung des Religiösen auf alle möglichen Kulturphänomene folgt einseitig der Struktur der *theologia fabulosa*. Die Logik der Religionen der Rationalität und des Wissens (*theologia naturalis*) sieht anders aus, wie die perennierende Debatte um das Paradox des Werts der Wertfreiheit hinlänglich zeigt. Und so sehr politische Herrschaft bemüht sein mag, zur Verbreiterung des Glaubens an die ihr bekömmlichen Normen menschlichen Zusammenlebens den Horizont der *theologia civilis* zu überschreiten, sie wird weder im Enthusiasmus der *theologia fabulosa* noch in der Wissensbasierung einer *theologia naturalis* verläßliche Grundlagen finden. Es ist dieses Spannungsgefüge, das den heuristischen Wert der drei Religionen des Terentius Varro ausmacht. Es hat freilich auch seine Grenzen. Es entstand in einer Zeit, in der das Interesse an Erlösung aus dem Erdenleben erst bei wenigen entwickelt war.

Dieses neue religiöse Interesse, das mit einigen Kulten der Spätantike wie z. B. dem Mithraskult auftrat, war ihm ebenso unbekannt wie das Christentum mit seinen Weltverneinern. Das historische Gewicht der Erlösungsreligiosität steht außer Frage, wie es um die Zukunft des Interesses an Erlösung aus dem Erdenleben bestellt sein wird, wissen wir nicht.

Nachweise

Deutsche Fragen an Foucault
Vortrag auf dem Kolloquium „Michel Foucault. Aspekte der deutschen Foucault-Rezeption", veranstaltet von der Universität Hamburg und dem Institut français de Hambourg vom 02.–04. Dezember 1988. Eine thesenartige Zusammenfassung des Vortrags mit einer Dokumentation von Urteilen über Michel Foucault 1968–1986 erschien im Sonderheft „Michel Foucault. Materialien zum Hamburger Kolloquium" der Zeitschrift *Spuren – Zeitschrift für Kunst und Gesellschaft*, bzw. in Heft 26/27 (1989), S. 40–44 unter dem Titel „Zum Eigensinn deutscher Foucault-Rezeption". Die hier aufgenommene Fassung wurde veröffentlicht in *Spiele der Wahrheit. Michel Foucaults Denken*, herausgegeben von François Ewald und Bernhard Waldenfels, Frankfurt a. M. (Suhrkamp Verlag) 1991, S. 74–85.

Der Mittelpunkt außerhalb. Helmuth Plessners philosophische Anthropologie
Der Text wurde verfaßt für das internationale Symposium „The Ontogenetic and Historical Development of Mind – Symposium in Honor of Helmuth Plessner", 04.–07. November 1992 in Bad Homburg, zu dem Günter Dux im Rahmen der Werner-Reimers-Foundation aus Anlaß des 100. Geburtstags von Helmuth Plessner eingeladen hatte. Veröffentlicht wurde die deutsche überarbeitete Fassung in *Der Prozeß der Geistesgeschichte. Studien zur ontogenetischen und historischen Entwicklung des Geistes*, herausgegeben von Günter Dux und Ulrich Wenzel, Frankfurt a. M. (Suhrkamp Verlag) 1994, S. 15–44.

Zur Anthropologie artifizieller Umwelt
Vortrag im Rahmen der Ringvorlesung „Mensch und Umwelt" der Magisterstudiengänge Historische und Biologische Anthropologie an der Albert-Ludwigs-Universität Freiburg im Sommersemester 1999. Zur Diskussion gestellt auf der Tagung der Sektion Kultursoziologie in der deutschen Gesellschaft für Soziologie „Versprechen und Versagen in der Technikkultur – Technologien als Diskurse", Berlin, 03.–04. Dezember 1999. Veröffentlicht in *Ökohistorische Reflexionen. Mensch und Umwelt zwischen Steinzeit und Silicon Valley*, herausgegeben von Kurt W. Alt und Natascha Rauschenberger, Freiburg (Rombach Verlag) 2001, S. 171–195.

Die Gemeinschaft der Güter und die Soziologie der Artefakte
Eine erste Fassung entstand im Rahmen der Arbeit der „Groupe de recherche
sur la culture de Weimar" (im Maison des sciences de l'homme, Paris). Veröffentlicht unter dem Titel „Le complexe de la communauté entre la communauté des biens et le monde vécu artificiel", in: Gérard Raulet und Jean-Marie
Vaysse (Hg.), *Communauté et modernité*, Paris: L'Harmattan, 1995, S. 250–269.
Überarbeitet erschien der Text in *Online-Verstrickungen. Immanenzen und Ambivalenzen. Ästhetik und Kommunikation*, Heft 96, Jahrgang 26, März 1997, S. 13–20.

Elemente ideologischer Mengenlehren: Rasse, Klasse, Masse
Vortrag auf der Tagung „Grenzen des Menschseins. Probleme einer Definition
des Menschlichen" des Vereins zur Förderung der Humanethologischen For-
schung in Zusammenarbeit mit dem Institut für Anthropologie der Universität
Wien und dem Institut für historische Anthropologie e. V. in Freiburg im Brsg.,
Wien 02.–04. April 2001. Zur Diskussion gestellt auf dem Berichtskolloqui-
um des Sonderforschungsbereichs 541 „Identitäten und Alteritäten" an der
Albert-Ludwigs-Universität Freiburg im Juli 2002. Veröffentlicht in *Grenzen
des Menschseins. Probleme einer Definition des Menschlichen*, herausgegeben von
Justin Stagl und Wolfgang Reinhard als Veröffentlichung des Instituts für
historische Anthropologie e. V., Band 8, Wien/Köln/Weimar (Böhlau Verlag)
2005, S. 727–755.

Die Universität als institutionelle Fiktion. Zugang und Mitbestimmung
Veröffentlicht in *Kunst, Macht und Institution. Studien zur Philosophischen Anthropologie, soziologischen Theorie und Kultursoziologie der Moderne. Festschrift für
Karl-Siegbert Rehberg*, herausgegeben von Joachim Fischer und Hans Joas, Frankfurt a. M./New York (Campus Verlag) 2003, S. 402–418.

Vernunft, Entwicklung, Leben. Schlüsselbegriffe der Moderne
Zunächst als Vortragstext für ein französisch-deutsch-chinesisches Kolloquium
zu dem Thema „Philosophische Moderne und kulturelle Tradition" verfaßt.
Das Kolloquium, das im September 1989 an der Pekinger Akademie für Sozialwissenschaften hätte stattfinden sollen, fiel den Juni-Ereignissen zum Opfer.
Veröffentlicht wurde der Text dann Heinrich Popitz gewidmet in *Wer inszeniert
das Leben? Modelle zukünftiger Vergesellschaftung*, herausgegeben von Frithjof
Hager und Hermann Schwengel, Frankfurt a. M. (Fischer Taschenbuchverlag)
1996, S. 269–280; titelgebend wiederveröffentlicht in der mir gewidmeten Festschrift *Vernunft – Entwicklung – Leben. Schlüsselbegriffe der Moderne*, herausgegeben von Ulrich Bröckling, Axel T. Paul und Stefan Kaufmann, München
(Wilhelm Fink Verlag) 2004, S. 13–22.

Radikalismus und Modernität bei Jünger und Bloch, Lukács und Schmitt
Unter dem Titel „Ungeliebte Moderne. Radikale Theorien in modernen Gesellschaften" als Antrittsvorlesung an der Albert-Ludwigs-Universität Freiburg
im November 1988 gehalten. Zur Diskussion gestellt auf den Tagungen „‚Con-
servatisme' et ‚progessisme' comme ideologèmes constitutifs de la conscience
moderne" (Maison des sciences de l'homme, Paris) im Mai 1989 und „Mythen
des Politischen: Frakturen der Rechts-Links-Symbolik", Wissenschaftliches Zentrum II der Gesamthochschule Kassel in Kooperation mit den Zeitschriften *Wo
Es war* (Ljubljana), *Spuren* (Hamburg), *Kulturrevolution* (Bochum) und *Fragmente*
(Kassel), 28.–30. Juni 1991 in Kassel. Veröffentlicht in *Intellektuellendiskurse in der
Weimarer Republik. Zur politischen Kultur einer Gemengenlage*, herausgegeben von
Manfred Gangl und Gérard Raulet, Frankfurt a. M./New York (Campus Verlag/
Éditions de la fondation MSH, Paris) 1994, S. 145–159, zweite neubearbeitete und
erweiterte Auflage Frankfurt a. M. (Peter Lang), 2007, S. 219–232.

Autonomie oder Souveränität. Ambivalenzen im Denken der Freiheit
Der Kern des Beitrags geht zurück auf ein Gespräch mit Dietmar Kamper und
Michael Makropoulos im Literaturhaus Hamburg am 19. Januar 1995. Veröffent-
licht in *Was kostet den Kopf? Ausgesetztes Denken der Aisthesis zwischen Abstraktion
und Imagination. Dietmar Kamper zum 65. Geburtstag*, herausgegeben von Herbert
Neidhöfer und Bernd Ternes, Marburg (Tectum Verlag), 2001, S. 221–233.

Subversion, Kritik und Korrektur als Theorie-Praxis-Modelle
Veröffentlicht in *Geschichte – Politik – Philosophie. Festschrift für Willem van Reijen
zum 65. Geburtstag*, herausgegeben von Bert van den Brink, Marcus Düwell,
Hermann van Doorn und Wolfgang Eßbach, München (Wilhelm Fink Verlag)
2003, S. 129–137.

Der Umzug der Götter. Auf den Spuren der Religionskritik
Unter dem Titel „Transformationen der Religionskritik" gehalten als Antritts-
vorlesung als Privatdozent an der Universität Göttingen am 13. Februar 1985.
Veröffentlicht in *Religion – Sehnsucht und Schrecken. Ästhetik und Kommunikation*,
Heft 60, 16. Jahrgang 1985, S. 101–111.

Varros drei Religionen und die soziologische Religionstheorie
Zuerst vorgestellt auf der Jahrestagung der Sektion Religionssoziologie in
Schmerlenbach bei Aschaffenburg, 23.–25. November 2007. Veröffentlicht in
Rückkehr der Religion oder säkulare Kultur? Kultur- und Religionssoziologie heute,
herausgegeben von Richard Faber und Frithjof Hager, Würzburg (Königshausen
und Neumann) 2008, S. 124–140.